财政部和农业农村部：国家现代农业产业技术体系（CARS-47）资助

中国海水鱼养殖经济研究（2021）

张英丽　杨正勇　刘　蓬　杨　卫　张云霞等　著

中国农业出版社

北　京

图书在版编目（CIP）数据

中国海水鱼养殖经济研究. 2021 / 张英丽等著. —
北京：中国农业出版社，2022.11
ISBN 978-7-109-29938-2

Ⅰ.①中… Ⅱ.①张… Ⅲ.①海水养殖－鱼类养殖－
渔业经济－研究－中国－2021 Ⅳ.①F326.4

中国版本图书馆 CIP 数据核字（2022）第 159983 号

中国农业出版社出版

地址：北京市朝阳区麦子店街 18 号楼
邮编：100125
责任编辑：闫保荣 文字编辑：陈思羽
责任校对：周丽芳
印刷：北京中兴印刷有限公司
版次：2022 年 11 月第 1 版
印次：2022 年 11 月北京第 1 次印刷
发行：新华书店北京发行所
开本：700mm×1000mm 1/16
印张：18
字数：315 千字
定价：78.00 元

编著者名单

张英丽　杨正勇　刘　蓬　杨　卫
张云霞　孙龙启　彭乐威　徐　辉
刘　东　李承晓　张　迪　张家豪
刘昱岐　王梦然　王雪珂　周丹丹
赵　丹　张贻福　何璐瑶　张　云
李　强

海水产业技术体系产业经济岗位团队
上海海洋大学经济管理学院

序　言

　　我国作为世界上最大的海水养殖国家，可养海域面积广阔，养殖历史悠久。20世纪80年代以来，我国海水养殖连续20多年保持高速发展态势，目前产量占全球海水养殖总量的55%左右。但是我国海水鱼养殖产量偏低，2020年在我国海水养殖总量中所占比例仅为9.2%。近年来，随着国家对海洋渔业资源保护力度的加强，海洋捕捞产量逐渐下降，同时国内经济快速发展、人民生活水平日益提高，人们对海洋鱼类的消费需求持续增加，我国海水鱼产量已经不能满足日益增长的需求，要靠发展海水鱼养殖来补充。由此可见，未来我国海水鱼养殖的发展潜力巨大、前景广阔。

　　中国海水鱼养殖实践最早的史料见于明代黄省曾所著的《鱼经》中有关鲻养殖的记载，但真正意义上的海水鱼养殖研究始于20世纪50年代，规模化养殖兴起于20世纪90年代初期。1984年我国海水鱼养殖产量仅为0.94万吨，随着设施养殖技术与模式的不断突破，掀起了海水鱼养殖的新浪潮，到2020年海水鱼养殖年产量已达174.98万吨，我国海水鱼养殖产量占世界总产量的比重持续升高，成为世界上最大的海水鱼养殖国家。

　　目前我国海水鱼养殖品种近百种，其中以大黄鱼、海鲈鱼、石斑鱼、卵形鲳鲹、大菱鲆、牙鲆、半滑舌鳎、河鲀、军曹鱼等为主养品种，有近30种海水鱼形成一定的养殖规模。海水鱼养殖区域遍布我国沿海各省市，养殖模式呈多元化发展，其中以陆基工厂化、海上网箱、岸带池塘等三大养殖模式为主。我国海水养殖业无论是在发展空间、养殖品种以及养殖模式等方面都具有一定的优势。海水鱼养殖业的发展在保障水产有效供给、改善国民膳食结构、促进沿海经济发展等方面都作出了突出的贡献。

　　海水鱼养殖业在蓬勃发展的同时，也出现了一些值得关注的问题。我国海水鱼养殖现阶段仍以传统、粗放的生产方式为主，适养空间拓展能力不足、养殖病害频发等问题严重制约着产业的可持续发展。2019年1月，我国印发了《关于加快推进水产养殖业绿色发展的若干意见》，优化主要养殖品种与养殖模式的产业布局及产业结构，转变海水鱼的增长方式，实现海水鱼养殖业"高效、优质、生态、健康、安全"发展，十分重要。

　　为实现海水鱼养殖业持续健康发展，研究不同品种海水鱼养殖的生产经营状况，分析养殖发展过程中面临的环境、市场、技术、政策等问题，挖掘影响养殖经济效益的主要因素，分析不同品种不同产品形态海水鱼的国际消费市场状况、行情走势及全球进出口贸易形势，有助于准确把握产业链上各环节的动态变化，厘清变化规律和未来发展趋势。基于此，提出适合我国国情的产业发展建议，为养殖企业、养殖户、管理部门及研究人员提供参考。

　　《中国海水鱼养殖经济研究（2021）》得到了"现代农业产业技术体系（CARS-47）"专项资金及"我国养殖海水鱼产业发展现状、市场供给与国际贸易走势动态研究"项目的资助，特表感谢！本书概括了海水鱼产业体系产业经济岗2021年度的产业动态报告和海水鱼类产品贸易及国内外市场研究。由于编写时间仓促、涉及鱼类品种较多，书中错误和疏漏之处在所难免，敬请广大读者批评指正并给予谅解。

　　　　国家海水鱼产业技术体系产业经济岗位科学家　　杨正勇

目　　录

下篇：2021 年海水鱼专题研究

上篇：
2021 年主要品种养殖经济研究

① 大菱鲆养殖产业经济研究①

内容提要

本研究主要反映了 2020 年第四季度以来示范区县大菱鲆养殖业的养殖面积、季末存量、季度销量、价格变化、成本收益、产业发展问题等情况，并提出了相应的对策建议。

养殖面积：大菱鲆养殖体系示范区县主要分布在辽宁、河北、山东、江苏和天津。2021 年第三季度，体系示范区县大菱鲆养殖总计 665.94 万立方米，同比增长 11.13%。其中工厂化流水养殖面积占养殖总面积的 99.18%；与工厂化流水养殖面积相比，工厂化循环水养殖面积仍然很低。

季末存量：截至 2021 年第三季度末，体系示范区县大菱鲆存量总计 33 644.83 吨。其中，工厂化流水养殖季末存量占总存量的 98.39%。而存量最高的省份为辽宁，占比为 75.64%；其次为山东，占比为 16.03%。大菱鲆养殖存量在 2019 年第一季度开始缓慢提升，至 2020 年第一季度达到峰值，之后到 2021 年第三季度期间呈递减趋势。

季度销量：2021 年第三季度，体系示范区县大菱鲆销量总计 14 824.64 吨。其中，工厂化流水养殖销量占总销量的 99.30%；工厂化循环水养殖销量占总销量的 0.70%。销量最高的辽宁占全部销量的 66.07%；其次为山东，占总销量的 30.32%。大菱鲆销量从 2019 年第一季度至 2021 年第三季度呈波动变化趋势，在 2020 年第一季度出现显著的低点，之后销量逐步回升，到 2021 年第三季度提升至 14 824.64 吨。

价格变化：大菱鲆价格在 2020—2021 年呈现"凸"字形波动态势，2020 年 4 月至 2020 年 11 月价格从最低的 26 元/千克变化到最高点的 56 元/千克，再逐渐于 2021 年 7 月起稳定到 52 元/千克。

养殖成本收益：2021 年大菱鲆养殖的单位总成本为 32.69 元/千克，单位变动

---

① 撰写人：杨正勇、张英丽、刘蓬、孙龙启。

成本为 23.15 元/千克，占总成本的 70.82%；单位固定成本为 9.54 元/千克，占总成本的 29.18%。单位变动成本中占比最大的为饲料支出（16.59 元/千克），占总成本的 50.75%；苗种支出为 2.89 元/千克，占总成本的 8.84%；电费支出为 2.65 元/千克，占总成本的 8.11%。随着 2021 年国内疫情的稳定，市场逐渐恢复，2021 年养殖企业扭转了前一年的亏损现象，实现转亏为盈。

产业发展问题及对策建议：2021 年大菱鲆产业主要存在三方面问题，一是销售价格及饲料成本波动；二是疫情反复造成的销售受阻，极大影响了养殖户的从业信心；三是养殖模式方面，工厂化循环水所占比例仍然很低。基于此提出如下建议，一是加强智能化改造，强化产业链协同，为"多宝鱼"正名，提振消费者信心。二是进一步发挥协会作用，重视内陆市场的开发，并深耕沿海传统市场，以稳定产品价格、构建国内国际双循环发展格局。三是在加大工厂化循环水养殖补贴力度的同时，严格执行《地下水管理条例》，加强地下海水超采治理，推进产业绿色发展。

1.1 引言

本研究以国家海水鱼产业技术体系各综合试验站跟踪调查数据为基础，以产业经济岗位团队调研数据为补充，梳理出体系示范区县大菱鲆产业发展动态情况，供有关各方参考。本研究描述了体系示范区县大菱鲆养殖面积变动、存量变动、销量变动、价格变动和成本收益情况等。在数据采集过程中，得到了各综合试验站、相关岗位科学家的帮助与支持，在此一并表示感谢！

1.2 体系示范区县大菱鲆养殖面积变动情况

1.2.1 体系示范区县大菱鲆养殖面积情况

根据国家海水鱼产业技术体系各综合试验站跟踪调查数据和 2021 年度调研数据显示，大菱鲆养殖模式主要以工厂化流水养殖和工厂化循环水养殖为主，其中工厂化流水养殖面积比重较大。近年来养殖产区仍然主要分布在辽宁、河北、山东、江苏和天津，但天津的养殖面积观测值自 2018 年以来逐步减少，至 2020 年第二季度已降为 0。截至 2021 年第三季度，体系示范区县大菱鲆养殖总计 665.94 万立方米，其中工厂化流水养殖达 660.49 万立方米，占总养殖面积的 99.18%；工厂化循环水养殖为 5.45 万立方米，仅占总养殖面积的 0.82%。和 2019 年第三季度相比，2021 年第三季度体系示范区县大菱鲆养殖面积增长 11.13%，其中工厂化流水养殖面积增加 11.04%，工厂化循环水养殖面积增加 23.30%。在整个示范区县中，养殖面积占比具有绝对优势的为辽宁和山东，分别占据 2021 年第三季度体系示范区县大菱鲆养殖总面积的 42.70% 和 32.64%，具体详见表 1-1。

表 1-1　体系示范区县大菱鲆 2019 年第三季度和 2021 年第三季度养殖面积分布

单位：立方米

地区	2019 年第三季度		2021 年第三季度	
	工厂化流水	工厂化循环水	工厂化流水	工厂化循环水
辽宁	2 843 500	0	2 843 500	0
河北	303 000	18 200	300 000	32 000
山东	2 653 200	26 000	2 151 400	22 500
江苏	147 000	0	1 310 000	0
天津	1 500	0	0	0
合计	5 948 200	44 200	6 604 900	54 500

1.2.2　体系示范区县大菱鲆养殖面积年际变动情况

由于市场销售、地区建设和综合治理等原因，部分地区的大菱鲆养殖面积在 2019 年第一、二季度处于低点，表现最为明显的是山东和河北。2019 年中期，由于养殖户对大菱鲆市场前景看好，养殖面积出现回升，之后 2020 年整体养殖面积处于一个平稳的阶段，直至 2021 年第一、二季度的养殖面积出现小幅度回落，而 2021 年第三季度则达到一个新的高值，具体详见图 1-1。

具体来看，与工厂化流水养殖相比，2021 年第三季度的工厂化循环水养殖面积仍然很低，但是 2021 年第三季度大菱鲆工厂化循环水养殖面积有所提升。

1.3　体系示范区县大菱鲆养殖存量变动情况

截至 2021 年第三季度末，体系示范区县大菱鲆存量总计 33 644.83 吨。其中，工厂化流水养殖季度末存量为 33 102.12 吨，占总存量的 98.39%；工

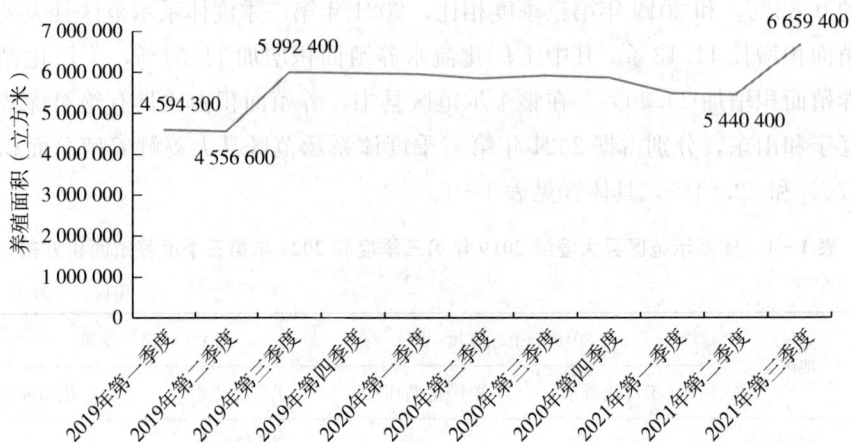

图1-1　2019年第一季度—2021年第三季度体系示范区县大菱鲆养殖面积变动情况

厂化循环水养殖季度末存量 542.71 吨，占总存量的 1.61%。存量最高的为辽宁，季度末存量达到 25 450.00 吨，占总存量的 75.64%；其次为山东，季度末存量为 5 393.60 吨，占总存量的 16.03%。同 2019 年第三季度末存量相比，体系示范区县大菱鲆存量降低 0.71%，其中工厂化流水养殖季度末存量降低 0.82%，工厂化循环水养殖季度末存量增加 6.95%，具体详见表 1-2。

表 1-2　体系示范区县大菱鲆 2019 年第三季度和 2021 年第三季度季末存量分布

单位：吨

地区	2019 年第三季度末存量		2021 年第三季度末存量	
	工厂化流水	工厂化循环水	工厂化流水	工厂化循环水
江苏	95.00	0.00	95.00	0.00
辽宁	25 530.00	0.00	25 450.00	0.00
河北	1 969.87	439.46	2 203.52	502.71
山东	5 756.77	68.00	5 353.60	40.00
天津	25.50	0.00	0.00	0.00
合计	33 377.14	507.46	33 102.12	542.71

根据 2019 年第一季度至 2021 年第三季度的季度末存量变化情况，大菱鲆养殖存量在 2019 年第一季度开始缓慢提升，至 2020 年第一季度达到峰值（38 713.01 吨），之后逐渐递减，具体详见图 1-2。

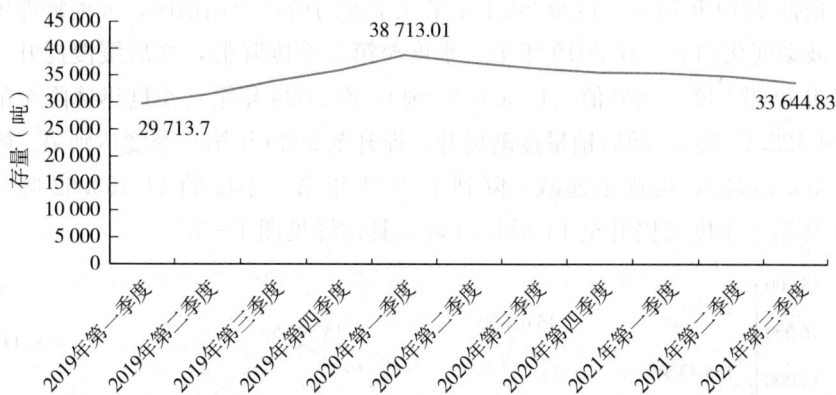

图 1-2　2019 年第一季度—2021 年第三季度体系示范区县大菱鲆存量变动情况

1.4　体系示范区县大菱鲆养殖销量变动情况

　　2021 年第三季度，体系示范区县大菱鲆养殖销量总计 14 824.64 吨。其中，工厂化流水养殖销量为 14 721.32 吨，占总销量的 99.30%；工厂化循环水养殖销量 103.32 吨，占总销量的 0.70%。销量最高的为辽宁，达到 9 795.10 吨，占总销量的 66.07%；其次为山东，销量为 4 494.35 吨，占总销量的 30.32%。同 2019 年第三季度销量相比，2021 年体系示范区县大菱鲆销量增加 7.21%，其中，工厂化流水养殖销量增加 7.24%，工厂化循环水养殖销量增加 2.63%，具体详见表 1-3。

表 1-3　体系示范区县大菱鲆 2019 年第三季度和 2021 年第三季度销量分布

单位：吨

地区	2019 年第三季度销量		2021 年第三季度销量	
	工厂化流水	工厂化循环水	工厂化流水	工厂化循环水
河北	355.85	56.67	357.87	67.32
江苏	317.00	0.00	110.00	0.00
辽宁	9 396.00	0.00	9 795.10	0.00
山东	3 658.03	44.00	4 458.35	36.00
天津	0.00	0.00	0.00	0.00
合计	13 726.88	100.67	14 721.32	103.32

根据 2019 年第一季度至 2021 年第三季度的销量变化情况，大菱鲆养殖销量呈波动变化趋势。在 2019 年第一季度至第二季度降低，之后缓慢提升，至 2019 年第四季度达到峰值（15 626.85 吨），在 2020 年第一季度迅速降至最低点（4 422.25 吨），随后销量逐渐提升，提升至 2020 年第三季度达到第二峰值（15 395.55 吨），再逐渐递减，降到了 2021 年第一季度的 11 163.62 吨，在 2021 年第三季度又提升至 14 824.64 吨，具体详见图 1-3。

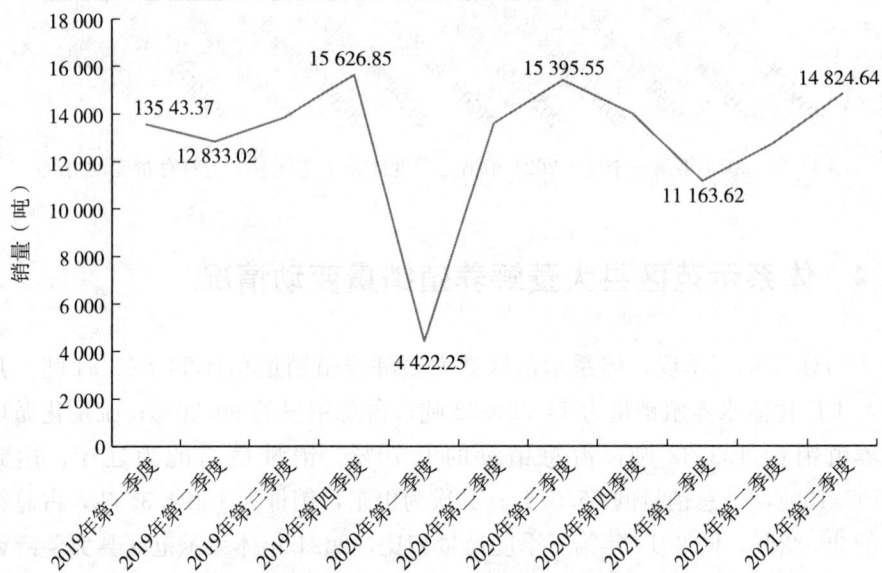

图 1-3　2019 年第一季度—2021 年第三季度体系示范区县大菱鲆销量变动情况

1.5　体系示范区县大菱鲆价格变动情况

1.5.1　体系示范区县大菱鲆价格波动趋势

根据图 1-4 所示，从 2009 年 12 月至 2021 年 9 月，大菱鲆价格波动较为剧烈。2012 年 3 月大菱鲆达到最高为 87 元/千克，并且在 2011 年 10 月至 2012 年 9 月间一直保持在 70 元/千克以上，随后价格一路走低，于 2016 年 1 月降至最低点 24 元/千克；在 2016 年之后，大菱鲆价格逐步回升，重新在 2017 年 10 月回到 78 元/千克的高点；之后价格波动回落，到 2020 年 4 月价格下降至低点 26 元/千克，然后再次震荡提升；2021 年 8 月至 9 月稳定在 52 元/千克。

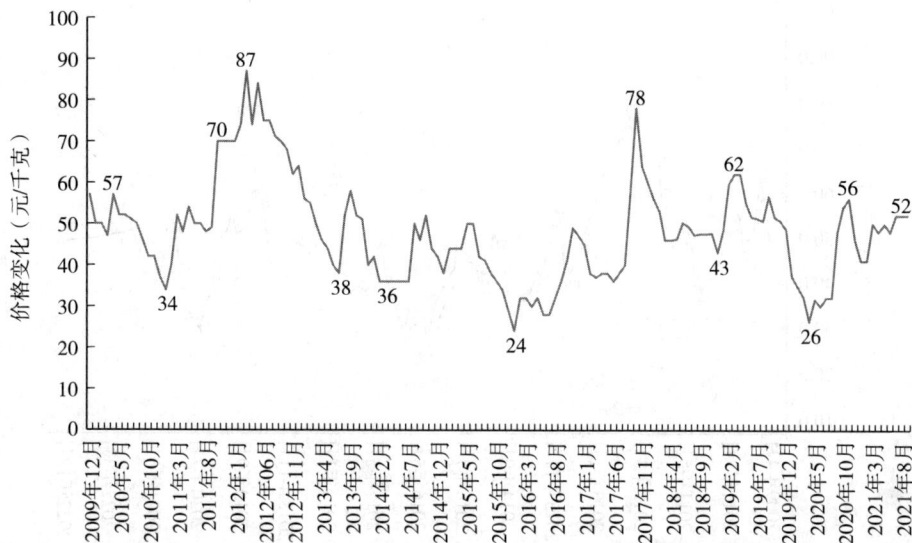

图 1-4　2009 年 12 月—2021 年 9 月体系示范区县大菱鲆价格变动情况

1.5.2　体系示范区县大菱鲆价格预测

以同类均值插补法将体系示范区县大菱鲆价格的缺失值进行补充后，用
ARMA 模型预测之后 15 个月（2021 年 10 月至 2022 年 12 月）塘边价格。
大菱鲆价格样本数据从 2009 年 4 月起至 2021 年 9 月，时间跨度较大，可以
较好预测。根据模型预测，2021 年 10 月至 2022 年 12 月大菱鲆价格在相对
稳定中略有下降（图 1-5）。2021 年 10 月、11 月、12 月的大菱鲆价格分别
是 51.61 元/千克，51.27 元/千克和 50.97 元/千克，之后继续微降，至
2022 年 10 月、11 月、12 月的大菱鲆价格分别是 49.49 元/千克、49.41 元/
千克、49.33 元/千克。从 2021 年 10 月至 2022 年 12 月，大菱鲆价格降幅
为 4.42%。

根据大菱鲆季末存量和销量的变动情况来看（图 1-2、图 1-3），随着
国内疫情防控取得明显成效，大菱鲆 2021 年第一季度和第二季度的季末存
量相对平稳，销量也逐渐回升。结合前文大菱鲆价格预测结果可知，若宏观
政策等其他条件不变，2021 年 10 月至 2022 年 12 月大菱鲆价格稳中略降。
在这 15 个月可通过适当增加养殖产量来保持大菱鲆的收益不变或有所
增加。

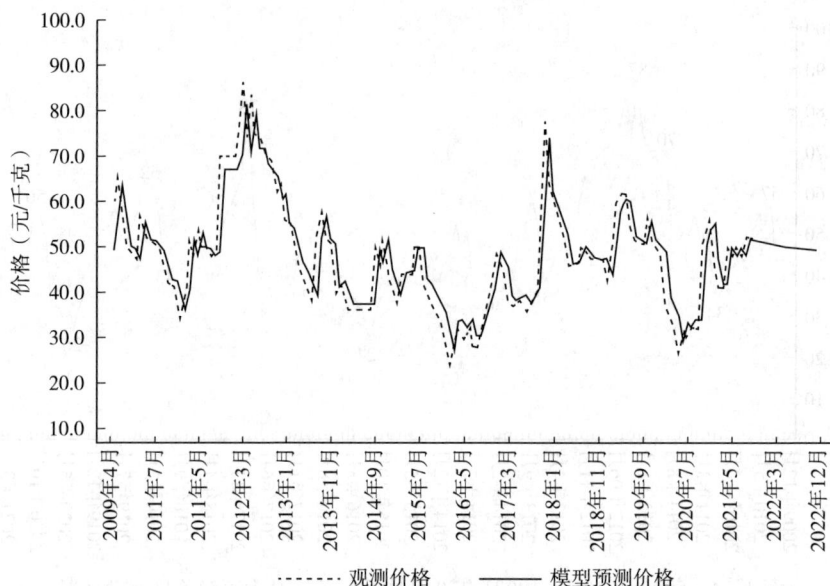

图 1-5　大菱鲆价格预测模型

1.6　体系示范区县大菱鲆养殖效益情况

国家海水鱼产业技术体系于 2021 年 8 月至 9 月对养殖企业进行了调研，调研的大菱鲆养殖方式主要是工厂化流水养殖和工厂化循环水养殖，样本来自河北、山东和江苏，其中工厂化流水养殖 8 户，工厂化循环水养殖 7 户。

1.6.1　成本收益分析

（1）成本分析

根据调研数据显示，大菱鲆养殖的单位总成本为 32.69 元/千克，单位变动成本为 23.15 元/千克，占单位总成本的 70.82%；单位固定成本为 9.54 元/千克，占单位总成本的 29.18%。单位变动成本中占比最大的为饲料支出（16.59 元/千克），占单位总成本的 50.75%；苗种支出为 2.89 元/千克，占单位总成本的 8.84%；电费支出为 2.65 元/千克，占单位总成本的 8.11%。上述三项成本一直为单位变动成本中的主要开支，也是养殖户缩减成本时的重点考虑对象。单位固定成本中较大比例的为固定资产折旧和固定员工工资，分别为 6.67 元/千克和 1.82 元/千克，分别占单位总成本的 20.40% 和 5.57%，具体详见表1-4。同2019年相比，大菱鲆养殖的单位总成本降低15.84%，单位变动成本减少13.44%，单位固定成本减少21.15%。

表1-4 2021年大菱鲆养殖成本分析

类别	金额（元/千克）	在各自成本中所占比例（%）	在总成本中所占比例（%）
苗种支出	2.89	12.48	8.84
饲料支出	16.59	71.66	50.75
渔药支出	0.35	1.51	1.07
水费支出	0.39	1.68	1.19
电费支出	2.65	11.45	8.11
油费支出	0.00	0.00	0.00
临时员工工资	0.21	0.91	0.64
运输费用	0.07	0.30	0.21
其他可变费用	0.00	0.00	0.00
单位变动成本	23.15		70.82
固定员工工资	1.82	19.08	5.57
固定资产折旧	6.67	69.92	20.40
设备维修费	0.43	4.51	1.32
利息支出	0.48	5.03	1.47
其他固定费用	0.00	0.00	0.00
土地租金	0.14	1.47	0.43
单位固定成本	9.54		29.18
单位总成本	32.69		

从表1-5的成本构成中可知，在工厂化流水养殖和工厂化循环水养殖两种模式下，饲料支出在总成本中所占比例最高，分别为48.00%和53.70%；其次苗种支出的占比分别为9.93%和7.69%，电费支出分别占比为9.60%和6.56%。两种养殖模式下，单位变动成本在总成本中所占的比例均明显高于单位固定成本。两种养殖模式的单位固定成本中固定资产折旧和固定员工工资的比例较高。其中，固定资产折旧的占比分别为19.83%和21.01%，固定员工工资占比分别为5.64%和5.47%。需要注意的是，因受新冠疫情持续影响，

2021年大菱鲆循环水养殖总时间减少，作为重要变动成本的水费和电费支出相对降低，与此相对应地，大菱鲆循环水养殖产量也有所降低，进而出现工厂化循环水养殖成本低于工厂化流水养殖的现象。

表1-5　2021年大菱鲆不同养殖模式的成本构成

类别	工厂化流水			工厂化循环水		
	金额（元/千克）	在各自成本中所占比例（%）	在总成本中所占比例（%）	金额（元/千克）	在各自成本中所占比例（%）	在总成本中所占比例（%）
苗种支出	3.31	14.07	9.93	2.46	10.81	7.69
饲料支出	16.00	68.03	48.00	17.18	75.52	53.70
渔药支出	0.51	2.17	1.53	0.19	0.84	0.59
水费支出	0.11	0.47	0.33	0.66	2.90	2.06
电费支出	3.20	13.61	9.60	2.10	9.23	6.56
油费支出	0.00	0.00	0.00	0.00	0.00	0.00
临时员工工资	0.26	1.11	0.78	0.16	0.70	0.50
运输费用	0.13	0.55	0.39	0.00	0.00	0.00
其他可变费用	0.00	0.00	0.00	0.00	0.00	0.00
单位变动成本	23.52		70.57	22.75		71.12
固定员工工资	1.88	19.16	5.64	1.75	18.94	5.47
固定资产折旧	6.61	67.38	19.83	6.72	72.73	21.01
设备维修	0.39	3.98	1.17	0.47	5.09	1.47
利息费用	0.82	8.36	2.46	0.14	1.52	0.44
其他固定费用	0.00	0.00	0.00	0.00	0.00	0.00
土地租金	0.11	1.12	0.33	0.16	1.73	0.50
单位固定成本	9.81		29.43	9.24		28.88
单位总成本	33.33			31.99		

同2019年相比，工厂化流水养殖成本降低12.03%，其中单位变动成本降低7.15%，单位固定成本降低21.89%；工厂化循环水养殖成本降低30.94%，其中单位变动成本降低40.21%，单位固定成本增加11.73%。具体详见表1-5、表1-6。

表1-6 2019年大菱鲆不同养殖模式的成本构成

类别	工厂化流水			工厂化循环水		
	金额（元/千克）	在各自成本中所占比例（%）	在总成本中所占比例（%）	金额（元/千克）	在各自成本中所占比例（%）	在总成本中所占比例（%）
苗种支出	2.33	9.20	6.15	1.74	4.57	3.76
饲料支出	16.71	65.97	44.10	17.71	46.54	38.23
渔药支出	0.25	0.99	0.66	0.50	1.31	1.08
水费支出	0.00	0.00	0.00	0.00	0.00	0.00
电费支出	5.64	22.27	14.89	14.76	38.79	31.87
油费支出	0.01	0.04	0.03	0.61	1.60	1.32
临时员工工资	0.38	1.50	1.00	2.73	7.17	5.89
运输费用						
其他可变费用	0.01	0.04	0.03	0.00	0.00	0.00
单位变动成本	25.33		66.80	38.05		82.15
固定员工工资	2.79	22.21	7.36	1.23	14.87	2.66
固定资产折旧	6.88	54.78	18.16	4.47	54.05	9.65
设备维修	0.61	4.86	1.61	0.83	10.04	1.79
利息费用	0.13	1.04	0.34	0.18	2.18	0.39
其他固定费用	0.05	0.40	0.13	0.00	0.00	0.00
土地租金	2.10	16.72	5.54	1.56	18.86	3.37
单位固定成本	12.56		33.12	8.27		17.85
单位总成本	37.89			46.32		

（2）收益分析

根据表1-7显示，大菱鲆的养殖成本为32.69元/千克，主要规格成品鱼的平均销售价格为48.84元/千克。进入2021年以来，市场一定程度上摆脱了2020年以来因疫情造成的影响，销售价格较为稳定，净利润达到16.15元/千克，成本利润率为49.40%，销售利润率为33.07%，边际贡献率为52.60%。边际贡献率能够反映产品对企业贡献的能力，是销售收入减去变动成本后在销售收入中所占的比例，上述较高的边际贡献率也代表着大菱鲆养殖者已从2020年疫情的影响中缓慢恢复。

2021年工厂化流水养殖模式下的大菱鲆养殖净利润达到15.48元/千克，

成本利润率为 46.44%，销售利润率为 31.71%，边际贡献率为 51.81%；工厂化循环水养殖模式下的大菱鲆养殖净利润达到 16.87 元/千克，成本利润率为 52.74%，销售利润率为 34.53%，边际贡献率为 53.44%。

同 2019 年相比，大菱鲆的养殖成本减少 15.77%，主要规格成品鱼的平均销售价格降低 1.19%，净利润提升 52.07%，成本利润率增加 80.56%，销售利润率增加 53.96%，边际贡献率增加 14.67%。

表 1-7 2019 年和 2021 年大菱鲆不同养殖模式的收益分析

养殖模式	总成本（元/千克）		销售收入（元/千克）		净利润（元/千克）		成本利润率（%）		销售利润率（%）		边际贡献率（%）	
	2019年	2021年	2019年	2021年	2019年	2021年	2019年	2021年	2019年	2021年	2019年	2021年
工厂化流水	37.89	33.33	49.28	48.81	11.39	15.48	30.06	46.44	23.11	31.71	48.64	51.81
工厂化循环水	46.32	31.99	50.64	48.86	4.32	16.87	9.33	52.74	8.53	34.53	24.86	53.44
总体	38.81	32.69	49.43	48.84	10.62	16.15	27.36	49.40	21.48	33.07	45.87	52.60

1.6.2 不确定性分析

（1）盈亏平衡分析

盈亏平衡作业率反映的是生产周期内产业的盈亏平衡产量与实际销售产量的比率，该比率越低对养殖个体越有利。从表 1-8 可知，2021 年调研显示大菱鲆的销售价格与盈亏平衡价格之差为 16.15 元/千克，盈亏平衡作业率较低，2021 年的实际销售产量高于盈亏平衡产量，养殖企业扭转了前一年的亏损现象，转亏为盈。同时，盈亏平衡产量越高，表明该种养殖方式的养殖风险越高，工厂化流水以及工厂化循环水的盈亏平衡产量分别为 207 982 千克和 645 449 千克。工厂化流水以及工厂化循环水的盈亏平衡作业率分别为 38.74% 和 35.37%，表明工厂化流水养殖的经营风险高于工厂化循环水养殖。

和 2019 年相比，盈亏平衡产量增加 9.42%，安全边际量增加 116.93%，安全边际率增加 35.80%，盈亏平衡作业率降低 31.51%，盈亏平衡价格降低 15.85%，销售价格与盈亏平衡价格之差提升 52.07%。整体显示 2021 年养殖企业较 2019 年在收益情况和抗风险能力上都有所提升。

表1-8　2019年和2021年大菱鲆养殖盈亏平衡分析

类别	2019 年总体	2021 年		
		总体	工厂化流水	工厂化循环水
盈亏平衡产量（千克）	786 334	860 376	207 982	645 449
实际销售产量（千克）	1 478 440	2 361 735	536 885	1 824 850
安全边际量（千克）	692 106	1 501 359	328 903	1 179 401
安全边际率（%）	46.81	63.57	61.26	64.63
盈亏平衡作业率（%）	53.19	36.43	38.74	35.37
盈亏平衡价格（元/千克）	38.81	32.69	33.33	31.99
销售价格（元/千克）	49.43	48.84	48.81	48.86
销售价格与盈亏平衡价格之差（元/千克）	10.62	16.15	15.48	16.87

（2）敏感性分析

表1-9为大菱鲆养殖的敏感性分析，表明了不同影响因素对净利润的敏感系数以及以1%影响程度为例的具体变化分析。变化方向方面，2021年固定成本和变动成本与净利润的变化方向相反，价格和净利润的变化方向一致。在影响程度方面，价格每增加1%，养殖者利润将增加3.02%，说明在保持其他影响因素不变的情况下，价格的变动引起净利润的变动程度是最大的；饲料支出的敏感系数为−1.026，表明饲料支出每增加1%，养殖者的利润将下降1.026%，在所有成本中，影响净利润最大的指标是饲料支出和固定资产折旧。

2021年工厂化流水和工厂化循环水两种养殖模式下，饲料支出是对净利润影响最大的因素，饲料支出的敏感系数分别−1.034和−1.019，表明在工厂化流水以及工厂化循环水养殖模式下，饲料支出每增加1%，养殖者的利润将分别下降1.034%和1.019%。

和2019年相比，2021年价格敏感系数从3.056减少到3.020，单位变动成本也从−2.515提升至−1.431，单位固定成本从−1.136提升至−0.589，单位总成本也从−3.651提升至−2.020。

表1-9　2019年和2021年大菱鲆养殖敏感系数（变动1%）

项目	2019 年总体	2021 年		
		总体	工厂化流水	工厂化循环水
销售价格	3.056	3.020	3.153	2.897
苗种支出	−0.213	−0.178	−0.214	−0.146

（续）

项目	2019 年总体	2021 年		
		总体	工厂化流水	工厂化循环水
饲料支出	−1.583	−1.026	−1.034	−1.019
渔药支出	−0.026	−0.022	−0.033	−0.011
水费支出	0.000	−0.024	−0.007	−0.039
电费支出	−0.626	−0.164	−0.207	−0.125
煤费支出	−0.007	0.000	0.000	0.000
临时员工工资	−0.060	−0.013	−0.017	−0.010
运输费用	0.000	−0.004	−0.008	0.000
其他可变费用	−0.001	0.000	0.000	0.000
单位变动成本	−2.515	−1.431	−1.519	−1.349
固定员工工资	−0.246	−0.112	−0.121	−0.104
固定资产折旧	−0.622	−0.412	−0.427	−0.398
设备维修费	−0.060	−0.027	−0.025	−0.028
利息支出	−0.013	−0.030	−0.053	−0.008
其他固定费用	−0.004	0.000	0.000	0.000
土地租金	−0.192	−0.008	−0.007	−0.010
单位固定成本	−1.136	−0.589	−0.634	−0.548
单位总成本	−3.651	−2.020	−2.153	−1.897

1.7 存在的问题

（1）价格波动及饲料成本因素仍然是影响养殖户收益的最重要原因

在历年调研中我们发现，价格因素始终是影响养殖生产利润最重要的敏感因素。随着投入要素价格上涨，成本控制问题也成了养殖户重点关注的问题之一。2021 年我国市场逐渐开放和恢复，养殖户收益较前一年得到提升，但电费、租金上涨以及老龄化带来的人工成本上涨等因素正在挤压生产者的利润空间。成本投入中居前几位的是饲料支出、电费支出、固定资产折旧和苗种支出，相应地，上述成本也是对净利润影响最大的几个指标。

（2）疫情反复造成的销售受阻，极大影响了养殖户的从业信心

2021 年上半年，大菱鲆的价格和销量基本保持稳定，虽然国内已基本控制疫情，但由于国际上疫情控制不理想，加上国内部分地区疫情反复，养殖户普遍反映销售存在一定困难，尽管部分养殖户设法通过社交或电商等平台进行宣传，但总体销售量仍有提升空间。

（3）工厂化循环水养殖所占比例仍然很低，绿色发展任重道远

调研发现，工厂化循环水养殖面积仅占总养殖面积的 1.04％，且呈现规模缩小的趋势，大多数养殖户仍然首选工厂化流水养殖。而出于节约成本的考虑，还有极少数的养殖户出现了将养殖模式从工厂化循环水调整为工厂化流水甚至静水养殖的情况。

1.8   对策建议

（1）加强智能化改造，强化产业链协同，为"多宝鱼"正名，提振消费者信心

大菱鲆养殖产量、产品品质及养殖效益的提升需要苗种生产者、养殖者、加工企业、流通业者、餐饮业者等产业链众多参与者的协同努力。作为一条优质美味的"贵族鱼"，俗称"多宝鱼"的大菱鲆有着广泛的市场前景，但在经历多次冲击后，消费者信心至今仍有待恢复和提振。为此建议加大产业的智能化改造，加强产业链协同，使相关信息能够准确实时传输、分享和追溯，为"多宝鱼"正名，以提振消费者信心，为市场拓展打好基础。

（2）进一步发挥协会作用，拓展内陆市场、深耕沿海市场，构建双循环发展格局

近两年由于受到疫情的冲击，包括大菱鲆产品在内的多种产品销量均受到影响，鲜活水产品受到储存、运输条件的制约，价格下滑，极大地影响了从业人员的收入，甚至导致少数养殖户放弃大菱鲆养殖。随着疫情缓解，在常态化防疫的背景下，产品消费逐步恢复，价格逐步稳定但仍然存在下行风险。因此，建议进一步发挥行业协会功能，重视内陆市场的开发，深耕沿海市场，稳定产品价格。同时，发挥产业集聚度较高的优势，优化国内大菱鲆产业链，为今后向国际市场扩张打下基础。

（3）加大工厂化循环水养殖补贴，加强地下水超采治理

在近两年的调研中我们发现，出于市场行情不明朗和节约成本的考虑，有的养殖者将原有的工厂化循环水调整为工厂化流水养殖以暂时缓解成本压力。长远来看，工厂化循环水养殖才是大菱鲆养殖业正确的发展方向，但受到资金、技术等因素的限制及比较效益的影响，更为生态环保的工厂化循环水养殖模式还难以广泛推广。为淘汰落后产能、推进产业绿色发展，建议在加大工厂化循环水养殖补贴力度的同时，严格执行《地下水管理条例》，加强地下海水超采治理。

❷ 牙鲆养殖产业经济研究①

内容提要

本研究主要反映了 2020 年第四季度以来示范区县牙鲆养殖业的养殖面积、季末存量、季度销量、价格变化、成本收益、产业发展问题等情况，并提出了相应的对策建议。

养殖面积：牙鲆养殖体系示范区县主要分布在河北、辽宁和山东。2021 年第三季度牙鲆的普通池塘养殖总面积为 2.02 万亩②，工厂化养殖和网箱养殖总面积为 14.00 万平方米，其中工厂化养殖以工厂化流水为主，网箱养殖以深水网箱为主。

季末存量：2021 年第三季度末，体系示范区县牙鲆存量同比减少 22.94%，环比减少 24.80%。其中，辽宁养殖季末存量占总季末存量的 61.99%，河北养殖季末存量占总季末存量的 31.17%，山东养殖季末存量占总季末存量的 6.84%。

季度销量：2021 年第三季度，体系示范区县牙鲆销量总计 1 989.20 吨。其中，工厂化流水养殖销量占总销量的 13.62%；深水网箱养殖销量占总销量的 3.27%；工厂化循环水养殖销量占总销量的 2.53%；普通池塘养殖销量占总销量的 80.59%。销量最高的为辽宁，占总销量的 84.96%；其次为河北，占总销量的 8.86%；山东销量占总销量的 6.18%。

价格变化：2009 年第一季度至 2021 年第三季度，牙鲆整体出池价格持续波动，呈现波动下降趋势。其中 2009 年 4 月至 2014 年 2 月期间，由 2009 年 4 月的 56 元/千克，波动上升至 2013 年 1 月的 70 元/千克，又下降至 2014 年 2 月的 35 元/千克。之后价格处于波动上升阶段，在 2018 年 9 月达到 73 元/千克；然后价格快速下降，2020 年 5 月价格下降到 26 元/千克，跌破了 2014 年 2 月价格；

---

① 撰写人：杨正勇、张英丽、刘蓬、孙龙启。
② 亩为非法定计量单位，15 亩＝1 公顷。——编者注

进入 2020 年下半年开始，受新冠肺炎疫情得到控制的有利影响，市场价格波动回升，到 2021 年 9 月价格已波动回弹至 57 元/千克。

养殖成本收益：根据 2021 年 8 月至 9 月的调研数据统计分析，牙鲆养殖单位总成本为 35.65 元/千克，单位变动成本占总成本的 67.01%，单位固定成本占单位总成本的 32.93%。单位变动成本中的饲料支出占总成本的 47.52%，苗种支出占总成本的 7.71%。固定成本中的固定员工工资、土地租金和固定资产折旧分别占总成本的 17.73%、6.34%、5.27%。在收益分析方面，牙鲆主要规格成品鱼的收购平均价格约为 45.87 元/千克，净利润为 10.22 元/千克。

产业发展问题及对策建议：2021 年牙鲆产业主要存在三方面问题，一是养殖空间受到挤压；二是市场导向意识有待进一步加强；三是产能利用不足。为此，一是建议加强智能化改造，探索立体化多层次养殖，提升单位面积土地产出率；二是强化市场意识，加强产销对接，提升产业经济效益。

2.1　引言

本研究以国家海水鱼产业技术体系各综合试验站跟踪调查数据为基础，结合产业经济岗位团队调研数据，梳理出体系示范区县牙鲆产业发展动态情况，供有关各方参考。本研究描述了体系示范区县牙鲆养殖面积变动、存量变动、销量变动、价格变动和成本收益情况等。在数据采集过程中，得到了各综合试验站、相关岗位科学家的帮助与支持，在此一并表示感谢！

2.2　体系示范区县牙鲆养殖面积变动情况

2.2.1　体系示范区县牙鲆养殖变动面积情况

根据国家海水鱼产业技术体系各综合试验站跟踪调查数据，体系示范区县牙鲆普通池塘养殖主要分布在辽宁和河北，工厂化和网箱养殖主要分布在河北、辽宁和山东。就牙鲆普通池塘养殖来看，2021 年第三季度牙鲆普通池塘养殖总面积为 2.02 万亩，其中辽宁 2.00 万亩（99.01%），河北 0.02 万亩（0.99%）。相较 2019 年第三季度的 2.17 万亩，牙鲆普通池塘养殖总面积减少 6.91%，具体详见表 2-1。

表 2-1　体系示范区县牙鲆 2019 年第三季度和 2021 年第三季度普通池塘养殖面积分布

养殖方式	地区	2019 年第三季度		2021 年第三季度	
		季末养殖面积（亩）	占养殖总面积比重（%）	季末养殖面积（亩）	占养殖总面积比重（%）
普通池塘	辽宁	21 500	99.08	20 000	99.01
	河北	200	0.92	200	0.99
	合计	21 700		20 200	

　　就牙鲆工厂化养殖和网箱养殖来看，2021 年第三季度牙鲆工厂化养殖和网箱养殖的总面积为 14.00 万平方米①。2021 年第三季度牙鲆工厂化流水养殖面积最高，达到 10.00 万平方米（71.43%），其中河北 4.50 万平方米（32.14%）、辽宁 1.00 万平方米（7.14%）、山东 4.50 万平方米（32.14%）。工厂化循环水养殖面积为 1.00 万平方米（7.14%），其中河北 0.50 万平方米（3.57%）、辽宁 0.50 万平方米（3.57%）。深水网箱养殖面积为 3.00 万平方米（21.43%），集中分布在辽宁。与 2019 年第三季度相比，工厂化养殖和网箱养殖总面积减少 62.72%，其中工厂化流水养殖面积减少 70.19%，工厂化循环水养殖面积增加 100.00%，普通网箱养殖面积减少 100.00%，深水网箱养殖面积持平。具体详见表 2-2。

表 2-2　体系示范区县牙鲆 2019 年第三季度和 2021 年第三季度工厂化和网箱养殖面积分布

养殖模式	地区	2019 年第三季度		2021 年第三季度	
		季末养殖面积（立方米）	占养殖总面积比重（%）	季末养殖面积（立方米）	占养殖总面积比重（%）
工厂化流水	河北	230 000	61.25	45 000	32.14
	辽宁	10 000	2.66	10 000	7.14
	山东	95 500	25.43	45 000	32.14
	合计	335 500	89.35	100 000	71.43
工厂化循环水	河北	5 000	1.33	5 000	3.57
	辽宁	0	0.00	5 000	3.57
	合计	5 000	1.33	10 000	7.14
普通网箱	辽宁	5 000	1.33	0	0.00
深水网箱	辽宁	30 000	7.99	30 000	21.43
合计		375 500		140 000	

---

　　① 考虑到鲆鲽类鱼种养殖的特殊性，本研究将立方米以 1∶1 比例折算成平方米。

2.2.2 体系示范区县牙鲆养殖面积年际变动情况

2019 年第一季度至 2021 年第三季度，体系示范区县牙鲆普通池塘养殖总面积变动情况如图 2-1 所示，可以看出，每年第一季度牙鲆普通池塘养殖面积均处于同年最低值，第二季度和第三季度养殖面积均处于同年最高值。分析其原因主要在于每年第一季度辽宁、河北等北方省份气候寒冷，导致池塘冰封，随着第二季度气候转暖，池塘养殖逐渐恢复。图 2-2 为 2019 年第一季度至 2021 年第三季度体系示范区县牙鲆工厂化和网箱养殖总面积变动情况，2019 年第一季度至 2020 年第四季度，牙鲆工厂化和网箱养殖面积保持平稳发展状态，但是从 2021 年第一季度开始，呈断崖式下跌，达到波谷值 137 000 平方米，之后缓慢回升至 2021 年第三季度的 140 000 平方米。

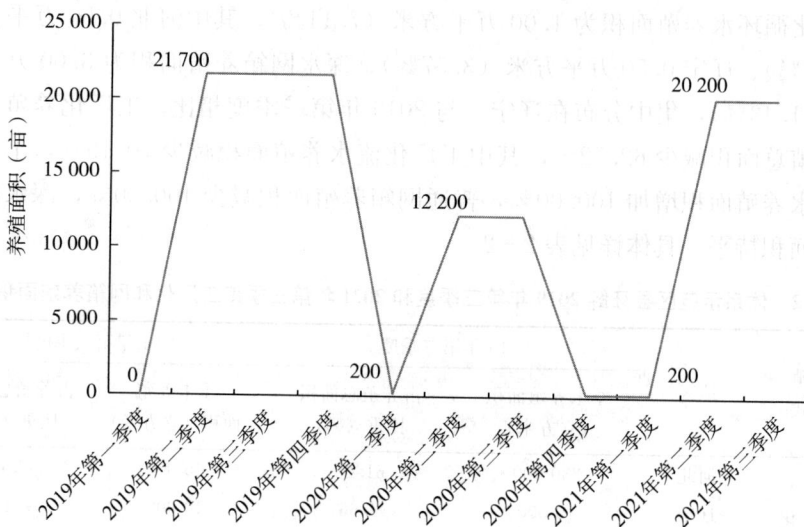

图 2-1 2019 年第一季度—2021 年第三季度体系
示范区县牙鲆普通池塘养殖面积变动情况

2.3 体系示范区县牙鲆养殖存量变动情况

2021 年第三季度末，体系示范区县牙鲆存量约为 1 315.29 吨，同比减少 22.94%，环比减少 24.80%。其中，辽宁养殖季末存量约为 815.29 吨，占总季末存量的 61.99%，主要分布在东港市和大连市长海县、甘井子区；河北养

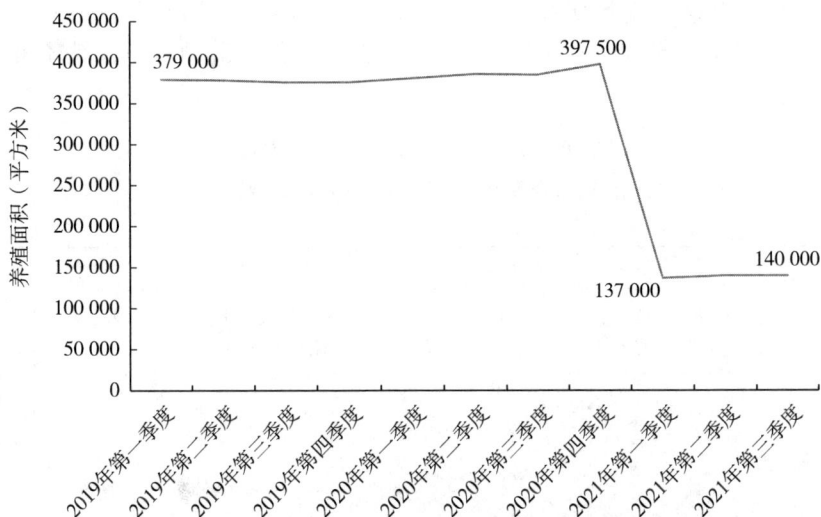

图 2-2 2019 年第一季度—2021 年第三季度体系示范区县
牙鲆工厂化和网箱养殖面积变动情况

殖季末存量为 410.00 吨，占总季末存量的 31.17%，主要分布在秦皇岛市昌黎县和唐山市曹妃甸区；山东养殖季末存量为 90.00 吨，占总季末存量的 6.84%，主要分布在日照市、乳山市、东营市、青岛市和烟台市。同 2019 年第三季度末存量相比，2021 年第三季度末存量减少 72.70%，其中，河北存量减少 88.66%，山东存量减少 16.82%，辽宁存量减少 25.58%。具体如表 2-3 所示。

表 2-3 体系示范区县牙鲆 2019 年第三季度和 2021 年第三季度季末存量分布

单位：吨

地区	2019 年第三季度末存量	2021 年第三季度末存量
辽宁	1 095.58	815.29
河北	3 614.50	410.00
山东	108.20	90.00
合计	4 818.28	1 315.29

就养殖模式而言，2021 年第三季度末，牙鲆工厂化流水养殖的存量为 953.79 吨，占总存量的 72.52%；普通网箱养殖的存量为 200.50 吨，占总存量的 15.24%；深水网箱养殖的存量为 150.00 吨，占总存量的 11.40%。同

2019 年第三季度末存量相比，2021 年第三季度末工厂化流水养殖存量减少 23.93%，普通网箱养殖存量减少 94.11%，深水网箱养殖存量保持不变。具体如表 2-4 所示。

表 2-4　体系示范区县牙鲆 2019 年第三季度和 2021 年
第三季度不同养殖模式季末存量分布

单位：吨

地区	2019 年第三季度末存量				2021 年第三季度末存量			
	工厂化流水	工厂化循环水	普通网箱	深水网箱	工厂化流水	工厂化循环水	普通网箱	深水网箱
辽宁	1 085.62	9.96	0.00	0.00	814.79	0.00	0.50	0.00
河北	60.00	0.00	3 404.50	150.00	60.00	0.00	200.00	150.00
山东	108.20	0.00	0.00	0.00	79.00	11.00	0.00	0.00
合计	1 253.82	9.96	3 404.50	150.00	953.79	11.00	200.50	150.00

2019 年第一季度至 2021 年第三季度，体系示范区县牙鲆季末存量变动情况如图 2-3 所示。牙鲆季末存量整体先升高，在 2019 年第三季度末迅速攀升至 4 818.28 吨，达到峰值。2019 年第四季度，体系示范区县牙鲆养殖存量迅速下降，之后在 2020 年保持震荡减少，到 2021 年第一季度降到最低值，季末存量为 894.81 吨，之后第二季度缓慢提升，第三季度末存量为 1 315.29 吨。变动原因是 2020 年受到新冠肺炎疫情影响，牙鲆市场价格持续走低，养殖户

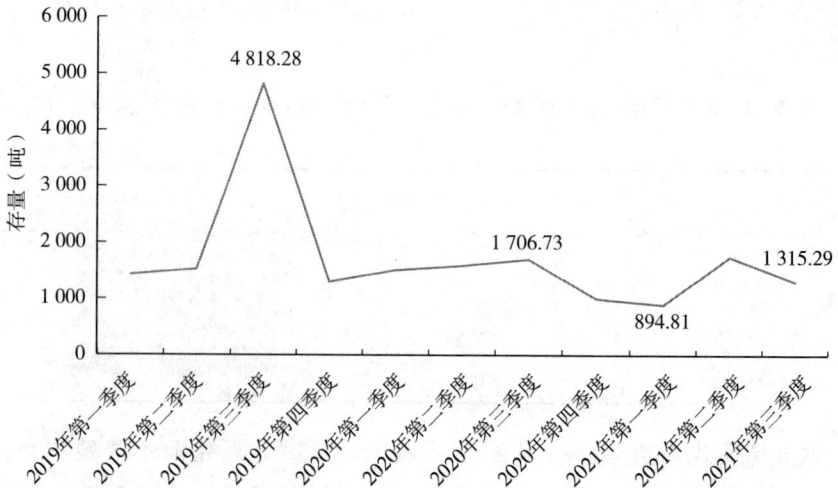

图 2-3　2019 年第一季度—2021 年第三季度体系示范区县牙鲆存量变动情况

对未来市场信心不足，采取了规避风险的措施，从而导致养殖户2020年的投苗量下降，甚至有养殖户改养其他品种。随着国家高效的防控措施，新冠肺炎疫情得到有效控制，养殖者信心也随之增强，2020年第三季度存量上升到1 706.73吨。但到了2021年，疫情的局部反复出现对养殖户的养殖信心产生较大影响，进而再次产生波动。

2.4　体系示范区县牙鲆养殖销量变动情况

2021年第三季度，体系示范区县牙鲆销量总计1 989.20吨。其中，工厂化流水养殖销量为270.92吨，占总销量的13.62%；深水网箱养殖销量65.00吨，占总销量的3.27%；工厂化循环水养殖销量50.28吨，占总销量的2.53%；普通池塘养殖销量1 603.00吨，占总销量的80.59%。销量最高的为辽宁，达到1 690.00吨，占总销量的84.96%；其次为河北，销量为176.20吨，占总销量的8.86%；山东销量为123.00吨，占总销量的6.18%。同2019年第三季度销量相比，2021年第三季度体系示范区县牙鲆销量增加324.67%，其中，工厂化流水养殖销量减少26.46%，深水网箱养殖销量增加62.50%，具体详见表2-5。

表2-5　体系示范区县牙鲆2019年第三季度和2021年第三季度销量分布

单位：吨

地区	2019年第三季度销量			2021年第三季度销量			
	工厂化流水	工厂化循环水	深水网箱	工厂化流水	工厂化循环水	普通池塘	深水网箱
河北	284.41	0.00	0.00	128.92	44.28	3.00	0.00
辽宁	20.00	60.00	40.00	25.00	0.00	1 600.00	65.00
山东	64.00	0.00	0.00	117.00	6.00	0.00	0.00
合计	368.41	60.00	40.00	270.92	50.28	1 603.00	65.00

根据2019年第一季度至2021年第三季度的销量变化情况，牙鲆养殖销量呈波动降低趋势。在2019年第一季度至第四季度逐渐上升，并在第四季度达到峰值（3 951.73吨），之后销量降到最低值（245.54吨），然后缓慢提升，在2020年第三季度达到第二峰值（2 631.92吨），再逐渐递减，降到了2021年第二季度的475.17吨，随后提升至2021年第三季度的1 989.20吨，具体详见图2-4。

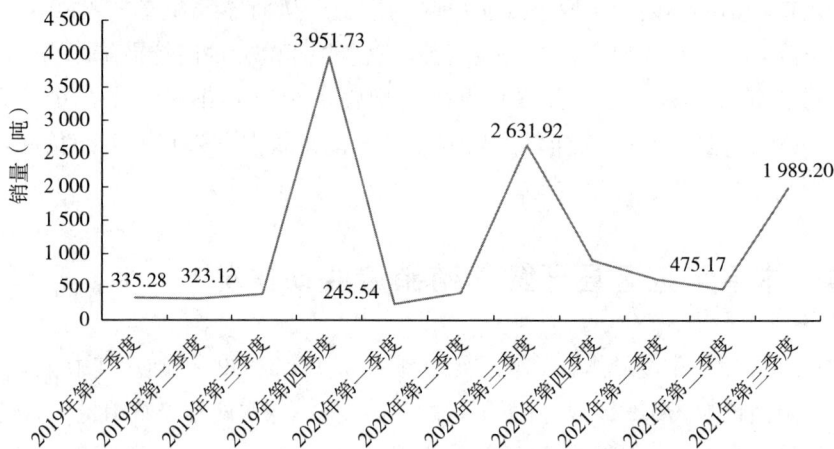

图 2-4　2019 年第一季度—2021 年第三季度体系示范区县牙鲆销量变动情况

2.5　体系示范区县牙鲆价格变动情况

2.5.1　体系示范区县牙鲆价格波动趋势

2009 年 4 月至 2021 年 9 月，体系示范区县牙鲆变动趋势如图 2-5 所示。牙鲆整体出池价格持续波动，呈现波动下降趋势。其中 2009 年 4 月至 2014 年 2 月期间，牙鲆价格由 2009 年 4 月的 56 元/千克，波动上升至 2013 年 1 月的

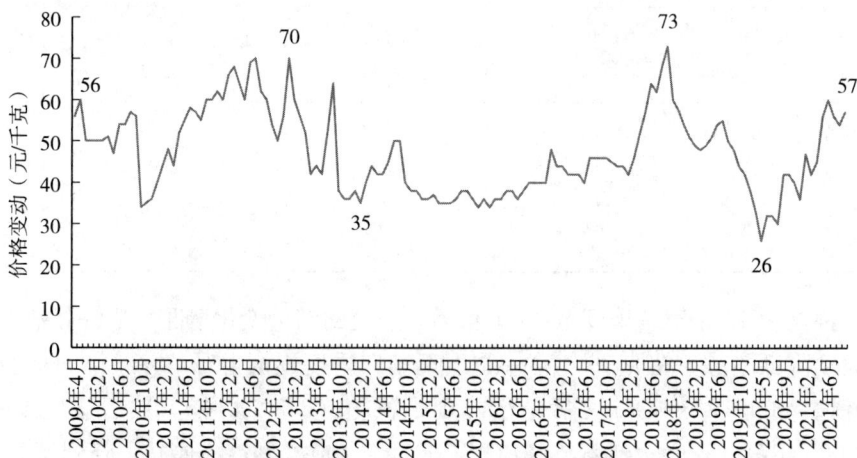

图 2-5　2009 年 4 月—2021 年 9 月体系示范区县牙鲆价格变动情况

（采用河北省秦皇岛市平均出池价格）

70元/千克，又下降至2014年2月的35元/千克。之后牙鲆价格处于波动上升阶段，在2018年9月达到73元/千克；然后价格快速下降，2020年5月价格下降到26元/千克，跌破了2014年2月价格。进入2020年下半年，受新冠肺炎疫情得到控制的有利影响，牙鲆市场价格波动回升，到2021年9月价格波动回弹至57元/千克。

2.5.2 体系示范区县牙鲆价格预测

以同类均值插补法将体系示范区县牙鲆价格的缺失值进行补充后，用ARMA模型预测之后15个月（2021年10月至2022年12月）塘边价格。牙鲆价格样本数据从2009年4月起至2021年9月，时间跨度较大，可以较好预测。根据模型预测，2021年10月至2022年12月牙鲆价格在相对稳定中略有下降（图2-6）。2021年10月、11月、12月的牙鲆价格分别是55.75元/千克、54.67元/千克和53.74元/千克，之后继续下降，至2022年10月、11月、12月的牙鲆价格分别是49.17元/千克、48.98元/千克和48.81元/千克。从2021年10月—2022年12月，牙鲆价格降幅为12.45%。

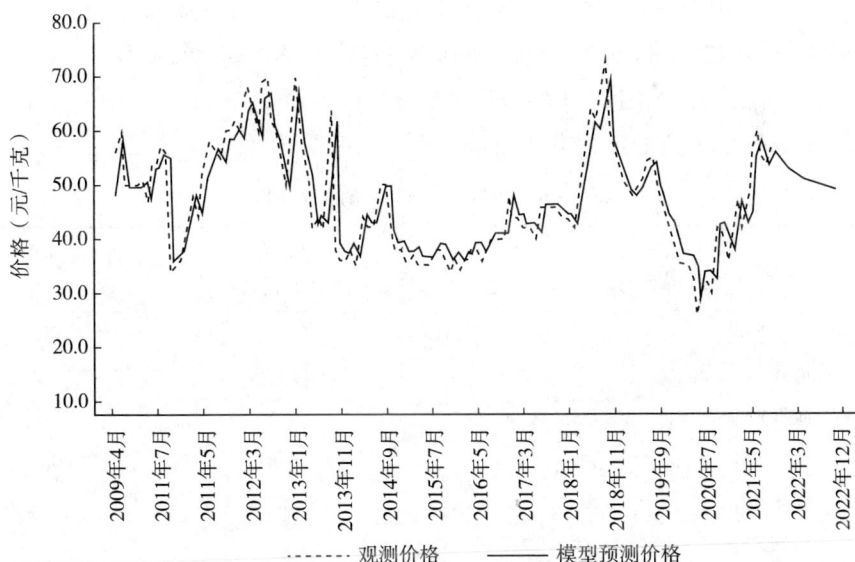

图2-6 牙鲆价格预测模型

根据牙鲆季末存量和销量的变动情况来看（图2-3、图2-4），随着国内疫情防控取得明显成效，牙鲆2021年第一季度和第二季度的季末存量显著提升，销量略有回落。结合前文牙鲆价格预测结果可知，若宏观政策等其他条件不变，2021 年 10 月至 2022 年 12 月牙鲆价格会下降。在这 15 个月需要通过适当增加销量、拓宽市场来使牙鲆的收益保持不变或有所增加。

2.6 体系示范区县牙鲆养殖效益情况

2.6.1 成本收益分析

本研究数据来源于 2021 年 8—9 月在山东、辽宁及河北调研所得的数据，其中普通网箱养殖 4 户，普通池塘养殖 9 户，工厂化流水养殖 1 户，工厂化循环水养殖 3 户。

（1）成本分析

根据表 2-6 显示，牙鲆养殖单位总成本为 35.65 元/千克。其中，单位变动成本为 23.90 元/千克，占单位总成本的 67.01%；单位固定成本为 11.75 元/千克，占单位总成本的 32.93%。单位变动成本中的饲料支出为 16.94 元/千克，占单位总成本的 47.52%；苗种支出为 2.75 元/千克，占单位总成本的 7.71%。单位固定成本中的固定员工工资、土地租金和固定资产折旧分别为 6.32 元/千克、2.26 元/千克和 1.88 元/千克，分别占单位总成本的 17.73%、6.34% 和 5.27%。同 2019 年相比，牙鲆养殖的单位总成本增加 0.51%，单位变动成本减少 18.03%，单位固定成本增加 85.47%。

表 2-6 2021 年牙鲆养殖成本分析

项目	金额 （元/千克）	在各自成本中 所占比例（%）	在总成本中所 占比例（%）
苗种支出	2.75	11.51	7.71
饲料支出	16.94	70.88	47.52
渔药支出	0.28	1.17	0.79
水费支出	0.01	0.04	0.03
电费支出	2.51	10.50	7.04
油费支出	0.04	0.17	0.11
临时员工工资	0.67	2.80	1.88
运输费用	0.66	2.76	1.85
其他可变费用	0.04	0.17	0.11
单位变动成本	23.90		67.01

（续）

项目	金额 （元/千克）	在各自成本中 所占比例（%）	在总成本中所 占比例（%）
固定员工工资	6.32	53.79	17.73
固定资产折旧	1.88	16.00	5.27
设备维修费	0.73	6.21	2.05
利息支出	0.53	4.51	1.49
其他固定费用	0.03	0.26	0.08
土地租金	2.26	19.23	6.34
单位固定成本	11.75		32.93
单位总成本	35.65		

根据表2-7显示，不同模式下牙鲆的养殖成本存在一定差异。其中普通网箱、普通池塘、工厂化流水以及工厂化循环水的单位总成本分别为34.34元/千克、28.03元/千克、37.02元/千克和43.11元/千克。普通网箱、普通池塘、工厂化流水以及工厂化循环水的单位变动成本分别为25.38元/千克、19.71元/千克、24.58元/千克和25.87元/千克，其中，饲料支出在总成本中所占比例最高，分别为56.58%、57.08%、45.92%和35.56%。不同养殖模式下，单位变动成本在单位总成本中所占的比例均明显高于单位固定成本，单位固定成本分别为8.96元/千克、8.32元/千克、12.44元/千克和17.24元/千克，其中，固定员工工资、固定资产折旧和土地租金占比较大。

同2019年相比，普通网箱养殖成本增加2.54%，其中单位变动成本降低5.30%，单位固定成本增加33.93%，主要是固定员工工资的增加（增加57.80%）；普通池塘养殖成本降低21.77%，其中单位变动成本降低30.62%，单位固定成本增加12.13%；工厂化流水养殖成本降低0.91%，其中单位变动成本降低23.78%，单位固定成本增加143.44%，主要是固定员工工资的增加（增加2 659.52%）。具体详见表2-7、表2-8。

（2）收益分析

根据表2-9可知，2021年普通网箱牙鲆养殖净利润为9.13元/千克，成本利润率为26.59%，销售利润率21.00%，边际贡献率为41.61%；普通池塘牙鲆养殖净利润为11.97元/千克，成本利润率为42.70%，销售利润率为29.93%，边际贡献率为50.73%；牙鲆工厂化流水养殖净利润为12.98元/千克，成本利润率为35.06%，销售利润率为25.96%，边际贡献率为50.84%；牙鲆

表 2-7 2021年牙鲆不同养殖模式的成本构成

项目	普通网箱			普通池塘			工厂化流水			工厂化循环水		
	金额（元/千克）	在各自成本中所占比例（%）	在总成本中所占比例（%）	金额（元/千克）	在各自成本中所占比例（%）	在总成本中所占比例（%）	金额（元/千克）	在各自成本中所占比例（%）	在总成本中所占比例（%）	金额（元/千克）	在各自成本中所占比例（%）	在总成本中所占比例（%）
苗种支出	2.32	9.14	6.76	2.83	14.36	10.10	2.14	8.71	5.78	3.71	14.34	8.61
饲料支出	19.43	76.56	56.58	16.00	81.18	57.08	17.00	69.16	45.92	15.33	59.26	35.56
渔药支出	0.42	1.65	1.22	0.26	1.32	0.93	0.20	0.81	0.54	0.25	0.97	0.58
水费支出	0.00	0.00	0.00	0.04	0.20	0.14	0.00	0.00	0.00	0.00	0.00	0.00
电费支出	0.00	0.00	0.00	0.11	0.56	0.39	4.90	19.93	13.24	5.01	19.37	11.62
油费支出	0.00	0.00	0.00	0.14	0.71	0.50	0.00	0.00	0.00	0.00	0.00	0.00
临时员工工资	0.57	2.25	1.66	0.18	0.91	0.64	0.34	1.38	0.92	1.57	6.07	3.64
运输费用	2.64	10.40	7.69	0.00	0.00	0.00	0.00	0.00	0.00	0.00	0.00	0.00
其他可变费用	0.00	0.00	0.00	0.15	0.76	0.54	0.00		0.00	0.00	0.00	0.00
单位变动成本	25.38		73.91	19.71		70.32	24.58		66.40	25.87		60.01
固定员工工资	4.45	49.67	12.96	1.73	20.79	6.17	11.59	93.17	31.31	7.49	43.45	17.37
固定资产折旧	1.04	11.61	3.03	1.43	17.19	5.10	0.44	3.54	1.19	4.60	26.68	10.67
设备维修费	0.57	6.36	1.66	0.29	3.49	1.03	0.41	3.30	1.11	1.64	9.51	3.80
利息费用	1.64	18.30	4.78	0.02	0.24	0.07	0.00	0.00	0.00	0.46	2.67	1.07
其他固定费用	0.13	1.45	0.38	0.00	0.00	0.00	0.00	0.00	0.00	0.00	0.00	0.00
土地租金	1.13	12.61	3.29	4.85	58.29	17.30	12.44			3.05	17.69	7.07
单位固定成本	8.96		26.09	8.32		29.68	12.44		33.60	17.24		39.99
单位总成本	34.34			28.03			37.02			43.11		

表 2 - 8 2019 年牙鲆不同养殖模式的成本构成

项目	普通网箱		工厂化流水			普通池塘		
	金额(元/千克)	在各自成本中所占比例(%)	在总成本中所占比例(%)	金额(元/千克)	在各自成本中所占比例(%)	在总成本中所占比例(%)	金额(元/千克)	在各自成本中所占比例(%)	在总成本中所占比例(%)
苗种支出	2.40	8.96	7.17	2.82	8.74	7.55	1.66	5.84	4.63
饲料支出	20.35	75.93	60.76	23.48	72.81	62.85	24.23	85.29	67.62
渔药支出	0.07	0.26	0.21	0.13	0.40	0.35	0.84	2.96	2.34
水费支出	0.00	0.00	0.00	0.00	0.00	0.00	0.00	0.00	0.00
电费支出	1.48	5.52	4.42	5.55	17.21	14.86	1.39	4.89	3.88
油费支出	0.00	0.00	0.00	0.00	0.00	0.00	0.05	0.18	0.14
临时员工工资	0.54	2.01	1.61	0.27	0.84	0.72	0.24	0.84	0.67
运输费用	0.98	3.66	2.93	0.00	0.00	0.00	0.00	0.00	0.00
其他可变费用	0.98	3.66	2.93	0.00	0.00	0.00	0.00	0.00	0.00
单位变动成本	26.80	77.13		32.25	86.32		28.41	79.29	
固定员工工资	2.82	42.15	8.42	0.42	8.22	1.12	0.66	8.89	1.84
固定资产折旧	0.58	8.67	1.73	3.31	64.77	8.86	2.45	33.02	6.84
设备维修费	0.32	4.78	0.96	0.57	11.15	1.53	0.61	8.22	1.70
土地租金	1.88	28.10	5.61	0.52	10.18	1.39	0.00	0.00	0.00
利息费用	0.67	10.01	2.00	0.09	1.76	0.24	0.00	0.00	0.00
其他固定费用	0.42	6.28	1.25	0.20	3.91	0.54	3.70	49.87	10.33
单位固定成本	6.69		20.01	5.11		13.70	7.42		20.68
单位总成本	33.49			37.36			35.83		

工厂化循环水养殖净利润为 6.89 元/千克，成本利润率为 15.98%，销售利润率为 13.78%，边际贡献率为 48.26%。各养殖模式中，净利润最高的是工厂化流水养殖和普通池塘养殖。随着国内疫情的缓和，市场也在逐渐恢复，2021年的销售情况明显好于 2020 年，但不同养殖模式的成本差异仍比较明显。在销售价格变化不大的情况下，如何降低养殖成本是亟须深入研究的内容。

表 2-9　2021 年牙鲆不同养殖模式的收益分析

养殖方式	总成本（元/千克）	销售收入（元/千克）	净利润（元/千克）	成本利润率（%）	销售利润率（%）	边际贡献率（%）
普通网箱	34.34	43.47	9.13	26.59	21.00	41.61
普通池塘	28.03	40.00	11.97	42.70	29.93	50.73
工厂化流水	37.02	50.00	12.98	35.06	25.96	50.84
工厂化循环水	43.11	50.00	6.89	15.98	13.78	48.26

根据表 2-10 显示，2021 年牙鲆的养殖成本为 35.65 元/千克，2021 年 8 月牙鲆主要规格成品鱼的收购平均价格约为 45.87 元/千克，净利润为 10.22 元/千克，成本利润率为 28.67%，销售利润率为 22.28%，边际贡献率为 47.90%，表明牙鲆养殖中固定成本和利润占销售收入的比率接近 48%。从调研情况来看，目前牙鲆养殖虽然仍以个体养殖户为主，但新型养殖产业如合作社、企业＋基地＋农户等经营模式呈增长态势。同 2019 年相比，牙鲆养殖的成本增加 0.51%，主要规格成品鱼的平均销售价格降低 16.60%，净利润减少 47.67%，成本利润率减少 47.93%，销售利润率减少 37.26%，边际贡献率减少 1.66%。

表 2-10　2021 年和 2019 年牙鲆养殖收益分析

年份	总成本（元/千克）	销售收入（元/千克）	净利润（元/千克）	成本利润率（%）	销售利润率（%）	边际贡献率（%）
2021	35.65	45.87	10.22	28.67	22.28	47.90
2019	35.47	55.00	19.53	55.06	35.51	48.71

2.6.2　不确定性分析

（1）盈亏平衡分析

从表 2-11 可知，销售价格与盈亏平衡价格之差为 10.22 元/千克，即市场销售价格比盈亏平衡价格高出 10.22 元/千克，养殖户的盈利空间较大。养殖的安全边际率为 62.82%，安全边际率较高，说明在目前的养殖模式下，养殖户对于固定成本收回有一定的能力；在价格等要素保持稳定的情况下，企业经营风险较为可控。与2019年相比，2021年牙鲆养殖的盈利空间下降，养殖风险提高。

表2-11 2021年和2019年牙鲆养殖盈亏平衡分析

项目	2021年	2019年
盈亏平衡产量（千克）	358 687	15 221
实际销售产量（千克）	964 638	46 929
安全边际量（千克）	605 951	31 708
安全边际率（%）	62.82	67.57
盈亏平衡作业率（%）	37.18	32.43
盈亏平衡价格（元/千克）	35.65	35.47
销售价格（元/千克）	45.87	55
销售价格与盈亏平衡价格之差（元/千克）	10.22	19.53

从表2-12可知，盈亏平衡产量越高，表明该种养殖方式的养殖风险越高，2021年普通网箱、普通池塘、工厂化流水以及工厂化循环水的盈亏平衡产量分别为78 710千克、265 718千克、10 274千克和33 502千克。盈亏平衡作业率反映的是生产周期内产业的盈亏平衡产量与实际销售产量的比率，该比率越低对养殖个体越有利，普通网箱、普通池塘、工厂化流水以及工厂化循环水的盈亏平衡作业率分别为49.50%、36.01%、48.92%和71.76%，表明工厂化循环水的经营风险明显高于普通网箱、普通池塘和工厂化流水。

表2-12 2021年牙鲆不同养殖模式的盈亏平衡分析

项目	普通网箱	普通池塘	工厂化流水	工厂化循环水
盈亏平衡产量（千克）	78 710	265 718	10 274	33 502
实际销售产量（千克）	159 000	737 950	21 000	46 688
安全边际量（千克）	80 290	472 232	10 726	13 185
安全边际率（%）	50.50	63.99	51.08	28.24
盈亏平衡作业率（%）	49.50	36.01	48.92	71.76
盈亏平衡价格（元/千克）	34.34	28.03	37.02	43.11
销售价格（元/千克）	43.47	40	50	50.00
销售价格与盈亏平衡价格之差（元/千克）	9.13	11.97	12.98	6.89

（2）敏感性分析

表 2 - 13 为 2019 年和 2021 年牙鲆养殖敏感系数表，表明了不同影响因素对净利润的敏感系数以及以 1％影响程度为例的具体变化分析。变化方向方面，固定成本和变动成本与净利润的变化方向相反，销售价格和净利润的变化方向一致。在影响程度方面，销售价格每增加 1％，养殖者利润将增加 4.478％，说明在保持其他影响因素不变的情况下，销售价格的变动引起净利润的变动程度是最大的；饲料支出的敏感系数为 -1.654，表明饲料支出每增加 1％，养殖者的利润将下降 1.654％。和 2019 年相比，2021 年销售价格敏感系数从 5.370 减少到 4.478，单位变动成本从 -1.492 降低至 -2.332，单位固定成本从 -0.324 降低至 -1.146，单位总成本也从 -1.816 降低至 -3.478。

表 2 - 13　2021 年和 2019 年牙鲆养殖敏感系数（变动 1％）

项目	2021 年敏感系数	2019 年敏感系数
销售价格	4.478	5.370
苗种支出	-0.269	-0.118
饲料支出	-1.654	-1.169
渔药支出	-0.028	-0.018
水费支出	-0.001	0.000
电费支出	-0.245	0.000
煤费支出	-0.003	-0.154
临时员工工资	-0.065	-0.001
运输费用	-0.064	-0.017
其他可变费用	-0.004	0.000
单位变动成本	-2.332	-1.492
固定员工工资	-0.617	-0.061
固定资产折旧	-0.183	-0.115
设备维修费	-0.071	-0.026
利息支出	-0.052	-0.038
其他固定费用	-0.003	-0.012
土地租金	-0.220	-0.073
单位固定成本	-1.146	-0.324
单位总成本	-3.478	-1.816

表 2-14 为 2021 年牙鲆不同养殖模式的敏感系数，其中，饲料支出是对净利润影响最大的因素，饲料支出的敏感系数分别－2.128、－1.337、－1.310 和－2.225，表明在普通网箱、普通池塘、工厂化流水以及工厂化循环水养殖模式下，饲料支出每增加 1%，养殖者的利润将下降 2.128%、1.337%、1.310% 和 2.225%。

表 2-14　2021 年牙鲆不同养殖模式的敏感系数（变动 1%）

项目	普通网箱	普通池塘	工厂化流水	工厂化循环水
销售价格	4.761	3.342	3.852	7.257
苗种支出	－0.254	－0.236	－0.165	－0.539
饲料支出	－2.128	－1.337	－1.310	－2.225
渔药支出	－0.046	－0.022	－0.015	－0.036
水费支出	0.000	－0.003	0.000	0.000
电费支出	0.000	－0.009	－0.378	－0.727
煤费支出	0.000	－0.012	0.000	0.000
临时员工工资	－0.062	－0.015	－0.026	－0.228
运输费用	－0.289	0.000	0.000	0.000
其他可变费用	0.000	－0.013	0.000	0.000
单位变动成本	－2.779	－1.647	－1.894	－3.755
固定员工工资	－0.487	－0.145	－0.893	－1.087
固定资产折旧	－0.114	－0.120	－0.034	－0.668
设备维修费	－0.062	－0.024	－0.032	－0.238
利息支出	－0.180	－0.002	0.000	－0.067
其他固定费用	－0.014	0.000	0.000	0.000
土地租金	－0.124	－0.405	0.000	－0.443
单位固定成本	－0.981	－0.695	－0.958	－2.502
单位总成本	－3.761	－2.342	－2.852	－6.257

2.7　存在的问题

（1）养殖空间受到挤压

从 2021 年第一季度开始，牙鲆工厂化养殖和网箱养殖总面积呈断崖式下跌，达到波谷值 137 000 平方米，虽然之后到 2021 年第三季度有所回升，但仍仅为 140 000 平方米。其原因包括主产区海洋经济开发等，挤占了养殖用地。

（2）市场导向意识有待进一步加强

根据表 2-13 显示，销售单价的敏感系数最高，高达 4.478，这表明销售价格是影响产业的最重要因素之一。产品的生产者和消费者都是价格的接受者，其价格受供需均衡影响。目前，大部分牙鲆个体养殖者往往是根据往年价格情况，再结合周边养殖户情况来确定当年的养殖规模。然而过往的经验很难帮助养殖者对未来产品价格进行估计，从而进一步对其养殖进行规划。另外，个体养殖者对于养成品的市场掌握较少，多依赖收购商的收购情况进行产品出售，没有对自身生产产品的消费市场进行细致了解，尤其是 2020—2021 年，受疫情反复影响，市场需求大幅减少，大部分个体养殖户缺乏应对措施，多方面因素导致出池价格处于低谷，从而降低了养殖者的利润。

（3）产能利用不足

调研发现，养殖户的养殖量均没有做到满负荷养殖，甚至部分养殖户的养殖量远远低于养殖设施的养殖容量，这既有受疫情冲击的原因，也有人口老龄化等因素带来的劳动力供给短缺等原因的影响。

2.8 对策建议

（1）智能化改造、探索立体化多层次养殖，提升单位面积土地产出率

面对劳动力、养殖空间均日趋短缺的趋势，建议养殖者及利益相关方尽早布局，推进养殖生产的智能化改造，以物质资本的投入替代人力与土地等生产要素。同时，探索立体化多层次养殖，提高单位面积土地产出。

（2）强化市场意识，加强产销对接，提升产业经济效益

建议主产区加强产业组织的培育，加强产销对接。建议生产者重视差异化市场开发，针对不同类型的消费和不同地区的消费者，制定不同的销售策略。此外，面对疫情影响，建议聚焦传统消费区域，进一步拓展线上销售渠道。

③ 半滑舌鳎养殖产业经济研究[①]

内容提要

本研究主要反映了 2020 年第四季度以来示范区县半滑舌鳎养殖业的养殖面积、季末存量、季度销量、价格变化、成本收益、产业发展问题等情况，并提出了相应的对策建议。

养殖面积：半滑舌鳎养殖体系示范区县主要分布在河北、山东和天津，以工厂化流水养殖和工厂化循环水养殖为主。2020 年第四季度至 2021 年第三季度，体系示范区县半滑舌鳎养殖总面积呈波动上升趋势。2021 年第三季度体系示范区县半滑舌鳎养殖总计 80.34 万立方米，同比增长 0.09%，环比增长 1.08%，相较 2019 年第三季度的 86.67 万立方米，下降幅度达到 7.30%。其中工厂化流水养殖 66.90 万立方米，同比减少 2.08%，环比增长 0.15%，相较 2019 年第三季度的 75.62 万立方米，下降幅度达到 11.53%；工厂化循环水养殖 13.44 万立方米，同比增长 12.47%，环比增长 5.99%，相较 2019 年第三季度的 11.05 万立方米，上升幅度达到 21.63%。

季末存量：2020 年第四季度至 2021 年第三季度，体系示范区县半滑舌鳎季末存量呈先降后升的变动趋势。2021 年第三季度末体系示范区县半滑舌鳎存量为 4 107.02 吨，同比减少 13.68%，环比增长 23.25%，相较 2019 年第三季度末的 3 640.49 吨，上升幅度达到 12.82%。2021 年第三季度，工厂化流水养殖季末存量（占比 44.54%）分布在河北和山东；工厂化循环水养殖季末存量（占比 55.46%）分布在河北、天津和山东。

季度销量：2020 年第四季度至 2021 年第三季度，体系示范区县半滑舌鳎养殖销量呈先降后升的变动趋势。2021 年第三季度体系示范区县半滑舌鳎总销量为 1 596.20 吨，同比减少 50.51%，环比增长 35.27%，相较 2019 年第

[①] 撰写人：杨正勇、张英丽、刘蓬、彭乐威。

三季度的 1 443.88 吨，上升幅度达到 10.55%。2021 年第三季度，工厂化流水养殖销量（占比 70.83%）主要分布在河北和山东；工厂化循环水养殖销量（占比 29.17%）主要分布在山东、天津和河北。

价格变化：受新冠肺炎疫情影响，2020 年 1 月至 5 月半滑舌鳎的塘边价格下跌较为明显。随着疫情防控取得明显成效，2020 年 6 月价格出现缓慢回升，至 11 月达到 104 元/千克，然后 12 月半滑舌鳎价格呈小幅下跌，持续跌至 2021 年 3 月的 87 元/千克，随后逐步回升至 2021 年 9 月的 125 元/千克。结合 ARMA 模型对半滑舌鳎价格进行预测，结果显示，2021 年 10 月至 2022 年 12 月半滑舌鳎价格预计在经历小幅波动后趋于平稳。

养殖成本收益：2021 年半滑舌鳎养殖成本为 89.35 元/千克，相较 2019 年的 64.68 元/千克，上升幅度达到 38.14%。其中单位变动成本由 2019 年的 42.65 元/千克升至 2021 年的 64.02 元/千克，占总成本比重由 65.94% 升至 71.66%；单位固定成本为由 2019 年的 22.03 元/千克升至 2021 年的 25.33 元/千克，占总成本比重由 34.06% 降至 28.35%。2021 年半滑舌鳎养殖净利润为 18.59 元/千克，其中工厂化流水和工厂化循环水的养殖净利润分别为 18.88 元/千克和 17.90 元/千克，相较 2019 年的 12.61 元/千克和 24.64 元/千克，分别上升 49.72% 和下降 27.35%；2021 年半滑舌鳎的边际贡献率为 40.69%，其中工厂化流水养殖的边际贡献率为 40.71%，相较 2019 年（39.11%）有略微提升，工厂化循环水养殖的边际贡献率为 40.63%，相较 2019 年（49.52%）有所降低。2021 年半滑舌鳎工厂化流水和工厂化循环水的安全边际率分别为 44.06% 和 38.45%，相较 2019 年的 68.03% 和 44.02%，两种养殖方式下的安全边际率均有所下降；2021 年半滑舌鳎工厂化流水和工厂化循环水两种养殖模式下，产品销售价格均是养殖净利润最大的影响因素。

产业发展问题及对策建议：当前半滑舌鳎养殖产业主要存在以下问题。第一，新冠肺炎疫情对海水鱼养殖业的影响依然较大；第二，优质苗种的培育和普及有待提升；第三，半滑舌鳎生产者养殖保险需求强烈但供给不足。结合上述问题，提出以下三个方面的建议。第一，聚焦国内消费市场消费模式转型，以稳定价格为重点，着力构建双循环新发展格局；第二，以优质苗种技术为重点，推进重点领域科技创新集成和水产技术推广示范；第三，加强对金融和水产养殖保险的支持力度。

3.1 引言

本研究以国家海水鱼产业技术体系各综合试验站跟踪调查数据为基础，以农业农村部渔业渔政管理局养殖渔情监测系统调研数据为补充，结合产业经济岗位团队调研数据，梳理出体系示范区县半滑舌鳎产业发展动态情况，供有关各方参考。本研究描述了体系示范区县半滑舌鳎养殖面积变动、存量变动、销量变动、价格变动和成本收益情况，以及半滑舌鳎养殖过程中存在的问题和相应的对策建议。在数据采集过程中，得到了各综合试验站、相关岗位科学家的帮助与支持，在此一并表示感谢！

3.2 体系示范区县半滑舌鳎养殖面积变动情况

3.2.1 体系示范区县半滑舌鳎养殖面积情况

根据国家海水鱼产业技术体系各综合试验站跟踪调查数据，体系示范区县半滑舌鳎工厂化流水及工厂化循环水养殖主要分布在河北、山东和天津。2021年第三季度半滑舌鳎养殖总计 80.34 万立方米，相较 2019 年第三季度的86.67 万立方米，下降幅度达到 7.30%。其中，工厂化流水养殖 66.90 万立方米，相较 2019 年第三季度的 75.62 万立方米，下降幅度达到 11.53%；工厂化流水养殖面积占养殖总面积的比重由 2019 年第三季度的 87.25% 降至 2021年第三季度的 83.27%。工厂化循环水养殖 13.44 万立方米，相较 2019 年第三季度的 11.05 万立方米，上升幅度达到 21.63%；工厂化循环水养殖面积占养殖总面积的比重由 2019 年第三季度的 12.75% 升至 2021 年第三季度的16.73%。详细地区分布如表 3-1 所示。

表 3-1 体系示范区县半滑舌鳎 2021 年第三季度养殖面积分布

地区	养殖面积（立方米）		所占养殖模式比重（%）	
	工厂化流水	工厂化循环水	工厂化流水	工厂化循环水
河北	414 000	48 300	61.88	35.94
山东	255 000	24 000	38.12	17.86
天津	0	62 100	0.00	46.21
合计	669 000	134 400		

在体系示范区县中，半滑舌鳎工厂化流水养殖集中在山东和河北两个省份，其中河北 2021 年第三季度工厂化流水养殖 41.40 万立方米，相较 2019 年第三季度的 40.10 万立方米，上升幅度达到 3.24%，所占比重由 2019 年第三季度的 53.03% 升至 2021 年第三季度的 61.88%。其次为山东，2021 年第三季度工厂化流水养殖 25.50 万立方米，相较 2019 年第三季度的 34.45 万立方米，下降幅度达到 25.98%，所占比重由 2019 年第三季度的 45.56% 降至 2021 年第三季度的 38.12%。最后为天津，2021 年第三季度工厂化流水养殖 0.00 万立方米，相较 2019 年第三季度的 1.07 万立方米，下降幅度达到 100.00%，所占比重由 2019 年第三季度的 1.41% 降至 2021 年第三季度的 0.00%。

半滑舌鳎工厂化循环水养殖在天津、河北和山东均有分布，其中天津 2021 年第三季度工厂化循环水养殖 6.21 万立方米，相较 2019 年第三季度的 3.40 万立方米，上升幅度达到 82.65%，所占比重由 2019 年第三季度的 30.77% 升至 2021 年第三季度的 46.21%。河北 2021 年第三季度工厂化循环水养殖 4.83 万立方米，相较 2019 年第三季度的 5.45 万立方米，下降幅度达到 11.38%，所占比重由 2019 年第三季度的 49.32% 降至 2021 年第三季度的 35.94%。山东 2021 年第三季度工厂化循环水养殖 2.40 万立方米，相较 2019 年第三季度的 2.00 万立方米，上升幅度达到 20.00%，所占比重由 2019 年第三季度的 18.10% 降至 2021 年第三季度的 17.86%。

3.2.2　体系示范区县半滑舌鳎养殖面积年际变动情况

图 3-1 为 2019 年第一季度至 2021 年第三季度体系示范区县半滑舌鳎养殖总面积变动情况[①]。根据图 3-1 可知，半滑舌鳎养殖总面积大体呈下降趋势，最高值为 2019 年第三季度的 86.67 万立方米，最低值为 2021 年第二季度的 79.48 万立方米。具体来看，2019 年第一季度至第三季度半滑舌鳎养殖总面积先降后升，基本稳定在 84 万～87 万立方米之间；2019 年第三季度至 2020 年第二季度呈明显下降趋势，由 86.67 万立方米降至 80.22 万立方米，下降幅度达到 7.44%；2020 年第二季度至 2021 年第三季度养殖总面积波动幅度较小，基本稳定在 80 万立方米左右。体系示范区县半滑舌鳎 2021 年第三季度养殖总计 80.34 万立方米，同比增长 0.09%，环比增长 1.08%，波动幅度较小。

---

①　半滑舌鳎养殖总面积为工厂化流水养殖和工厂化循环水养殖面积之和。

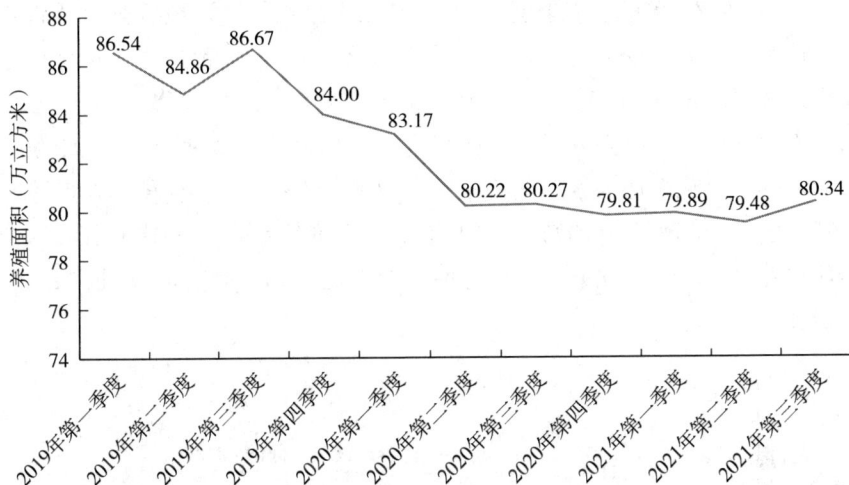

图 3-1　2019 年第一季度—2021 年第三季度体系示范区县半滑舌鳎养殖面积变动情况

图 3-2 为 2019 年第一季度至 2021 年第三季度体系示范区县半滑舌鳎工厂化流水养殖面积变动情况。根据图 3-2 可知，半滑舌鳎工厂化流水养殖面积总体呈下降趋势，由 2019 年第一季度的 80.32 万立方米降至 2021 年第三季度的 66.90 万立方米，下降幅度达到 16.71%。体系示范区县半滑舌鳎 2021 年第三季度工厂化流水养殖 66.90 万立方米，在总面积中占比 83.27%，同比减少 2.08%，环比增长 0.15%。

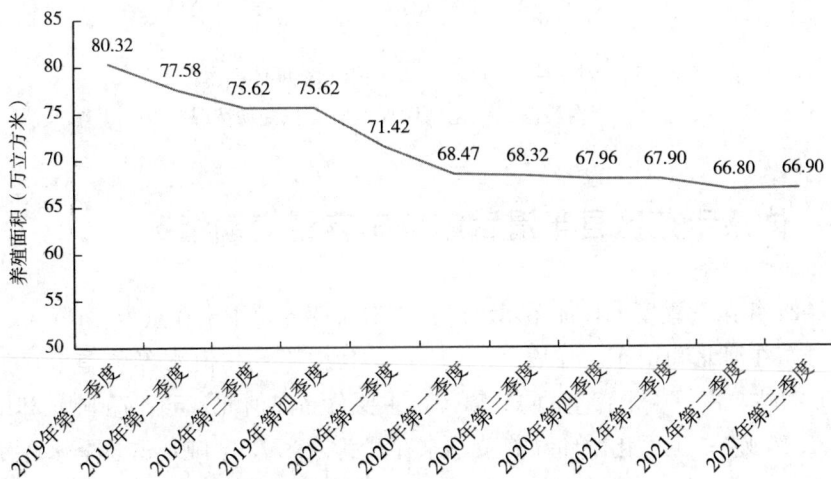

图 3-2　2019 年第一季度—2021 年第三季度体系示范区县
半滑舌鳎工厂化流水养殖面积变动情况

图 3-3 为 2019 年第一季度至 2021 年第三季度体系示范区县半滑舌鳎工厂化循环水养殖面积变动情况。根据图 3-3 可知，半滑舌鳎工厂化循环水养殖面积总体呈显著上升趋势，由 2019 年第一季度的 6.22 万立方米升至 2021年第三季度的 13.44 万立方米。具体来看，2019 年第一季度至 2020 年第一季度半滑舌鳎工厂化循环水养殖面积呈现波动式上升；2020 年第一季度至 2021年第三季度呈现小幅上升趋势。2021 年第三季度体系示范区县半滑舌鳎工厂化循环水养殖 13.44 万立方米，在总面积中占比 16.73%，同比增长 12.47%，环比增长 5.99%。

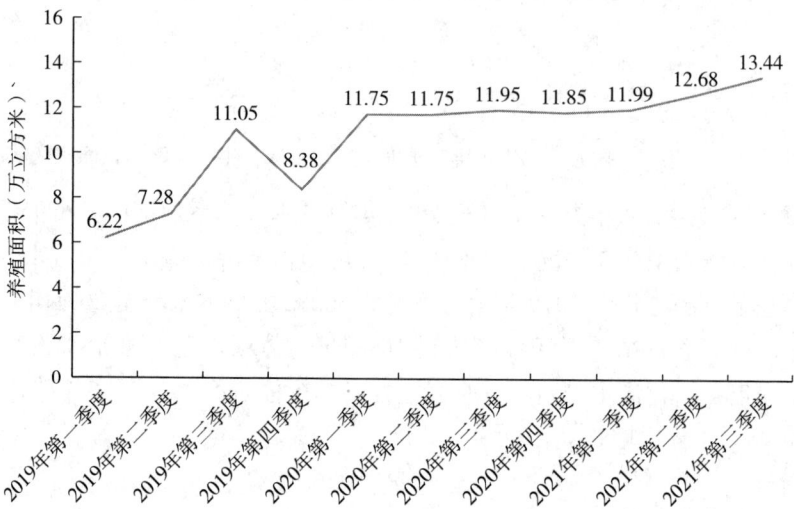

图 3-3　2019 第一季度—2021 年第三季度体系示范区县
半滑舌鳎工厂化循环水养殖面积变动情况

3.3　体系示范区县半滑舌鳎养殖存量变动情况

2021 年第三季度末，体系示范区县半滑舌鳎养殖季末存量为 4 107.02 吨，主要分布在河北和山东。如表 3-2 所示，其中工厂化流水养殖季末存量为1 829.25 吨，占总季末存量的 44.54%，主要分布在河北（537.75 吨）和山东（1 291.50 吨）；工厂化循环水养殖季末存量为 2 277.77 吨，占总季末存量的55.46%，主要分布在河北（563.58 吨）、山东（1 387.00 吨）和天津（327.19 吨）。

表3-2 体系示范区县半滑舌鳎2021年第三季度季末存量分布

地区	第三季度末存量（吨）		所占养殖模式比重（%）	
	工厂化流水	工厂化循环水	工厂化流水	工厂化循环水
河北	537.75	563.58	29.40	24.74
山东	1 291.50	1 387.00	70.60	60.90
天津	0.00	327.19	0.00	14.36
合计	1 829.25	2 277.77		

图3-4为2019年第一季度至2021年第三季度体系示范区县半滑舌鳎季末存量变动情况。根据图3-4可知，体系示范区县半滑舌鳎季末存量整体呈先降后升再降的变动趋势，具体来看，2019年第一季度末存量为4 432.08吨，第二季度末达到观测期间的最低值（2 877.48吨），随后升至2019年第四季度的3 921.22吨。2020年初受疫情影响，第二季度末存量达最高（5 395.52吨），随着国内疫情防控取得明显成效，半滑舌鳎存量呈明显下降趋势，并于2021年第一季度末存量达到3 292.40吨，随后至2021年第三季度季末存量呈上升趋势。2021年第三季度末体系示范区县半滑舌鳎养殖存量为4 107.02吨，同比减少13.68%，环比增长23.25%。

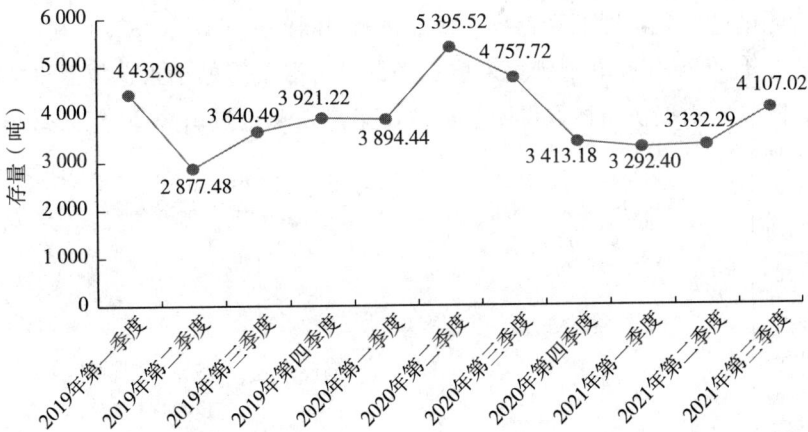

图3-4 2019年第一季度—2021年第三季度体系示范区县半滑舌鳎存量变动情况

3.4 体系示范区县半滑舌鳎养殖销量变动情况

表3-3为体系示范区县半滑舌鳎2021年第三季度销量。由表可知，2021

年第三季度体系示范区县半滑舌鳎总销量为 1 596.20 吨，其中工厂化流水养殖销量 1 130.63 吨，占总销量的 70.83%，主要分布在山东和河北，工厂化循环水养殖销量 465.57 吨，占总销量的 29.17%，主要分布在山东、天津和河北。

表 3-3　体系示范区县半滑舌鳎 2021 年第三季度销量分布

地区	第三季度销量（吨）		所占养殖模式比重（%）	
	工厂化流水	工厂化循环水	工厂化流水	工厂化循环水
河北	564.63	42.37	49.94	9.10
山东	566.00	258.00	50.06	55.42
天津	0.00	165.20	0.00	35.48
合计	1 130.63	465.57		

图 3-5 为 2019 年第一季度至 2021 年第三季度体系示范区县半滑舌鳎销量变动情况。从图 3-5 可知，半滑舌鳎销量总体呈现先升后降再升再降的变动趋势，具体来看，2019 年第一季度至第二季度，半滑舌鳎销量由 2 262.61 吨升至 3 109.10 吨，上升幅度达到 37.41%；随后 2019 年第二季度至 2020 年第一季度半滑舌鳎销量呈大幅度下降趋势，跌至观测期间的最低值（783.81 吨），其原因主要在于 2020 年初新冠肺炎疫情的暴发对半滑舌鳎的销售造成严重的负向影响；随着国内疫情防控取得明显成效，半滑舌鳎销量由 2020 年第一季度的

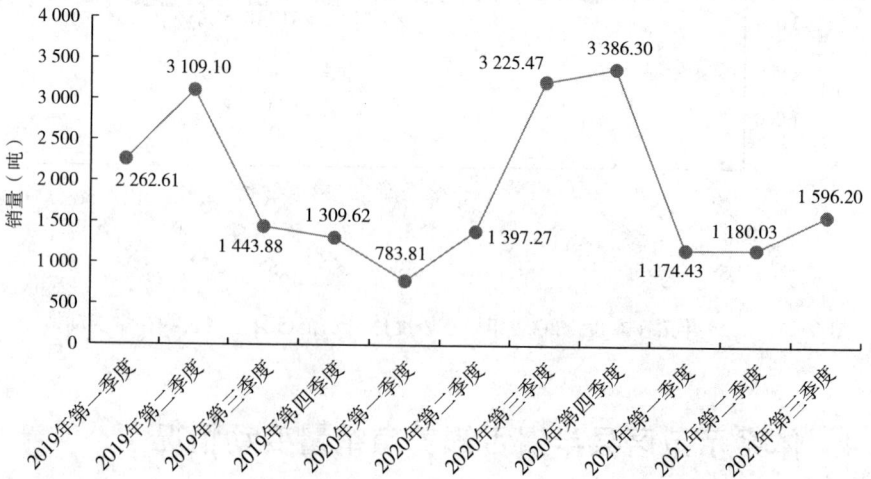

图 3-5　2019 年第一季度—2021 年第三季度体系示范区县半滑舌鳎销量变动情况

783.81 吨逐步升至 2020 年第四季度的 3 386.30 吨。2021 年第一季度半滑舌鳎销量再次出现明显下降，与 2020 年第四季度相比下降幅度达到 65.32％。2021 年第一季度至第三季度半滑舌鳎养殖销量呈上升趋势，2021 年第三季度体系示范区县半滑舌鳎销量为 1 596.20 吨，同比减少 50.51％，环比增长 35.27％。

3.5　体系示范区县半滑舌鳎价格变动情况

3.5.1　体系示范区县半滑舌鳎价格波动趋势

2010 年 1 月至 2021 年 9 月半滑舌鳎价格变动情况如图 3-6 所示，数据来自国家海水鱼产业技术体系数据库。具体来看，半滑舌鳎塘边价格持续波动，2010 年 1 月至 2011 年 9 月价格总体呈上升趋势，于 2011 年 9 月达到价格最高点 274 元/千克；然后价格在波动中呈下跌趋势，逐步跌至 2014 年 4 月的 130 元/千克；2014 年 4 月至 2015 年 12 月，半滑舌鳎价格基本维持在 130 元/千克；随后 2016 年 1 月至 5 月价格呈小幅上升趋势，之后 2016 年 5 月至 12 月半滑舌鳎价格稳定在 200 元/千克以上；2017 年 1 月至 2020 年 1 月半滑舌鳎价格在波动中呈小幅下降态势，由 2017 年 1 月的 180 元/千克降至 2020 年 1 月的 130 元/千克。2020 年初新冠肺炎疫情的暴发对海水鱼类的销售产生巨大阻碍，水产品市场受到较大程度的冲击和影响，各地区水产品销售较为困难，2020 年 1 月至 5 月半滑舌鳎价格持续下降，并于 5 月降至 2020 年最低点；随着下

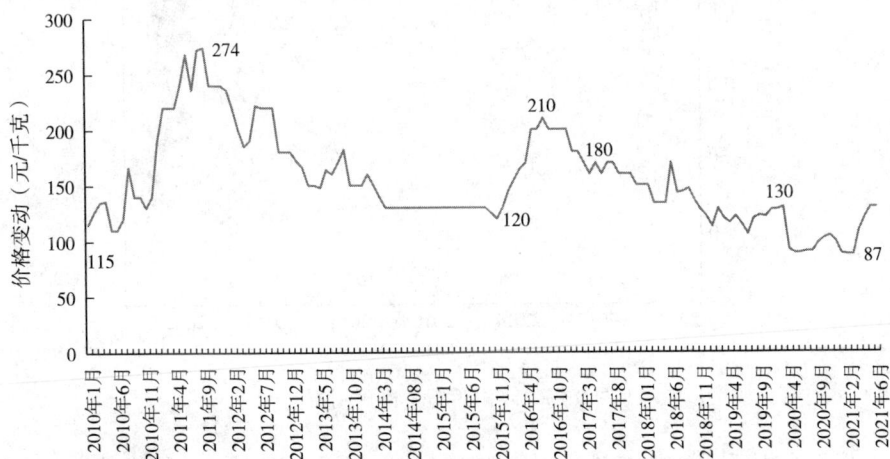

图 3-6　2010 年 1 月—2021 年 9 月体系示范区县半滑舌鳎价格变动情况

半年疫情在国内得到有效控制和缓解，6月价格开始出现缓慢回升，至2020年11月达到104元/千克。2020年12月半滑舌鳎价格呈小幅下跌，持续跌至2021年3月的87元/千克，随后逐步回升至2021年9月的125元/千克。

3.5.2　体系示范区县半滑舌鳎价格预测

结合2010年1月至2021年9月半滑舌鳎的平均塘边价格，采用ARMA模型对半滑舌鳎之后15个月（2021年10月至2022年12月）的塘边价格进行预测（图3-7）。

如图所示，2021年10月至2022年12月半滑舌鳎塘边价格在经历小幅波动后趋于平稳。预测结果显示，2021年10月至2022年1月价格总体呈小幅下跌趋势，依次为126.6元/千克、125.7元/千克、122.2元/千克和117.3元/千克，下降幅度为7.35%；2022年2月至2022年6月价格总体呈小幅上升趋势，依次为118.0元/千克、119.1元/千克、124.7元/千克、126.6元/千克和128.7元/千克，上升幅度达到9.07%；2022年7月至12月价格基本维持在125.0元/千克至127.0元/千克之间。

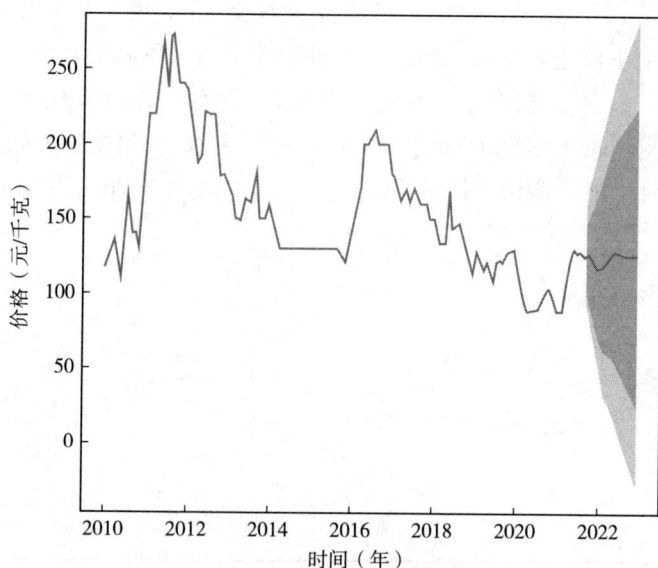

图3-7　半滑舌鳎价格预测模型

根据半滑舌鳎季末存量和销量的变动情况来看（图3-4、图3-5），随着国内疫情防控取得明显成效，半滑舌鳎2021年第一季度和第二季度的季末存量和销量相对平稳。结合前文半滑舌鳎预测结果可知，2021年10月至2022年12月半滑舌鳎价格虽有小幅波动，但总体较为稳定。因此在这15个月可通过适当增加养殖产量来保持半滑舌鳎的收益不变或有所增加。

3.6 体系示范区县半滑舌鳎养殖效益情况

3.6.1 成本收益分析

（1）成本分析

2021年暑期，我们调研了河北、山东以及天津的半滑舌鳎养殖区，调研的15户中有7户采用工厂化流水养殖方式，8户采用工厂化循环水养殖方式。

根据调研数据显示（表3-4），半滑舌鳎养殖的单位总成本为89.35元/千克，相较2019年单位总成本64.68元/千克，上升幅度达到38.14%。其中单位变动成本由2019年的42.65元/千克升至2021年的64.02元/千克，占总成本比重由65.94%升至71.66%；单位固定成本为由2019年的22.03元/千克升至2021年的25.33元/千克，占总成本比重由34.06%降至28.35%。2019年和2021年单位变动成本中占比最大的均为饲料支出，分别为23.08元/千克和43.05元/千克，占总成本比重分别为35.68%和48.18%；2019年和2021年苗种支出分别为5.53元/千克和8.47元/千克，占总成本的比重分别为8.55%和9.48%。2019年和2021年单位固定成本中的固定员工工资和固定资产折旧占比均位列前两位，其中固定员工工资由2019年的6.91元/千克升至2021年的11.07元/千克，占总成本比重由10.68%升至12.39%；固定资产折旧由2019年的8.35元/千克升至2021年的9.54元/千克，占总成本比重由12.91%降至10.68%。

表3-4 2019年和2021年半滑舌鳎养殖成本分析

支出项目	金额（元/千克）		在各自成本中所占比例（%）		在总成本中所占比例（%）	
	2019年	2021年	2019年	2021年	2019年	2021年
苗种支出	5.53	8.47	12.97	13.23	8.55	9.48
饲料支出	23.08	43.05	54.11	67.24	35.68	48.18
渔药支出	0.77	0.48	1.81	0.75	1.19	0.54
水费支出	1.47	3.37	3.45	5.26	2.27	3.77

（续）

支出项目	金额（元/千克）		在各自成本中所占比例（%）		在总成本中所占比例（%）	
	2019 年	2021 年	2019 年	2021 年	2019 年	2021 年
电费支出	11.65	7.74	27.32	12.09	18.01	8.66
煤费支出	0.15	0.00	0.35	0.00	0.23	0.00
临时员工工资	0.00	0.51	0.00	0.80	0.00	0.57
运输费用	0.00	0.40	0.00	0.63	0.00	0.45
其他可变费用	0.00	0.00	0.00	0.00	0.00	0.00
单位变动成本	42.65	64.02			65.94	71.66
固定员工工资	6.91	11.07	31.37	43.70	10.68	12.39
固定资产折旧	8.35	9.54	37.90	37.66	12.91	10.68
设备维修费	1.83	2.14	8.31	8.45	2.83	2.40
利息支出	0.93	1.50	4.22	5.92	1.44	1.68
其他固定费用	0.02	0.00	0.09	0.00	0.03	0.00
水域租金	3.99	1.08	18.11	4.26	6.17	1.21
单位固定成本	22.03	25.33			34.06	28.35
单位总成本	64.68	89.35				

表 3-5 为 2019 年和 2021 年半滑舌鳎不同养殖模式的成本分析，就工厂化流水养殖来看，2019 年和 2021 年单位变动成本分别为 34.71 元/千克和 62.41 元/千克，占总成本比重由 2019 年的 78.17% 降至 2021 年的 72.24%，均明显高于单位固定成本，单位变动成本中总成本占比最大的均为饲料支出，分别是 43.68% 和 48.36%；2019 年和 2021 年单位固定成本分别为 9.68 元/千克和 23.98 元/千克，占总成本比重由 2019 年的 21.81% 升至 2021 年的 27.76%，2019 年和 2021 年单位固定成本中占比最大的分别为固定资产折旧（11.76%）和固定员工工资（11.74%）。

就工厂化循环水养殖来看，2019 年和 2021 年单位变动成本分别为 57.04 元/千克和 67.99 元/千克，占总成本比重由 2019 年的 64.57% 升至 2021 年的 70.38%，均明显高于单位固定成本，单位变动成本中总成本占比最大的均为饲料支出，分别为 38.33% 和 47.74%；2019 年和 2021 年单位固定成本分别为 31.32 元/千克和 28.63 元/千克，占总成本比重由 2019 年的 35.45% 降至 2021 年的 29.63%，2019 年和 2021 年单位固定成本中占比最大

表3-5 2019年和2021年半滑舌鳎不同养殖模式的成本构成

类别	工厂化流水						工厂化循环水					
	金额（元/千克）		在各自成本中所占比例（%）		在总成本中所占比例（%）		金额（元/千克）		在各自成本中所占比例（%）		在总成本中所占比例（%）	
	2019年	2021年	2019年	2021年	2019年	2021年	2019年	2021年	2019年	2021年	2019年	2021年
鱼苗支出	5.42	8.37	15.62	13.41	12.21	9.69	7.03	8.71	12.32	12.81	7.96	9.01
饲料支出	19.39	41.78	55.86	66.94	43.68	48.36	33.87	46.13	59.38	67.85	38.33	47.74
渔药支出	0.28	0.31	0.81	0.50	0.63	0.36	1.64	0.91	2.88	1.34	1.86	0.94
水费支出	0.00	2.94	0.00	4.71	0.00	3.40	0.00	4.43	0.00	6.52	0.00	4.58
电费支出	8.41	8.01	24.23	12.83	18.95	9.27	10.11	7.08	17.72	10.41	11.44	7.33
煤炭支出	0.00	0.00	0.00	0.00	0.00	0.00	0.00	0.00	0.00	0.00	0.00	0.00
临时员工工资	1.21	0.68	3.49	1.09	2.73	0.79	4.39	0.12	7.70	0.18	4.97	0.12
运输费用	0.00	0.32	0.00	0.51	0.00	0.37	0.00	0.61	0.00	0.90	0.00	0.63
其他可变费用	0.00	0.00	0.00	0.00	0.00	0.00	0.00	0.00	0.00	0.00	0.00	0.00
单位变动成本	34.71	62.41			78.17	72.24	57.04	67.99			64.57	70.38
固定员工工资	1.01	10.14	10.43	42.29	2.28	11.74	16.05	13.34	51.25	46.59	18.16	13.81
固定资产折旧	5.22	8.97	53.93	37.41	11.76	10.38	13.13	10.92	41.92	38.14	14.86	11.30
设备维修	1.03	1.93	10.64	8.05	2.32	2.23	1.81	2.66	5.78	9.29	2.05	2.75
利息费用	1.06	1.71	10.95	7.13	2.39	1.98	0.23	0.99	0.73	3.46	0.26	1.02
其他固定费用	1.36	0.00	14.05	0.00	3.06	0.00	0.00	0.00	0.00	0.00	0.00	0.00
水域租金	0.00	1.23	0.00	5.13	0.00	1.42	0.10	0.72	0.32	2.51	0.11	0.75
单位固定成本	9.68	23.98			21.81	27.76	31.32	28.63			35.45	29.63
单位总成本	44.39	86.39					88.36	96.62				

的均为固定员工工资，分别为 18.16% 和 13.81%。

（2）收益分析

总体来看，2021 年半滑舌鳎养殖的净利润为 18.59 元/千克，成本利润率为 20.81%。表 3-6 为半滑舌鳎不同养殖模式下的收益分析，其中 2021 年工厂化流水养殖的净利润为 18.88 元/千克，相较 2019 年的 12.61 元/千克有所上升，上升幅度达到 49.72%，2021 年工厂化流水养殖的成本利润率和销售利润率相较 2019 年均有小幅下降。工厂化循环水养殖的净利润为 17.90 元/千克，相较 2019 年的 24.64 元/千克有所降低，下降幅度达到 27.35%。2021 年工厂化循环水养殖的成本利润率和销售利润率较 2019 年均有小幅下降。边际贡献是管理会计中一个经常使用的概念，它是指销售收入减去变动成本后的余额，而边际贡献率即为边际贡献在销售收入中所占的百分比，可以理解为每一元销售收入中给养殖户做出贡献的能力。2021 年半滑舌鳎的边际贡献率为 40.69%，其中工厂化流水养殖的边际贡献率为 40.71%，相较 2019 年（39.11%）有略微提升，工厂化循环水养殖的边际贡献率为 40.63%，相较 2019 年（49.52%）有所降低。

表 3-6 2019 年和 2021 年半滑舌鳎不同养殖模式的收益分析

养殖模式	总成本（元/千克）		销售收入（元/千克）		净利润（元/千克）		成本利润率（%）		销售利润率（%）		边际贡献率（%）	
	2019 年	2021 年	2019 年	2021 年	2019 年	2021 年	2019 年	2021 年	2019 年	2021 年	2019 年	2021 年
工厂化流水	44.39	86.39	57.00	105.27	12.61	18.88	28.41	21.85	22.12	17.93	39.11	40.71
工厂化循环水	88.36	96.62	113.00	114.52	24.64	17.90	27.89	18.53	21.81	15.63	49.52	40.63

3.6.2 不确定性分析

（1）盈亏平衡分析

表 3-7 为半滑舌鳎不同养殖模式下的盈亏平衡分析表，2021 半滑舌鳎销售价格与盈亏平衡价格之差为 18.59 元/千克，半滑舌鳎养殖户具有一定的盈利空间，其中工厂化流水销售价格与盈亏平衡价格之差为 18.88 元/千克，相较 2019 年的 12.61 元/千克，上升幅度达到 49.72%；工厂化循环水销售价格与盈亏平衡价格之差为 17.90 元/千克，相较 2019 年的 24.64 元/千克，下降

幅度达到 27.35%。

具体来看，2021 年半滑舌鳎工厂化流水养殖和工厂化循环水养殖的安全边际率分别为 44.06% 和 38.45%，安全边际率相对较高，说明在价格要素保持相对稳定的情况下，半滑舌鳎养殖出现经营亏损的可能性较小，但是相较 2019 年的 68.03% 和 44.02%，两种养殖方式下的安全边际率均有所下降。盈亏平衡作业率反映的是生产周期内产业的盈亏平衡产量与实际销售产量的比率，该比率越低对养殖个体越有利，2021 年半滑舌鳎工厂化流水和工厂化循环水养殖方式下的盈亏平衡作业率分别为 55.94% 和 61.55%，相较 2019 年的 31.97% 和 55.98%，两种养殖方式下的盈亏平衡作业率均有所提升。

表 3-7　2019 年和 2021 年半滑舌鳎不同养殖模式的盈亏平衡分析

项目	工厂化流水		工厂化循环水	
	2019 年	2021 年	2019 年	2021 年
盈亏平衡产量（千克）	3 684.00	142 970.73	39 073.00	81 948.59
实际销售产量（千克）	11 523.00	255 556.03	69 800.00	133 141.97
安全边际量（千克）	7 839.00	112 585.30	30 727.00	51 193.39
安全边际率（%）	68.03	44.06	44.02	38.45
盈亏平衡作业率（%）	31.97	55.94	55.98	61.55
盈亏平衡价格（元/千克）	44.39	86.39	88.36	96.62
销售价格（元/千克）	57.00	105.27	113.00	114.52
销售价格与盈亏平衡价格之差（元/千克）	12.61	18.88	24.64	17.90

（2）敏感性分析

表 3-8 为半滑舌鳎 2021 年不同养殖模式的敏感系数表，表明了不同影响因素对净利润的敏感系数以及以 1% 影响程度为例的具体变化分析。变化方向方面，销售价格与净利润的变化方向相同，变动成本和固定成本与净利润的变化方向相反。由表 3-8 数据可以明显看出，半滑舌鳎工厂化流水养殖和工厂化循环水养殖的销售价格每上涨 1%，养殖者利润分别增加 5.57% 和 6.40%，说明在保持其他因素不变的情况下，销售价格的变动引起半滑舌鳎销售利润的变动程度是最大的。变动成本方面，饲料和鱼苗的敏感性最高，在不同养殖模式下，饲料成本每上涨 1%，销售利润将分别降低 2.21% 和 2.58%；鱼苗成本每上涨 1%，销售利润分别降低 0.44% 和 0.49%。固定成本方面，固定员工工资和固定资产折旧的敏感性最高，在不同养殖模式下，固定员工工资成本

每上涨 1％，销售利润分别降低 0.54％和 0.75％；固定资产折旧成本每上涨 1％，销售利润分别降低 0.48％和 0.61％。

表 3-8　2021 年半滑舌鳎不同养殖模式的敏感系数（变动 1％）

项目	总体	工厂化流水养殖	工厂化循环水养殖
销售价格	5.81	5.57	6.40
鱼苗支出	−0.46	−0.44	−0.49
饲料支出	−2.32	−2.21	−2.58
渔药支出	−0.03	−0.02	−0.05
水费支出	−0.18	−0.16	−0.25
电费支出	−0.42	−0.42	−0.40
煤费支出	0.00	0.00	0.00
临时员工工资	−0.03	−0.04	−0.01
运输费用	−0.02	−0.02	−0.03
其他可变费用	0.00	0.00	0.00
单位变动成本	−3.44	−3.30	−3.80
固定员工工资	−0.60	−0.54	−0.75
固定资产折旧	−0.51	−0.48	−0.61
设备维修	−0.12	−0.10	−0.15
利息费用	−0.08	−0.09	−0.06
其他固定费用	0.00	0.00	0.00
水域租金	−0.06	−0.06	−0.04
单位固定成本	−1.36	−1.27	−1.60
单位总成本	−4.81	−4.57	−5.40

3.7　存在的问题

（1）新冠肺炎疫情对海水鱼养殖业的影响依然较大

根据前文半滑舌鳎存量、销量和价格的变动数据可知，2020 年新冠肺炎疫情的暴发对半滑舌鳎养殖造成了较大影响，主要表现为存量激增、销量骤降，价格下跌明显。如表 3-2、图 3-4 和表 3-3、图 3-5 所示，2021 年第一季度半滑舌鳎销量达到观测期间最低值，同年第二季度末半滑舌鳎存量达到观测期间最高值，疫情导致半滑舌鳎销售严重受阻，2020年1月至5月价格持续下降，并于5月跌至最低点。通过访谈我们得知，疫情暴发严重影响了养殖户的生产积极性，部分养殖户通过创新产品形式，完善销售渠道等方式，尽可能降低疫情带来的损失。随着2020年下半年国家疫情防控取得明显成效，生产销售逐步恢复。如前文所述，2021年上半年半滑舌鳎存量和销量相对平稳，但相较疫情暴发前仍有明显降低，且2021年半滑舌鳎工厂化流水和工厂化循环水养殖方式下的安全边际率相较2019年均有所下降，说明疫情对养殖生产和市场销售等方面带来的负向影响短时间内尚未完全消除。

（2）优质苗种的培育和普及有待提升

通过暑期对养殖户的调研和访谈发现，半滑舌鳎的存活率仅有15%～20%左右。养殖户表示当前存在优质苗种缺乏、种质资源退化等问题。苗种的质量普遍较低，养殖生产能力存在严重不足。此外，工厂化养殖对于水质调节与监控、放养密度、饲料投喂时间、投喂量、病害预防等方面要求较高，由于目前的养殖过程中缺乏严格的科学管理机制，加剧了苗种资源质量的衰退，导致养殖过程中疫病频发，存活率下降，影响海水鱼养殖业的健康发展。

（3）水产养殖保险需求强烈但供给不足

在暑期调研访谈时我们发现，工厂化养殖前期需要投入大量资金，来进行基础设施建设和相关设施设备的采购安装，部分养殖户通过银行贷款等方式取得资金，投入到养殖生产中。2020年暴发的新冠肺炎疫情及日常的各种自然灾害，对养殖户造成了巨大的负面影响。养殖户普遍希望能够建立稳定的保险制度，获得更多的资金支持，帮助减缓养殖过程中面临的各类风险和压力。

3.8 对策建议

（1）聚焦国内消费市场消费模式转型，以稳定价格为重点，着力构建双循环新发展格局

结合前文数据可知，随着疫情减缓，养殖生产逐步恢复，但是国内居民水产品消费积极性较疫情发生前仍有所降低。为促进国内消费，构建双循环新发展格局，一方面，应当增强养殖者与水产品加工企业以及商场、超市等零售商的对接合作，有效促进水产品流通，同时利用网络、促销活动等方式，开展产品品牌推介和宣传，多渠道多元化拓展水产品国内市场，在深耕沿海地区现有消费市场的同时积极培育内陆地区新市场，持续增进内陆居民对海水鱼的了解程度和消费意愿。另一方面，在疫情防控常态化阶段下，养殖者及有关部门应当充分结合当地特色水产品的优势，积极开办各类线上水产品展览展示活动，并以居家消费为重点，寻找贸易契机，推进消费模式转型。同时，应充分重视价格对养殖净利润的影响，通过建立养殖者协会等形式，协调销售行为，稳定产品价格。

（2）以优质苗种技术为重点，推进重点领域科技创新集成和水产技术推广示范

一方面，国家层面应重点聚焦优质良种的培育、病害防治和饲料研发等领域的创新集成和示范推广，加快优质苗种的培育和推广力度，同时加强鱼粉替代蛋白饲料和高质全价配方饲料的国产品牌研发，推进绿色健康养殖技术规范体系建设。另一方面，各地政府和渔业主管部门应当加快水产技术推广队伍建设，着力提升推广人员的技术水平和业务熟练度，通过先进绿色养殖技术培训和示范推广，帮助提升养殖绿色效率，降低资源消耗和环境破坏，减缓养殖过程中苗种资源、水资源等各项浪费，提升养殖生产的经济、社会和生态效益。

（3）加强金融和水产养殖保险的支持力度

一方面，国家层面应当加强对工厂化循环水等绿色养殖模式的金融扶持力度，促进绿色养殖模式的应用和推广。另一方面，应当着力建设稳定的水产养殖保险制度，当前我国面临水产养殖保险市场需求强烈但供给不足的情况，应进一步扩大保险范围，将养殖生产设备、人身等风险纳入其中，提高养殖户的生产积极性；同时应当加强水产养殖保险人才队伍的建设，解决当前保险种类少、水平低、从业人员匮乏等系列问题。

❹ 大黄鱼养殖产业经济研究①

内容提要

本研究主要反映了 2020 年第四季度以来示范区县大黄鱼养殖业的养殖面积、季末存量、季度销量、价格变化、成本收益、产业发展问题等情况，并提出了相应的对策建议。

养殖面积：大黄鱼养殖体系示范区县主要分布在浙江、福建、广东，以普通网箱养殖、深水网箱养殖和围网养殖为主。2020 年第四季度至 2021 年第三季度，大黄鱼养殖面积呈下降趋势。2021 年第三季度大黄鱼养殖总面积为 1 728.33 万平方米，其中普通网箱养殖面积为 1 507.11 万平方米；深水网箱养殖 106.99 万立方米；围网养殖面积 114.23 万平方米。与 2020 年第三季度相比，2021 年大黄鱼养殖面积下降 1.44%，其中普通网箱养殖面积下降 1.32%，深水网箱养殖面积下降 4.58%，围网养殖面积不变。与 2019 年第三季度相比，2021 年大黄鱼养殖面积下降 35.32%，其中普通网箱养殖面积下降 35.84%，深水网箱养殖面积增加 4.69%，围网养殖面积下降 48.37%。

季末存量：2020 年第四季度至 2021 年第三季度，大黄鱼养殖存量呈先下降后上升的趋势。平均季末存量为 101 782.17 吨。2020 年第四季度，大黄鱼养殖存量为 136 220.49 吨，之后于 2021 年第二季度达到低值 72 057.73 吨。2021 年第三季度末体系示范区县大黄鱼存量为 104 024.60 吨，同比减少 19.92%，环比增加 44.36%。与 2019 年第三季度相比，大黄鱼的存量增加了 31.93%。

季度销量：2020 年第四季度至 2021 年第三季度，大黄鱼销量呈震荡下行趋势，平均季度销量为 45 024.46 吨。2020 年第四季度，大黄鱼养殖销量 69 906.20 吨，2021 年第一季度为 36 623.02 吨，第二季度为 46 773.54 吨。2021 年第三季度体系示范区县大黄鱼总销量为 26 795.08 吨，同比减少

---

① 撰写人：杨正勇、张英丽、徐辉。

5.16％，环比减少 42.71％。与 2019 年第三季度相比，大黄鱼的销量增加 53.08％。

价格变化： 2020 年第四季度至 2021 年第三季度，大黄鱼价格总体呈先上升后下降趋势。2020 年 10 月底，大黄鱼价格为 31.84 元/千克，之后于 2021 年 8 月达到最高价 38.45 元/千克。至 2021 年 9 月底，大黄鱼价格为 37.19 元/千克，同比上升 8.68％，环比下降 3.28％。结合 ARIMA 模型预测，大黄鱼未来整体价格呈震荡趋势，2022 年 1 月达到最低值 25.19 元/千克，2022 年 8 月达到最高值 36.34 元/千克。

养殖成本收益： 2021 年大黄鱼养殖成本为 23.29 元/千克，普通网箱和深水网箱养殖成本分别为 21.36 元/千克和 26.89 元/千克。大黄鱼养殖的净利润为 11.77 元/千克，其中普通网箱养殖净利润为 11.18 元/千克，成本利润率为 52.34％，销售利润率为 34.36％，边际贡献率为 43.42％；深水网箱养殖净利润为 10.07 元/千克，成本利润率为 37.45％，销售利润率为 27.25％，边际贡献率为 39.99％；大黄鱼普通网箱养殖的安全边际率为 89.58％，深水网箱养殖的安全边际率为 84.07％；大黄鱼普通网箱和深水网箱两种养殖模式下，销售价格对养殖净利润的影响均为正向最大。与 2018 年普通网箱养殖相比，大黄鱼养殖成本下降 2.23 元/千克，主要是饲料成本下降导致。

产业发展问题及对策建议： 第一，新冠肺炎疫情常态化对大黄鱼养殖业的影响巨大；第二，养殖者反映鱼苗存活率有待提升；第三，融资支持力度需进一步加大。结合上述问题，提出以下三个方面的建议：第一，提升养殖者风险防范能力，调整养殖结构，促进多种养殖模式共同发展；第二，多方协同，提高养殖成活率；第三，加强金融支持力度，打通小额贷款政策"最后一公里"。

4.1 引言

本研究以国家海水鱼产业技术体系各综合试验站跟踪调查数据为基础，以农业农村部渔业渔政管理局养殖渔情监测系统调研数据为补充，结合产业经济岗位团队调研数据，对接国家水产养殖的绿色发展战略，促进产业的可持续发展，在海水鱼体系首席科学家的组织下，体系同仁按照主管部门的要求撰写了《中国大黄鱼产业发展报告（2021）》，梳理出体系示范区县大黄鱼产业发展动态情况，供有关各方参考。在数据采集过程中，得到了各综合试验站、相关岗位科学家的帮助与支持，在此一并表示感谢！

4.2 体系示范区县大黄鱼养殖面积变动情况

4.2.1 体系示范区县大黄鱼养殖面积情况

根据国家海水鱼产业技术体系各综合试验站跟踪调查数据，大黄鱼养殖模式主要为普通网箱养殖、深水网箱养殖和围网养殖。养殖产区自北向南主要分布在浙江、福建和广东，具体地区为浙江省的洞头区、平阳县、普陀区、椒江区和象山县；福建省的蕉城区、霞浦区、福鼎市、连江县和罗源县；广东的饶平县、惠东县和珠海万山区。截至 2021 年第三季度，体系示范区内大黄鱼普通网箱养殖面积达 1 507.11 万平方米，深水网箱养殖面积达 106.99 万立方米，围网养殖面积达 114.23 万平方米（表 4-1）。

表 4-1 体系示范区县大黄鱼 2019 年第三季度和 2021 年第三季度养殖面积分布

地区	年份	养殖面积			所占养殖模式比重		
		普通网箱（平方米）	深水网箱（立方米）	围网（平方米）	普通网箱（%）	深水网箱（%）	围网（%）
福建	2019	23 238 500	45 900	1 784 500	98.93	4.49	80.66
	2021	15 040 200	45 900	341 500	99.79	4.29	29.89
广东	2019	2 000	9 600	0	0.01	0.94	0.00
	2021	3 000	0	0	0.02	0.00	0.00
浙江	2019	249 414	966 510	427 866	1.06	94.57	19.34
	2021	27 900	1 024 034	800 848	0.19	95.71	70.11
合计	2019	23 489 914	1 022 010	2 212 366			
	2021	15 071 100	1 069 934	1 142 348			

2021 年在体系示范区中，普通网箱养殖面积占比具有绝对优势的福建省占据同一养殖模式总面积的 99.79%。浙江省大黄鱼深水网箱养殖占到整个养殖面积的 95.71%，占浙江省养殖面积的 55.27%。围网养殖仅在福建和浙江有所分布，福建占 29.89%，浙江占 70.11%。

4.2.2 体系示范区县大黄鱼养殖面积年际变动情况

图 4-1 为 2019 年第一季度至 2021 年第三季度示范区县大黄鱼养殖面积

变动情况。根据图 4-1 可知，体系示范区内大黄鱼养殖面积呈现出先上升后下降再升再降的趋势。2020 年第四季度达到峰值 2 841.57 万平方米，最低值为 2021 年第三季度的 1 728.33 万平方米。具体来看，2019 年第一季度至第四季度大黄鱼养殖面积总体呈上升趋势，由 2 314.92 万平方米上升至 2 713.22 万平方米。2019 年 4 季度至 2020 年第三季度总体呈下降趋势，由 2 713.22 万平方米下降至 1 753.57 万平方米。2020 年第四季度迎来增长，增长至高点 2 841.57万平方米，之后 2021 年第一季度至第三季度逐渐下滑到最低点 1 728.33万平方米。2021 年第三季度与 2019 年第三季度相比，养殖面积下降 35.32%。

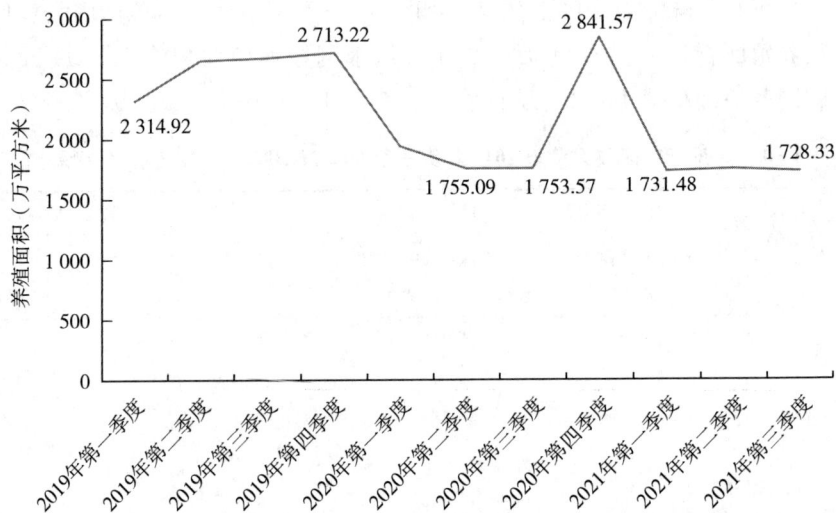

图 4-1　2019 年第一季度—2021 年第三季度体系示范区县大黄鱼养殖面积变动情况
（深水网箱以 1∶1 比例由立方米换算为平方米）

图 4-2 为 2019 年第一季度至 2021 年第三季度体系示范区县大黄鱼普通网箱养殖面积变动情况。根据图 4-2 可知，大黄鱼普通网箱养殖走势与整体面积变动情况相近，在 2020 年第四季度达到最高值 2 620.45 万平方米，之后便不断回落，并在 2021 年第三季度达到最低值 1 507.11 万平方米。2021 年第三季度大黄鱼普通网箱养殖面积占比为 87.20%，同比下降 1.32%，环比下降 1.42%。2021 年第三季度与 2019 年第三季度相比下降 35.84%。

图 4-3 为 2019 年第一季度至 2021 年第三季度体系示范区县大黄鱼深水网箱养殖面积变动情况。根据图 4-3 可知，大黄鱼深水网箱养殖呈震荡上升

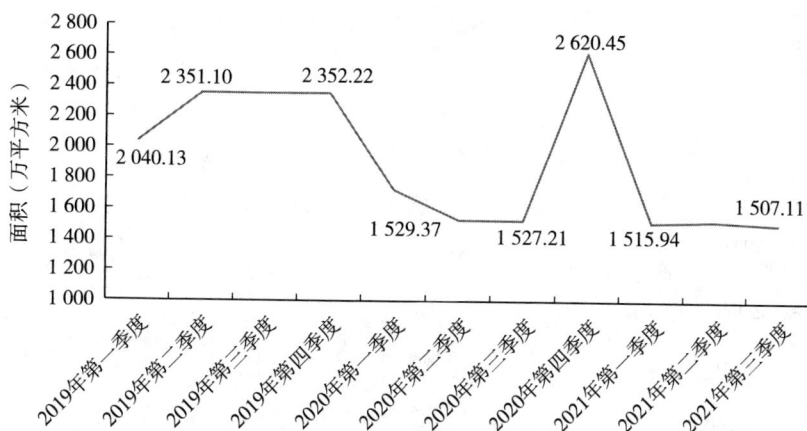

图 4 - 2 2019 年第一季度—2021 年第三季度体系示范区县大黄鱼普通网箱养殖面积变动情况

趋势，由 2019 年第一季度 81.22 万立方米上升至 2020 年第三季度的最高点 112.12 万立方米，之后回落至 2021 年第一季度的 101.30 万立方米，2021 年第二季度再有小幅上涨，但总体来看涨幅不大。2021 年第三季度，深水网箱养殖 106.99 万立方米，环比增加 0.75%，同比降低 4.58%，与 2019 年第三季度相比，养殖面积增加 4.69%。

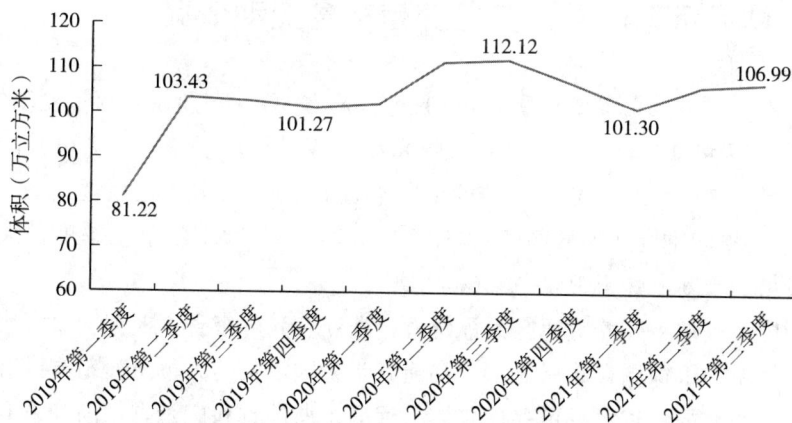

图 4 - 3 2019 年第一季度—2021 年第三季度体系示范区县大黄鱼深水网箱养殖面积变动情况

图 4 - 4 为 2019 年第一季度至 2021 年第三季度体系示范区县大黄鱼围网养殖面积变动情况。根据图 4 - 4 可知，大黄鱼围网养殖面积总体呈现先上涨后下降再不变的趋势，从 2019 年第一季度 193.57 万平方米上升至 2020 年第四季度的高点 259.73 万平方米，之后 2020 年第一季度回落至 114.43 万平方

米，后保持不变。2021 年第三季度与 2019 年第三季度相比，大黄鱼围网养殖面积下降了 48.37%。

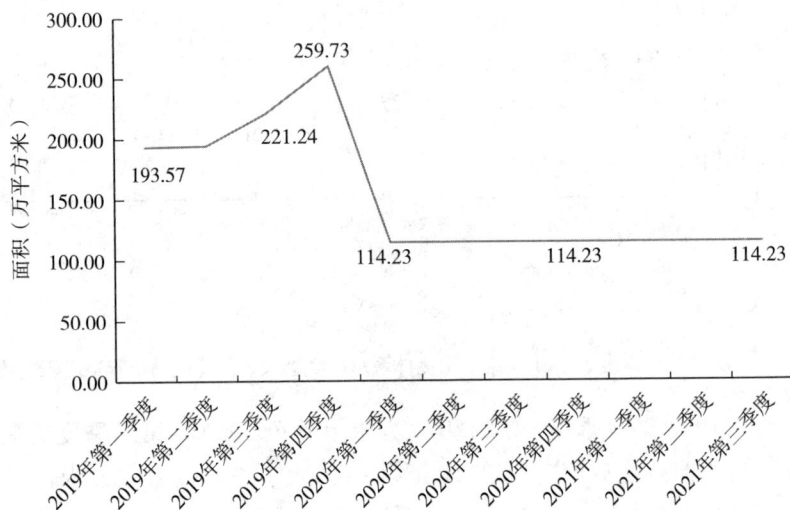

图 4-4 2019 年第一季度—2021 年第三季度体系示范区县大黄鱼围网养殖面积变动情况

4.3 体系示范区县大黄鱼养殖存量变动情况

图 4-5 为 2019 年第一季度至 2021 年第三季度大黄鱼季末存量变动情况。根据图 4-5 可知，体系示范区县大黄鱼季末存量整体呈先升后降再升的变动趋势，具体来看，2019 年第一季度末存量为 44 884.38 吨，之后逐渐上升，并于 2020 年第四季度达到最高值 136 220.49 吨。到 2021 年第三季度，大黄鱼存量较第二季度反弹至 104 024.60 吨。

国内大黄鱼主要养殖地区为福建省、浙江省和广东省。根据国家海水鱼产业技术体系的跟踪调查数据显示，福建省是我国最大的大黄鱼养殖产区和大黄鱼贸易中心。福建省大黄鱼存量总体上远高于浙江省和广东省；浙江省和广东省的各季度末存量都比较平缓，无较大波动，其中浙江省各季度末存量不超过 7 000 吨，而广东省各季度末存量都在 500 吨以下。福建省 2019 年至 2020 年底的大黄鱼存量逐步上升，至 2020 年底，存量达到 13 万吨。2021 年 2 季度回落至 72 057.73 吨，至 2021 年三季度末，存量上升到 104 024.60 吨（详见图 4-6）。

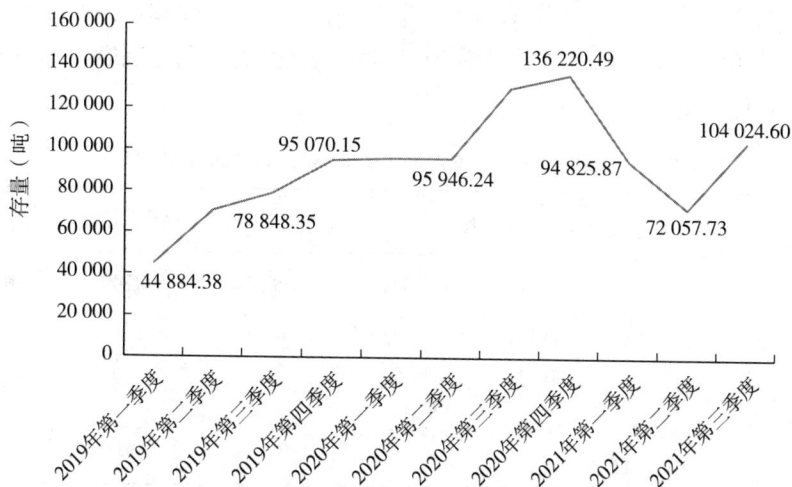

图 4-5　2019 年第一季度—2021 年第三季度体系示范区县大黄鱼存量变动情况

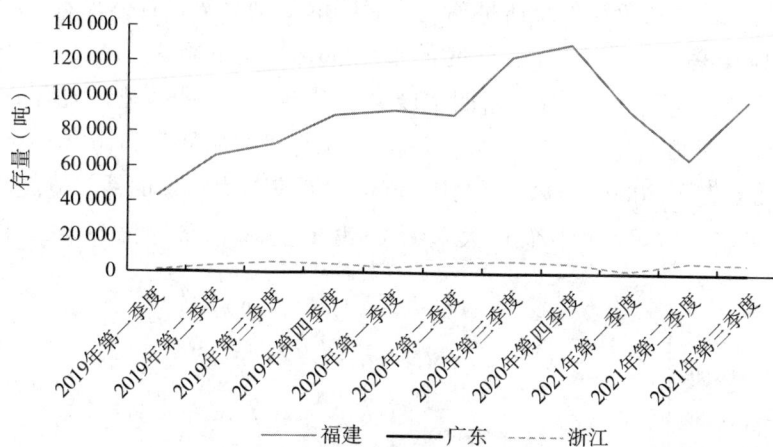

图 4-6　2019 年第一季度—2021 年第三季度体系示范区县各地区大黄鱼存量变动情况

4.4　体系示范区县大黄鱼养殖销量变动情况

如表 4-2 所示，2021 年第三季度体系示范区县大黄鱼销量为 26 795.08 吨，普通网箱养殖销量为 24 841.72 吨，占总销量的 92.71%，环比下降 432.71%，同比增加 1.18%；深水网箱养殖销量为 1 830.10 吨，占总销量的 6.83%，环比下降 42.74%，同比下降 45.57%；围网养殖销量比重较小，占总销量的 0.46%，环比下降 42.70，同比下降 63.75%。2021 年第三季度，福建省大黄鱼销量最高，占总销量的 97.52%，表明在大黄鱼销售市场，福建省处于绝对优势地位。

表 4－2　体系示范区县大黄鱼 2021 年第三季度销量分布

地区	第三季度销量（吨）			所占养殖模式比重（%）		
	普通网箱	深水网箱	围网	普通网箱	深水网箱	围网
福建	24 359.79	1 653.13	117.53	98.06	90.33	95.35
广东	94.40	31.48	0.00	0.38	1.72	0.00
浙江	387.53	145.49	5.73	1.56	7.95	4.65
合计	24 841.72	1 830.10	123.26			

图 4－7 为 2019 年第一季度至 2021 年第三季度，体系示范区县大黄鱼销量变动情况。大黄鱼销量总体呈现先升后降的变动趋势，具体来看，2019 年处于整体震荡模式，从第一季度的 20 266.97 吨下降至第二、三季度的 19 351.70 吨、17 503.68 吨，第四季度又上升至 26 866.90 吨；随后 2020 年第一季度大黄鱼销量呈下降趋势，跌至观测期间的最低值（16 976.00 吨），其原因主要在于 2020 年初受新冠肺炎疫情的暴发对大黄鱼的销售造成严重的负向影响；之后 2020 年全年大黄鱼的销量呈现一路上涨，第二季度达

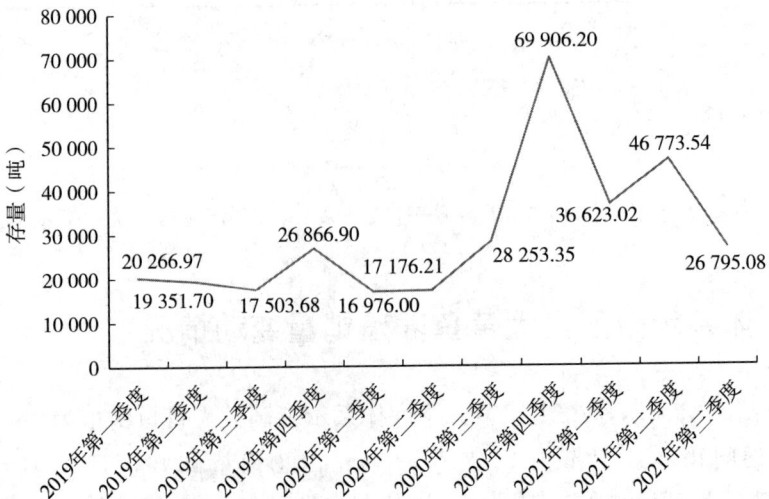

图 4－7　2019 年第一季度—2021 年第三季度体系示范区县大黄鱼销量变动情况

17 176.21 吨，第三季度达 28 253.35 吨，第四季度达 69 906.20 吨。2021 年第一季度大黄鱼销量为 36 623.02 吨，第二季度为 46 773.54 吨，第三季度体系示范区县大黄鱼销量为 26 795.08 吨，同比减少 5.16%，环比减少 42.71%。

4.5 体系示范区县大黄鱼价格变动情况

4.5.1 体系示范区县大黄鱼价格波动趋势

从图 4-8 折线图中可以看出，大黄鱼价格整体呈现出震荡上行的趋势，且价格基本在 25 元/千克以上。2020 年上半年大黄鱼价格处于稳步增长的态势，从年初的 25.58 元/千克上行至 9 月的 34.22 元/千克，2020 年下半年，大黄鱼价格从 9 月的高点回撤至 2021 年 12 月的 24.63 元/千克；2021 年价格处于震荡上行趋势，从 1 月的 24.71 元/千克，上升至 8 月的 38.45 元/千克。2021 年 9 月大黄鱼价格稍有下降，达到 37.19 元/千克，与 2019 年 9 月价格 30.60 元/千克相比增加 21.54%。

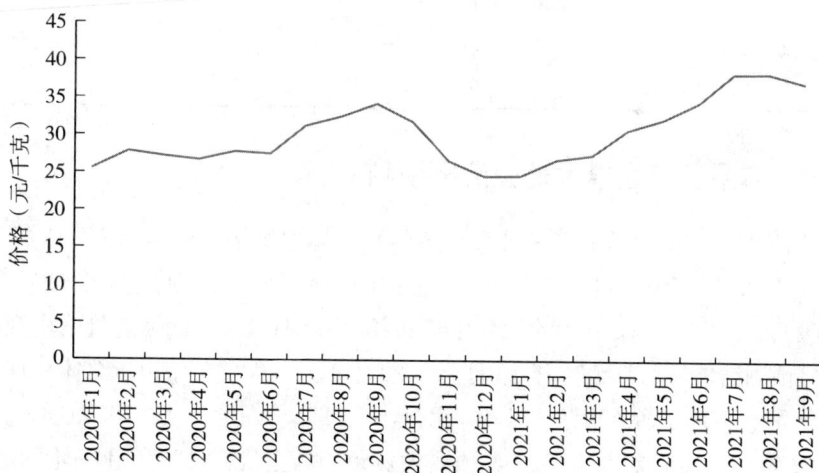

图 4-8　2020 年 1 月—2021 年 9 月体系示范区县大黄鱼价格变动情况

从表 4-3 可以看出，环比价格数据显示，2019 年至 2020 年大黄鱼平均千克价格有升有降，除个别月份外，总体波动不大。2021 年（截至 9 月），大黄鱼的平均价格总体处于上升趋势。同比价格数据显示，2020 年大黄鱼平均千克价格相比 2019 年各月有增有减。2021 年大黄鱼价格呈现出上升趋势，相较于 2020 年，大黄鱼的平均销售价格上升了 11%（截至 2021 年 9 月）。2021

年9月价格与2019年9月相比，价格上升21.54%。

表4-3　2019年1月—2021年9月大黄鱼价格变动

月份	2019年		2020年			2021年		
	价格（元/千克）	环比	价格（元/千克）	环比	同比	价格（元/千克）	环比	同比
1月	29.98		25.58	−3.40%	−14.68%	24.71	0.32%	−3.40%
2月	26.70	−10.94%	27.85	8.87%	4.31%	26.82	8.54%	−3.70%
3月	26.26	−1.65%	27.19	−2.37%	3.54%	27.46	2.39%	0.99%
4月	26.02	−0.91%	26.71	−1.77%	2.65%	30.79	12.13%	15.28%
5月	25.90	−0.46%	27.77	3.97%	7.22%	32.27	4.81%	16.20%
6月	26.08	0.69%	27.52	−0.90%	5.52%	34.57	7.13%	25.62%
7月	29.28	12.27%	31.28	13.66%	6.83%	38.40	11.08%	22.76%
8月	30.57	4.41%	32.54	4.03%	6.44%	38.45	0.13%	18.16%
9月	30.60	0.10%	34.22	5.16%	11.83%	37.19	−3.28%	8.68%
10月	28.37	−7.29%	31.84	−6.96%	12.23%			
11月	27.33	−3.67%	26.64	−16.33%	−2.52%			
12月	26.48	−3.11%	24.63	−7.55%	−6.99%			

4.5.2　体系示范区县大黄鱼价格预测

结合2010年至2021年9月大黄鱼的平均塘边价格，采用ARIMA模型对大黄鱼未来15个月（2021年10月至2022年12月）塘边价格进行预测（图4-9）。如图所示，2021年10月至2022年12月大黄鱼的塘边价格呈现震荡趋势。预测结果显示，2021年10月至2022年1月，大黄鱼塘边价总体呈现下降趋势分别为33.37元/千克、31.07元/千克、29.33元/千克、25.19元/千克。从2022年1月起至2022年8月，预测大黄鱼的塘边价格开启了新一轮的上涨，从1月最低点25.19元/千克，上升至8月最高点36.34元/千克。到2022年底，大黄鱼的出塘价回落至26.85元/千克。

根据大黄鱼季末存量和销量的变动情况（图4-5、表4-2），结合前文对于大黄鱼塘边价格的预测结果可知：每年的第四季度都是大黄鱼的销售高峰，2021年10月至2022年初，预测的价格都基本维持在成本线之上，养殖者可以维持当前大黄鱼的养殖规模。在大黄鱼价格下滑的同时，维持较高的存量，等价格上涨，投入存量来供应市场，来进一步带动自身利润的增加。

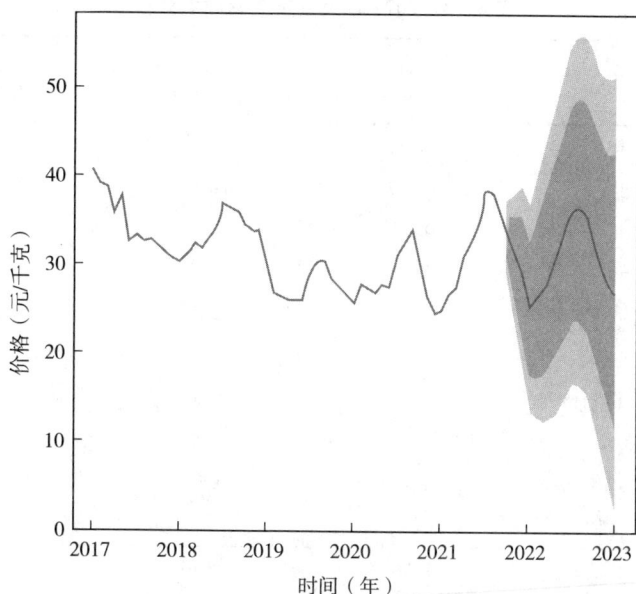

图4-9　大黄鱼价格预测模型

（资料来源：国家海水鱼产业技术体系预测数据）

4.6　体系示范区县大黄鱼养殖效益情况

大黄鱼调研样本来源于福建省、浙江省和广东省，调研涉及区域为福鼎、宁德、东港、象山及大陈岛。其中，有12户采用普通网箱养殖方式，9户采用深水网箱养殖方式。样本具有普遍性，可以代表大黄鱼的养殖情况。

4.6.1　成本收益分析

（1）成本分析

根据调研数据显示（表4-4），大黄鱼养殖的单位总成本为23.29元/千克，单位变动成本为19.47元/千克，占总成本83.60%；单位固定成本为3.82元/千克，占总成本的16.40%。单位变动成本中占比最大的为饲料支出，17.16元/千克，占总成本的73.68%；其次为苗种支出，1.04元/千克，占总成本的4.47%。

表 4－4　2021 年大黄鱼养殖成本分析

项目	金额 （元/千克）	在各自成本中 所占比例（％）	在总成本中 所占比例（％）
鱼苗支出	1.04	5.34	4.47
饲料支出	17.16	88.14	73.68
渔药支出	0.06	0.31	0.26
水费支出	0.15	0.77	0.64
电费支出	0.20	1.03	0.86
煤费支出	0.12	0.62	0.52
临时员工工资	0.39	2.00	1.67
运输费用	0.20	1.03	0.86
其他可变费用	0.15	0.77	0.64
单位变动成本	19.47		83.60
固定员工工资	2.26	59.16	9.70
固定资产折旧	0.96	25.13	4.12
设备维修费	0.27	7.07	1.16
利息费用	0.18	4.71	0.77
其他固定费用	0.01	0.26	0.04
水域租金	0.14	3.66	0.60
单位固定成本	3.82		16.40
单位总成本	23.29		

普通网箱养殖大黄鱼单位总成本为 21.36 元/千克，单位变动成本为 18.41 元/千克，占总成本的 86.19％；单位固定成本为 2.95 元/千克，占总成本的 13.81％。变动成本中的饲料支出为 16.64 元/千克，占总成本 77.90％，苗种支出为 0.79 元/千克，占总成本的 3.70％。固定成本中的土地租金、固定员工工资、设备维修费和固定资产折旧分别为 0.05 元/千克、1.32 元/千克、0.20 元/千克、1.10 元/千克，分别占单位固定成本的 1.69％、44.75％、6.78％ 和 37.29％（表 4－5）。

深水网箱养殖大黄鱼单位总成本为 26.89 元/千克，单位变动成本为 22.18 元/千克，占总成本的 82.48％；单位固定成本为 4.71 元/千克，占总成本的 17.52％。单位变动成本中的饲料支出为 19.11 元/千克，占总成本 71.07％，苗种支出为 1.49 元/千克，占总成本的 5.54％。单位固定成本中的土地租金、固定员工工资、设备维修费和固定资产折旧分别为 0.21 元/千克、3.02 元/千克、0.38 元/千克和 0.98 元/千克，分别占单位固定成本的 4.46%、64.12%、8.07%和 20.81%。

表 4－5　2021 年大黄鱼不同网箱养殖模式的成本构成

项目	普通网箱养殖			深水网箱养殖		
	金额 (元/千克)	在各自成本中所占比例 (%)	在总成本中所占比例 (%)	金额 (元/千克)	在各自成本中所占比例 (%)	在总成本中所占比例 (%)
鱼苗支出	0.79	4.29	3.70	1.49	6.72	5.54
饲料支出	16.64	90.39	77.90	19.11	86.16	71.07
渔药支出	0.05	0.27	0.23	0.07	0.32	0.26
水费支出	0.00	0.00	0.00	0.39	1.76	1.45
电费支出	0.04	0.22	0.19	0.19	0.86	0.71
煤费支出	0.21	1.14	0.98	0.02	0.09	0.07
临时员工工资	0.42	2.28	1.97	0.34	1.53	1.26
运输费用	0.17	0.92	0.80	0.30	1.35	1.12
其他可变费用	0.09	0.49	0.42	0.27	1.22	1.00
单位变动成本	18.41		86.19	22.18		82.48
固定员工工资	1.32	44.75	6.18	3.02	64.12	11.23
固定资产折旧	1.10	37.29	5.15	0.98	20.81	3.64
设备维修费	0.20	6.78	0.94	0.38	8.07	1.41
利息费用	0.27	9.15	1.26	0.12	2.55	0.45
其他固定费用	0.01	0.34	0.05	0.00	0.00	0.00
土地租金	0.05	1.69	0.23	0.21	4.46	0.78
单位固定成本	2.95		13.81	4.71		17.52
单位总成本	21.36			26.89		

　　普通网箱养殖与深水网箱养殖相比，深水网箱的成本投入较大，成本较高。饲料支出是大黄鱼养殖过程中占比最高的一项支出，饲料成本高居不下。普通网箱的饲料投入要低于深水网箱的养殖，但在成本所占比例要高于深水网箱养殖。可能因为深水网箱养殖水温较低，饵料系数较高的缘故。养殖户主要购买的是冰鲜饲料和固体饲料，购买的饲料品牌一般有：天马、海马、龙好、七好、天邦、健马、海大、海龙等。相比于普通网箱养殖，深水网箱养殖的鱼

苗成本更高，主要是由于深水网箱的不确定性较大，养殖户为保证一定的存活率，加大了鱼苗的投入。

（2）收益分析

从表 4-6 可知，总体来看，大黄鱼养殖的净利润为 11.77 元/千克，成本利润率为 50.54%。销售利润率达 33.57%，边际贡献率为 44.47%。

普通网箱养殖收益分析可知，大黄鱼普通网箱养殖的销售价格是 32.54 元/千克，这个价格是 2020 年 8 月至 2021 年 8 月这一年的销售均值，净利润为 11.18 元/千克，成本利润率为 52.34%，销售利润率为 34.36%，边际贡献率为 43.42%。

深水网箱养殖收益分析可知，大黄鱼深水网箱养殖的销售价格是 36.96 元/千克，这个价格是 2020 年 8 月至 2021 年 8 月这一年的销售均值，净利润为 10.07 元/千克，成本利润率为 37.45%，销售利润率为 27.25%，边际利润率为 39.99%。今年深水网箱养殖的净利润相比于普通网箱养殖略低，但对应的成本和销售价格都比普通网箱要高。

表 4-6　2021 年大黄鱼养殖收益分析

养殖模式	总成本 （元/千克）	销售收入 （元/千克）	净利润 （元/千克）	成本利润率 （%）	销售利润率 （%）	边际贡献率 （%）
普通网箱	21.36	32.54	11.18	52.34	34.36	43.42
深水网箱	26.89	36.96	10.07	37.45	27.25	39.99
总体	23.29	35.06	11.77	50.54	33.57	44.47

4.6.2　不确定性分析

（1）盈亏平衡分析

表 4-7 是 2021 年大黄鱼养殖盈亏平衡分析。从表 4-7 可知，大黄鱼普通网箱养殖的销售价格与盈亏平衡价格之差为 11.18 元/千克，即市场销售价格比盈亏平衡价格高出 11.18 元/千克，安全边际量是为 3 668 078.01 千克，安全边际率为 89.58%。大黄鱼深水网箱养殖的销售价格与盈亏平衡价格之差为 10.07 元/千克，可知市场销售价格比盈亏平衡价格高出 10.07 元/千克，安全边际量是为 2 490 117.73 千克，相比于普通网箱养殖略低，安全边际率为 84.07%，安全边际率与普通网箱养殖相比低一点，说明在目前的养殖模式下，养殖户对于固定成本的收回能力较弱。

表4-7 2021年大黄鱼网箱养殖盈亏平衡分析

项目	普通网箱	深水网箱
盈亏平衡产量（千克）	426 771.99	471 882.27
实际销售产量（千克）	4 094 850	2 962 000
安全边际量（千克）	3 668 078.01	2 490 117.73
安全边际率（%）	89.58	84.07
盈亏平衡作业率（%）	10.42	15.93
盈亏平衡价格（元/千克）	21.36	26.89
销售价格（元/千克）	32.54	36.96
销售价格与盈亏平衡价格之差（元/千克）	11.18	10.07

（2）敏感性分析

表4-8为大黄鱼网箱养殖的敏感性分析，表明了不同影响因素对净利润的敏感系数以及以1%影响程度为例的具体变化分析。就大黄鱼普通网箱养殖而言，在影响程度方面，饲料支出的敏感系数为−1.49，是最低的，表明饲料支出每上涨1%，养殖者的利润下降1.49%，说明在保持其他影响因素不变的情况下，饲料支出的变动引起净利润的变动程度是最大的。

就大黄鱼深水网箱养殖来说，在变化方向方面，单位固定成本和单位变动成本与净利润的变化方向相反；在影响程度方面，饲料支出的敏感系数为−1.89，是最低的，表明饲料支出每上涨1%，养殖者的利润下降1.89%，说明在保持其他影响因素不变的情况下，饲料支出的变动引起净利润的变动程度是最大的。

表4-8 2021年大黄鱼网箱养殖敏感性分析

项目	普通网箱养殖		深水网箱养殖	
	金额（元/千克）	敏感系数（变动1%）	金额（元/千克）	敏感系数（变动1%）
销售价格	32.54	2.90	36.96	3.67
苗种支出	0.79	−0.07	1.49	−0.14
饲料支出	16.64	−1.49	19.11	−1.89
渔药支出	0.05	−0.01	0.07	0.00
水费支出	0.00	0.00	0.39	−0.04
电费支出	0.04	−0.01	0.19	−0.02
煤费支出	0.21	−0.02	0.02	0.00

（续）

项目	普通网箱养殖		深水网箱养殖	
	金额（元/千克）	敏感系数（变动1%）	金额（元/千克）	敏感系数（变动1%）
临时员工工资	0.42	−0.04	0.34	−0.03
运输费用	0.17	−0.02	0.30	−0.03
其他可变费用	0.09	−0.01	0.27	−0.02
单位变动成本	18.40	−1.65	22.18	−2.20
固定员工工资	1.32	−0.12	3.02	−0.30
固定资产折旧	1.10	−0.10	0.98	−0.09
设备维修费	0.20	−0.02	0.38	−0.03
利息支出	0.27	−0.03	0.12	−0.01
其他固定费用	0.01	0.00	0.00	0.00
土地租金	0.05	−0.01	0.21	−0.02
单位固定成本	2.95	−0.27	4.71	−0.46
单位总成本	21.34	−1.91	26.89	−2.67

资料来源：国家海水鱼产业技术体系调查数据。

4.7 存在的问题

(1) 新冠肺炎疫情常态化对大黄鱼鱼类养殖业的影响巨大

2020年新冠肺炎疫情对大黄鱼养殖业产生了巨大的冲击，具体体现在：养殖面积下降，存量上升，销量下降。普通网箱养殖和围网养殖面积相较疫情暴发前仍有明显降低，疫情对养殖生产和市场销售等方面带来的负向影响短时间内尚未完全消除。调研得知，疫情暴发导致交通不畅，生产生活受到了较大影响，严重打击了养殖者的生产积极性，部分养殖者甚至被迫退出了养殖。

(2) 养殖者反映鱼苗成活率有待提升

大黄鱼养殖一般在春季和秋季投苗，鱼苗成活率不高，会带来成本的增加和养殖环境的污染。多数养殖者鱼苗成活率都能达到60%以上，但仍有部分养殖者所购买的鱼苗成活率处于60%以下。养殖者普遍反映，鱼苗的品质决定鱼苗的存活率。对于鱼苗的品质，他们并没有办法区分，只能依据过往的经验，或者选择普遍的购买渠道。

（3）融资支持力度需进一步加大

调研中许多养殖者反映：自己很难获得惠农贷款，一些是因为自己文化层次较低，一些是因为贷款手续繁杂。大部分的大黄鱼养殖者都加入了合作社组织，但合作社的作用并没有体现。部分合作社还停留在"空壳"阶段，养殖者养殖所需的饲料、渔药、人工、技术等并未从合作社中获取到，导致大多数的养殖者养殖成本较高。

4.8 对策建议

（1）提升风险防范能力，促进多种养殖模式共同发展

加大宣传培训力度，促进养殖者对养殖品种、养殖模式、养殖技术、供需情况、价格走势和销售渠道的了解，提高对养殖过程中各类风险的预判能力和规避能力。

就调整养殖模式而言，大黄鱼深水网箱养殖成本仍然相对较高，但是深水网箱养殖容量较大，是具有较强的抗风浪、抗海流性能的海上养殖设施。深水网箱在拓展养殖海域、减轻沿岸环境压力、提高养殖鱼的质量、增加养殖效益等方面已显示出明显的优势。而普通网箱养殖成本低，是绝大多数养殖者的最佳选择，所以应鼓励多种养殖模式共同发展，提高渔民收入。

（2）多方协同，提高养殖成活率

建议从育苗抓起，加强对苗种生产者资质的规范管理，并强化苗种生产与销售环节的监督检查，加大对优质苗种的推介力度。同时建议进一步加大疫苗研发与推广力度，满足生产者的病害防控需求，提高成活率。

（3）加强金融支持力度，打通小额贷款政策"最后一公里"

惠农小额贷款有利于扩大养殖者养殖规模，提升其资金流转能力和抗风险能力。建议通过改进和减少贷款手续过程，切实帮助养殖者进行养殖生产活动，从而提升对养殖者的金融支持力度。加强渔业补贴力度，尤其是对深水网箱等绿色养殖模式的补贴力度，促进绿色养殖模式的应用。

5 卵形鲳鲹养殖产业经济研究①

内容提要

本研究主要反映了 2019 年第一季度以来体系示范区县卵形鲳鲹养殖业的养殖面积、季末存量、季度销量、价格变化、成本收益、产业发展问题等情况，并提出了相应的对策建议。

养殖面积：卵形鲳鲹养殖体系示范区县主要分布在广西、广东和海南三省，以普通网箱养殖和深水网箱养殖为主。2019 年第一季度至 2021 年第三季度，卵形鲳鲹养殖面积呈波动上升趋势。2021 年第三季度养殖总面积为 8 259 120 平方米，其中普通网箱养殖总面积为 69 800 平方米，深水网箱养殖总计 8 189 320 立方米，相较于 2019 年第三季度养殖总面积的 4 532 728 平方米，上升幅度达 80.67%。其中，普通网箱养殖总面积相较 2019 年第三季度的 86 000 平方米，下降幅度达到 18.84%；深水网箱养殖总面积占养殖总面积的比重由 2019 年第三季度的 98.10% 升至 2021 年第三季度的 99.15%，且 2021 年第三季度深水网箱养殖总面积相较于 2019 年第三季度增长了 84.17%。

季末存量：2019 年第一季度至 2021 年第二季度，卵形鲳鲹季末存量整体呈现周期性变动趋势，在每年的第三季度卵形鲳鲹季末存量最高，第一季度卵形鲳鲹存量最低。平均季末存量为 17 837 吨。2021 年第三季度末，体系示范区县卵形鲳鲹存量为 50 549 吨，主要分布在广西和海南，相较于 2020 年第三季度末减少 8.93%，相较于 2019 年第三季度末增长 37.70%。其中普通网箱养殖季末存量为 5 440 吨，占总季末存量的 10.76%，相较于 2020 年第三季度末增长 42.41%，相较于 2019 年第三季度末增长 76.74%，主要分布在广东（440 吨）和广西（5 000 吨）；深水网箱养殖季末存量为 45 109 吨，占总季末存量的 89.24%，相较于 2020 年第三季度末减少 57.92%，相较于 2019 年第

① 撰写人：杨正勇、张英丽、刘东。

三季度末减少 19.69％，主要分布在广西（17 630 吨）、海南（19 294 吨）和广东（8 185 吨）。

季度销量：2019 年第一季度至 2021 年第二季度，卵形鲳鲹总销量呈周期性震荡趋势。由每年的第二季度开始销量持续上升，在每年第三季度销量达到峰值，至第四季度起快速下降。2021 年第三季度体系示范区县卵形鲳鲹总销量为 50 403 吨，相较于 2020 年第三季度总销量增长 41.59％，相较于 2019 年第三季度总销量增长 47.90％。其中普通网箱养殖销量 5 756 吨，占总销量的 11.42％，较 2020 年同期增长 82.61％，主要分布在广东和广西地区；深水网箱养殖销量 44 647 吨，占总销量的 88.58％，较 2020 年同期增长 37.60％，主要分布在广东、广西和海南地区。

价格变化：2015 年 10 月至 2021 年 9 月体系示范区县卵形鲳鲹收购价格总体来看呈现震荡下跌趋势，周期性较为明显，每年第一、二季度价格偏高，第三、四季度价格偏低，在卵形鲳鲹存销量最高时，价格达到谷底；在各年第二季度存销量较低时，价格达到峰值。如 2016 年 5 月价格达到全年峰值 38.00 元/千克，2017 年 5 月价格达到全年峰值 32.11 元/千克，2020 年 4 月价格处于全年最高值 38.98 元/千克。2021 年 1 月卵形鲳鲹价格为 25.47 元/千克，随后逐步升至 3 月的 30.63 元/千克，再逐渐呈下降趋势。2021 年 9 月卵形鲳鲹价格为 19.60 元/千克，比 2020 年同比减少 10.09％，环比减少 2.00％。

用 ARMA 模型从 2021 年 7 月起往后预测 17 个月（2021 年 8 月至 2022 年 12 月）卵形鲳鲹价格，2021 年 8 月至 2022 年 12 月卵形鲳鲹塘边价格在震荡中趋于下降态势。结合卵形鲳鲹历年季末存量和销量的变动情况，建议 2022 年 3 月卵形鲳鲹价格达到年度峰值时适当增加存销量来获得收益；2022 年 4 月开始卵形鲳鲹价格下降时适当降低存销量，以防止价格下降幅度过大出现亏损。

养殖成本收益：2021 年卵形鲳鲹养殖企业单位总成本为 19.70 元/千克，相较于 2019 年单位总成本 17.67 元/千克增长了 11.49％；单位变动成本为 16.78 元/千克，占总成本 85.13％，较 2019 年变动成本增长了 10.18％；单位固定成本为 2.92 元/千克，占总成本的 14.82％，较 2019 年增长 19.67％，由此可见单位固定成本相较于 2019 年增长较多，单位变动成本中占比最大的为饲料支出，其次为苗种支出，且苗种支出占比逐渐降低，但饲料支出依旧在增加。从获利能力上看，2021 年深水网箱养殖高于普通网箱养殖。在净利润方面，2021 年普通网箱养殖的净利润为 2.92 元/千克，深水网箱养殖的净利润为 5.60 元/千克。2021 年销售价格与盈亏平衡价格之差为 3.64 元/千克，卵形鲳鲹的养殖安全边际率为 76.13%，盈亏平衡作业率为 23.87%。

产业发展问题及对策建议：目前卵形鲳鲹产业发展主要面临以下三大问题：第一，新冠疫情持续，市场行情受挫；第二，养殖模式落后，养殖效率较低；第三，缺乏技术支持，产业发展受阻。针对现存问题，聚焦提出以下建议：第一，加强品牌建设，拓宽销售渠道；第二，加大政策扶持力度，培育龙头企业、创新合作机制；第三，制定规范发展标准，守住底线、保障权益。

5.1 引言

本研究以国家海水鱼产业技术体系各综合试验站跟踪调查数据为基础，以产业经济岗位团队调研数据为补充，梳理出体系示范区县卵形鲳鲹产业发展动态情况，供有关各方参考。本研究描述了体系示范区县卵形鲳鲹养殖面积变动、存量变动、销量变动、价格变动和成本收益情况等。在数据采集过程中，得到了各综合试验站、相关岗位科学家的帮助与支持，在此一并表示感谢！

5.2 体系示范区县卵形鲳鲹养殖面积变动情况

5.2.1 体系示范区县卵形鲳鲹养殖面积情况

根据国家海水鱼产业技术体系各综合试验站跟踪调查数据，体系示范区县卵形鲳鲹养殖以网箱养殖为主，主要分布在广东、广西和海南，普通网箱分布以广东、广西为主，深水网箱分布以广西和海南为主。2021 年第三季度养殖总面积为 8 259 120 平方米，其中普通网箱养殖总面积为 69 800 平方米，深水网箱养殖总计 8 189 320 立方米。相较于 2019 年第三季度养殖总面积 4 532 728 平方米，上升幅度达 80.67%。其中，普通网箱养殖总面积相较 2019 年第三季度的 86 000 平方米，下降幅度达到 18.84%；深水网箱养殖总面积占养殖总面积的比重由 2019 年第三季度的 98.10%升至 2021 年第三季度的 99.15%，且 2021 年第三季度深水网箱养殖总面积相较于 2019 年第三季度增长了 84.17%。详细地区分布如表 5-1 所示。

表5-1 体系示范区县卵形鲳鲹2021年第三季度养殖面积分布

地区	养殖面积（平方米）		所占养殖模式比重（%）	
	普通网箱	深水网箱*	普通网箱	深水网箱
广东	41 000.00	818 000.00	58.74	9.99
广西	28 800.00	3 602 612.00	41.26	43.99
海南	0.00	3 768 708.00	0.00	46.02
合计	69 800.00	8 189 320.00		

* 深水网箱以1∶1比例由立方米换算为平方米。

在体系示范区县中，普通网箱养殖以广东为主，广东2021年第三季度普通网箱养殖面积为41 000平方米，环比增长41.38%。广西2021年第三季度普通网箱养殖面积为28 800平方米，占普通网箱总养殖面积的41.26%，同比下降36.00%，环比保持不变。深水网箱养殖以广西和海南为主，2021年第三季度广西、海南养殖面积分别为3 602 612平方米和3 768 708平方米，分别占总养殖面积的43.99%和46.02%。广东、广西及海南三省2021年第三季度相较于2019年第三季度相比，分别增长128.36%、61.08%、102.41%。

5.2.2 体系示范区县卵形鲳鲹养殖面积年际变动情况

2019年第一季度至2021年第三季度，体系示范区县卵形鲳鲹养殖面积的变动情况如图5-1所示：卵形鲳鲹网箱养殖以深水网箱为主，面积呈现先上升后下降再上升的波动趋势。从2019年第一季度开始，卵形鲳鲹网箱养殖面积呈平稳态势，至2020年第一季度，养殖面积达4 300 338平方米，同比环比基本保持不变。从2020年第一季度至2020年第二季度，网箱养殖面积增长至8 068 520平方米，同比增长83.27%，环比增长87.63%。随后至2021年第一季度，养殖面积减少至4 832 290平方米。到2021年第二季度增加至7 972 120平方米，与2019年同期相比增长81.11%。最后到2021年第三季度增加至8 259 120平方米，与2019年同期相比增长82.21%。

其中，普通网箱养殖面积呈波动变化趋势，2019年第三季度和2020年第二季度均为波峰（86 000平方米和91 000平方米），然后养殖面积逐渐下降，最低值出现在2020年第四季度（54 800平方米），2020年第二季度普通网箱养殖面积为57 800平方米，同比减少36.48%，环比增长5.47%；深水网箱养殖面积呈现先升后降再升趋势，从2020年第一季度开始，卵形鲳鲹深水网箱面积快速上升，在 2020 年第二季度达到最高值（7 977 520 平方米），之后逐步下降，至 2021 年第一季度，达到 4 777 490 平方米，同比增长 12.67％，环比下降 38.11％，至 2021 年第二季度上升至 7 914 320 平方米，同比下降 0.79％，环比增长 65.66％，相较于 2019 年第二季度来看，同期增长 82.54％；最后至 2021 年第三季度增加至 8 189 320 平方米，同比增长 80.67％，环比增长 3.47％。

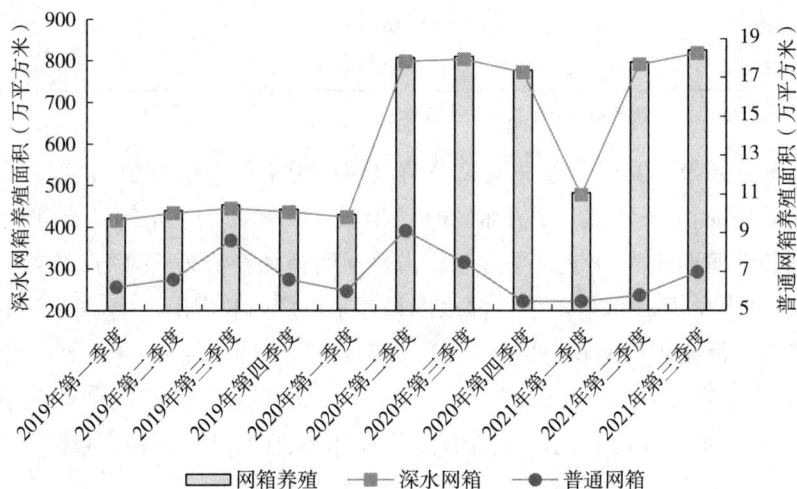

图 5-1　2019 年第一季度—2021 年第三季度体系示范区县卵形鲳鲹养殖面积变动情况

5.3　体系示范区县卵形鲳鲹养殖存量变动情况

2021 年第三季度末，体系示范区县卵形鲳鲹存量为 50 549 吨，主要分布在广西和海南。其中普通网箱养殖季末存量为 5 440 吨，占总季末存量的 10.76％，主要分布在广东（440 吨）和广西（5 000 吨）；深水网箱养殖季末存量为 45 109 吨，占总季末存量的 89.24％，主要分布在广西（17 630 吨）、海南（19 294 吨）和广东（8 185 吨）。详细地区分布如表 5-2 所示。

表 5-2　体系示范区县卵形鲳鲹 2021 年第三季度季末存量分布

地区	第三季度末存量（吨）		所占养殖模式比重（％）	
	普通网箱	深水网箱	普通网箱	深水网箱
广东	440.00	8 185.00	8.09	18.14
广西	5 000.00	17 630.00	91.91	39.08

（续）

地区	第三季度末存量（吨）		所占养殖模式比重（%）	
	普通网箱	深水网箱	普通网箱	深水网箱
海南	0.00	19 294.00	0.00	42.77
合计	5 440.00	45 109.00		

2019年第一季度至2021年第三季度，体系示范区县卵形鲳鲹季末存量变动情况如图5-2所示：卵形鲳鲹季末存量整体呈现周期性变动趋势，从上一年第二季度（2019年第二季度、2020年第二季度）开始，到目标年的第三季度逐渐上升并达到峰值，如2020年第三季度达到55 508吨，同比增长87.37%，环比增长862.84%。2021年第二季度存量为18 020吨，同比增长212.58%，环比增长520.95%，较2019年第二季度增长140.33%。2019年第一季度至2021年第二季度，季末存量最高值为2020年第三季度末，达到55 508吨。2021年第三季度末体系示范区县卵形鲳鲹养殖存量为50 549吨，同比降低8.93%，环比增长180.52%。

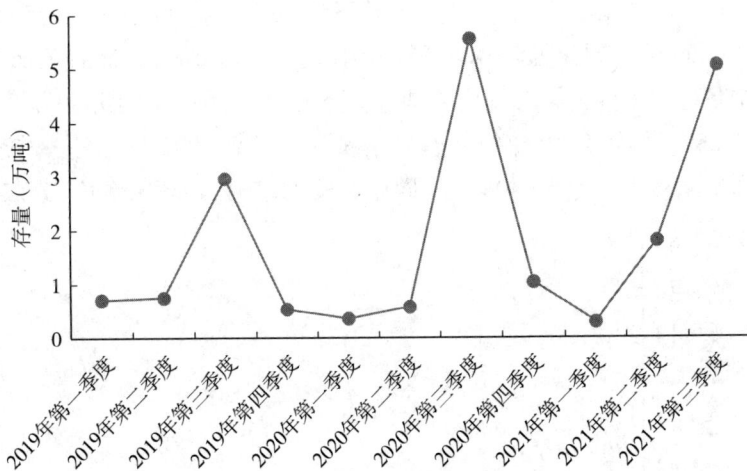

图5-2 2019年第一季度—2021年第三季度体系示范区县卵形鲳鲹存量变动情况

5.4 体系示范区县卵形鲳鲹养殖销量变动情况

2021年第三季度体系示范区县卵形鲳鲹总销量为50 403吨，其中普通网箱养殖销量 5 756 吨，占总销量的 11.42%，主要分布在广东和广西；深水网箱养殖销量 44 647 吨，占总销量的 88.58%，主要分布在广东、广西和海南。详细地区分布如表 5-3 所示。

表 5-3 体系示范区县卵形鲳鲹 2021 年第三季度销量分布

地区	第三季度末销量（吨）		所占养殖模式比重（%）	
	普通网箱	深水网箱	普通网箱	深水网箱
广东	156.00	2 550.00	2.71	5.71
广西	5 600.00	19 350.00	97.29	43.34
海南	0.00	22 747.00	0.00	50.95
合计	5 756.00	44 647.00		

图 5-3 为 2019 年第一季度至 2021 年第三季度体系示范区县卵形鲳鲹销量变动情况。从图 5-3 可知，2019 年第一季度至 2021 年第二季度卵形鲳鲹销量呈周期性震荡趋势。由每年的第二季度开始销量持续上升，在第三季度销量达到峰值，至第四季度起到次年第一季度快速下降，2020 年第一季度销量降至 4 270 吨，同比增长 44.99%，环比下降 86.82%。随后 2020 年第三季度增长至 35 599 吨，同比增长 4.46%，环比增长 543.16%。最后至 2021 年第二季度销量持续下降，第二季度末销量下降为 5 740 吨，同比增长 3.70%，环比下降 29.50%，较 2019 年第二季度增长 90.95%。2021 年第三季度体系示范区县卵形鲳鲹销量为 50 403 吨，同比增长 41.59%，环比增长 778.10%。

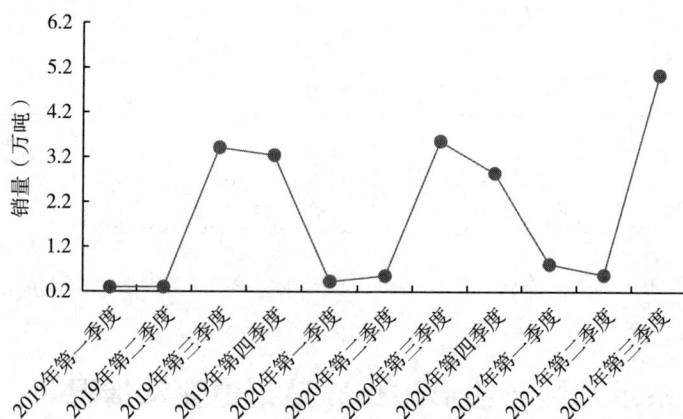

图 5-3 2019 年第一季度—2021 年第三季度末体系示范区县卵形鲳鲹销量变动情况

5.5 体系示范区县卵形鲳鲹价格变动情况

5.5.1 体系示范区县卵形鲳鲹价格波动趋势

2015 年 10 月—2021 年 9 月体系示范区县卵形鲳鲹价格变动情况如图 5 - 4 所示。卵形鲳鲹收购价格总体来看呈现震荡下跌趋势，周期性较为明显，每年第一、二季度价格偏高，第三、四季度价格偏低，在卵形鲳鲹存销量最高时，价格达到谷底；在各年第二季度存销量较低时，价格达到峰值。如 2016 年 5 月价格达到全年峰值 38.00 元/千克，2017 年 5 月价格达到全年最高点 32.11 元/千克，2018 年 3 月至 5 月价格均维持在 30 元/千克以上，2019 年 6 月价格达到全年峰值 38.73 元/千克，2020 年 4 月价格处于全年最高值 38.98 元/千克。2021 年 1 月卵形鲳鲹价格为 25.47 元/千克，随后逐步升至 3 月的 30.63 元/千克，再逐渐呈下降趋势。2021 年 9 月卵形鲳鲹价格为 19.60 元/千克，比 2020 年同比减少 10.09%，环比减少 2.00%。

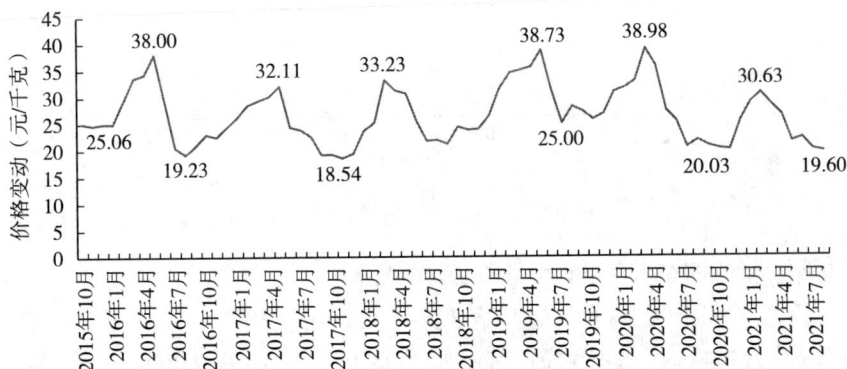

图 5 - 4 2015 年 10 月—2021 年 9 月体系示范区县卵形鲳鲹价格变动情况

5.5.2 体系示范区县卵形鲳鲹价格预测

结合 2015 年 10 月至 2021 年 7 月卵形鲳鲹的平均塘边价格，用同类均值插补法将体系示范区县卵形鲳鲹价格的缺失值进行补充后，用 ARMA 模型预测从 2021 年 7 月起往后推 17 个月（2021 年 8 月至 2022 年 12 月）卵形鲳鲹价格，如图 5-5 所示。

如图所示，2021 年 8 月至 2022 年 12 月卵形鲳鲹塘边价格在震荡中趋于下降态势。预测结果显示，2021 年 8 月至 2021 年 11 月价格总体呈小幅下跌趋势，依次为 20.01 元/千克、17.68 元/千克、15.90 元/千克和 15.38 元/千克，下降幅度为 23.14%；随后，2021 年 12 月至 2022 年 3 月价格呈上升趋势，依次为 17.82 元/千克、21.97 元/千克、25.36 元/千克和 26.83 元/千克，上升幅度为 50.56%；从 2022 年 4 月至 2022 年 11 月，体系示范区卵形鲳鲹价格预测呈持续下降态势，由 26.68 元/千克下降至 15.18 元/千克，下降幅度为 43.10%；2022 年 12 月有反弹趋势，价格为 16.21 元/千克。

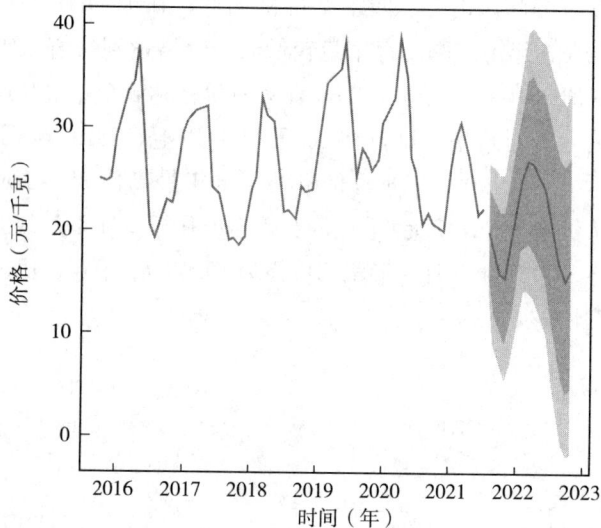

图 5-5　卵形鲳鲹价格预测模型

根据卵形鲳鲹季末存量和销量的变动情况来看（图 5-2、图 5-3），2019 年及 2020 年第二季度卵形鲳鲹存销量开始渐长，此时存销量不大但价格最高；第三季度卵形鲳鲹存销量达到年度峰值，而此时价格由于产销量较大出现大幅下降。结合上述卵形鲳鲹价格预测结果可知，2022 年 3 月卵形鲳鲹价格达到年度峰值，此时存销量相对较低，可适当增加存销量来获得收益；2022 年 4 月开始卵形鲳鲹价格呈下降态势，此时可适当降低存销量，以防止价格下降幅度过大出现亏损。

5.6　体系示范区县卵形鲳鲹养殖效益情况

5.6.1　成本收益分析

（1）成本分析

根据 2021 年调研情况，此次主要调研了广西的卵形鲳鲹养殖区（广西铁山港和防城港产区），调研的养殖主体主要采用网箱养殖为主，其中又以普通网箱养殖居多。根据调研数据显示（表5-4），卵形鲳鲹养殖的单位总成本为19.70元/千克，相较于2019年单位总成本17.67元/千克增长了11.49%；单位变动成本为16.78元/千克，占总成本85.13%，较2019年单位变动成本增长了10.18%；单位固定成本为2.92元/千克，占总成本的14.82%，较2019年增长19.67%，由此可知单位固定成本较2019年度增幅较大。单位变动成本中占比最大的为饲料支出，15.18元/千克，占总成本的77.06%，较2019年增长15.61%；其次为苗种支出，1.23元/千克，占总成本的6.24%，较2019年下降29.31%，苗种投入有大幅降低，但饲料支出占比仍旧较大。单位固定成本中的固定员工工资、固定资产折旧和设备维修费分别为0.22元/千克、0.44元/千克和0.04元/千克，分别占总成本的1.12%、2.23%和0.20%，较2019年都大幅减少，养殖户需聚焦饲料的规范化投入。

表5-4　2019年和2021年卵形鲳鲹养殖成本分析

项目	金额（元/千克）		在各自成本中所占比例（%）		在总成本中所占比例（%）	
	2019年	2021年	2019年	2021年	2019年	2021年
苗种支出	1.74	1.23	11.42	7.33	9.85	6.24
饲料支出	13.13	15.18	86.21	90.46	74.31	77.06
渔药支出	0.05	0.00	0.33	0.00	0.28	0.00
水费支出	0.00	0.00	0.00	0.00	0.00	0.00
电费支出	0.00	0.00	0.00	0.00	0.00	0.00
油费支出	0.18	0.03	1.18	0.18	1.02	0.15
临时员工工资	0.13	0.02	0.85	0.12	0.74	0.10
运输费用	0.00	0.28	0.00	1.67	0.00	1.42
其他可变费用	0.00	0.00	0.00	0.24	0.00	0.20
单位变动成本	15.23	16.78			86.25	85.13
固定员工工资	1.16	0.22	47.41	7.53	6.56	1.12
固定资产折旧	0.89	0.44	36.47	15.07	5.04	2.23
设备维修费	0.29	0.04	11.95	1.37	1.64	0.20
利息支出	0.00	0.06	0.08	2.05	0.00	0.30
其他固定费用	0.08	2.15	3.28	73.63	0.45	10.91
水域租金	0.02	0.01	0.80	0.34	0.11	0.05

（续）

项目	金额 （元/千克）		在各自成本中 所占比例（%）		在总成本中 所占比例（%）	
	2019 年	2021 年	2019 年	2021 年	2019 年	2021 年
单位固定成本	2.44	2.92			13.81	14.82
单位总成本	17.67	19.70				

卵形鲳鲹不同养殖模式的成本存在一定差异（表 5-5），其中 2021 年深水网箱的单位总成本低于普通网箱的单位总成本，分别为 16.90 元/千克和 20.75 元/千克，相较于 2019 年单位总成本，深水网箱下降 1.40%，普通网箱增加 13.89%，从长期经济效益来看，深水网箱养殖可能要好于普通网箱养殖。2021 年普通网箱和深水网箱单位变动成本分别为 17.52 元/千克及 14.80 元/千克，相较于 2019 年单位变动成本分别增长 7.03% 和 5.04%。单位变动成本中不同养殖模式均是饲料支出最高，分别 15.81 元/千克（普通网箱）和 13.54 元/千克（深水网箱），相较于 2019 年饲料支出分别增长 14.07% 及 9.37%；其次为苗种支出，分别 1.33 元/千克（普通网箱）和 0.95 元/千克（深水网箱），相较于 2019 年苗种支出分别下降 39.82% 及 25.20%；员工工资相较于 2019 年减少较多，主要由于广西地区卵形鲳鲹多为个体养殖户，受疫情影响，现今多数养殖户均无聘用员工。单位固定成本中，其他固定费用和固定资产折旧为最大支出，普通网箱其他固定费用为 2.63 元/千克、固定资产折旧为 0.34 元/千克；深水网箱其他固定费用为 0.91 元/千克、固定资产折旧为 0.72 元/千克，相较于 2019 年度，其他固定费用显著增高，固定资产折旧有所降低。

（2）收益分析

从获利能力上看，2021 年度深水网箱养殖高于普通网箱养殖（表 5-6）。在净利润方面，2021 年普通网箱养殖的净利润为 2.92 元/千克，相较于 2019 年 3.33 元/千克下降了 12.31%。深水网箱养殖的净利润为 5.60 元/千克，相较于 2019 年 5.86 元/千克有所下降，但盈利相对平稳；由成本利润率来看，2021 年深水网箱养殖高于普通网箱养殖，依次为 33.14% 和 14.07%，相较于 2019 年均有所下降。边际贡献是管理会计中一个经常使用的概念，它是指销售收入减去变动成本后的余额，而边际贡献率即为边际贡献在销售收入中所占的百分比。可以理解为每一元销售收入中给养殖户做出贡献的能力，2021 年深水网箱养殖的边际贡献率也高于普通网箱养殖，分别为 34.22% 和 25.98%，其中，普通网箱相较于 2019 年有所增加，深水网箱有所降低。

表 5-5　2019 年和 2021 年卵形鲳鲹不同养殖模式的成本构成

类别	普通网箱 金额（元/千克）		普通网箱 在各自成本中所占比例（%）		普通网箱 在总成本中所占比例（%）		深水网箱 金额（元/千克）		深水网箱 在各自成本中所占比例（%）		深水网箱 在总成本中所占比例（%）	
	2019年	2021年	2019年	2021年	2019年	2021年	2019年	2021年	2019年	2021年	2019年	2021年
苗种支出	2.21	1.33	13.50	7.59	12.13	6.41	1.27	0.95	9.01	6.42	7.41	5.62
饲料支出	13.86	15.81	84.67	90.24	76.07	76.19	12.38	13.54	87.86	91.49	72.23	80.12
渔药支出	0.07	0.00	0.43	0.00	0.38	0.00	0.04	0.00	0.28	0.00	0.23	0.00
水费支出	0.00	0.00	0.00	0.00	0.00	0.00	0.00	0.00	0.00	0.00	0.00	0.00
电费支出	0.00	0.00	0.00	0.00	0.00	0.00	0.00	0.00	0.00	0.00	0.00	0.00
煤费支出	0.13	0.00	0.79	0.00	0.71	0.00	0.24	0.11	1.70	0.74	1.40	0.65
临时员工工资	0.10	0.00	0.61	0.00	0.55	0.00	0.16	0.06	1.14	0.41	0.93	0.36
运输费用	0.00	0.38	0.00	2.17	0.00	1.83	0.00	0.01	0.00	0.07	0.00	0.06
其他可变费用	0.00	0.00	0.00	0.00	0.00	0.00	0.00	0.13	0.00	0.88	0.00	0.77
单位可变成本	16.37	17.52			89.85	84.48	14.09	14.80			82.21	87.51
固定员工工资	0.84	0.20	45.41	6.19	4.61	0.96	1.49	0.25	48.85	11.90	8.69	1.48
固定资产折旧	0.67	0.34	36.22	10.53	3.68	1.64	1.12	0.72	36.72	34.29	6.53	4.26
设备维修	0.18	0.05	9.73	1.55	0.99	0.24	0.40	0.01	13.11	0.48	2.33	0.06
利息费用	0.00	0.00	0.00	0.00	0.00	0.00	0.00	0.19	0.00	9.05	0.00	1.12
其他固定费用	0.16	2.63	8.65	81.42	0.88	12.67	0.00	0.91	0.00	43.33	0.00	5.38
水域租金	0.00	0.01	0.00	0.31	0.00	0.05	0.04	0.02	1.31	0.95	0.23	0.12
单位固定成本	1.85	3.23			10.15	15.57	3.05	2.10			17.79	12.49
单位总成本	18.22	20.75					17.14	16.90				

表 5 - 6　2019 年和 2021 年卵形鲳鲹不同养殖模式的收益分析

养殖模式	总成本（元/千克）		销售收入（元/千克）		净利润（元/千克）		成本利润率（%）		销售利润率（%）		边际贡献率（%）	
	2019年	2021年	2019年	2021年	2019年	2021年	2019年	2021年	2019年	2021年	2019年	2021年
普通网箱	18.22	20.75	21.55	23.67	3.33	2.92	18.28	14.07	15.45	12.34	24.04	25.98
深水网箱	17.14	16.90	23.00	22.50	5.86	5.60	34.19	33.14	25.48	24.89	38.74	34.22

5.6.2　不确定性分析

（1）盈亏平衡分析

从表 5 - 7 可知，2021 年销售价格与盈亏平衡价格之差为 3.64 元/千克，相较于 2019 年 4.60 元/千克下降了 20.87%，且由此可知 2021 年卵形鲳鲹市场销售价格比盈亏平衡价格高出 3.64 元/千克，卵形鲳鲹的养殖安全边际率为 76.13%，盈亏平衡作业率为 23.87%，同期 2019 年养殖安全边际率为 65.21%，盈亏平衡作业率为 34.79%。

表 5 - 7　2019 年和 2021 年卵形鲳鲹养殖盈亏平衡分析

项目	2019 年	2021 年
盈亏平衡产量（千克）	98 248.00	2 756 296.82
实际销售产量（千克）	282 431.00	11 549 516.44
安全边际量（千克）	184 183.00	8 793 219.62
安全边际率（%）	65.21	76.13
盈亏平衡作业率（%）	34.79	23.87
盈亏平衡价格（元/千克）	17.67	19.70
销售价格（元/千克）	22.27	23.34
销售价格与盈亏平衡价格之差（元/千克）	4.60	3.64

表 5 - 8 为 2021 年不同养殖模式下的卵形鲳鲹养殖盈亏平衡分析。可以看出，深水网箱养殖盈亏平衡产量为 914 478.96 千克，低于普通网箱养殖的 7 740 065.34千克，同时深水网箱实际销售产量也是低于普通网箱实际销售产量，普通网箱养殖依旧占据体系示范区县卵形鲳鲹养殖业的主导地位。深水网

箱养殖安全边际率高出普通网箱养殖 13.03 百分点，销售价格与盈亏平衡价格之差高出普通网箱养殖 2.68 元/千克，可知深水网箱养殖从收益及抗风险能力上都高于普通网箱养殖。

表 5-8　2021 年卵形鲳鲹不同养殖模式的盈亏平衡分析

项目	普通网箱	深水网箱
盈亏平衡产量（千克）	7 740 065.34	914 478.96
实际销售产量（千克）	29 362 810.82	6 858 082.56
安全边际量（千克）	21 622 745.48	5 943 603.595
安全边际率（%）	73.64	86.67
盈亏平衡作业率（%）	26.36	13.33
盈亏平衡价格（元/千克）	20.75	16.90
销售价格（元/千克）	23.67	22.50
销售价格与盈亏平衡价格之差（元/千克）	2.92	5.60

（2）敏感性分析

表 5-9 为 2021 年卵形鲳鲹养殖的敏感性分析，表明了不同影响因素对净利润的敏感系数以及以 1% 影响程度为例的具体变化分析。变化方向方面，单位固定成本和单位变动成本与净利润的变化方向相反。在影响程度方面，饲料支出敏感系数为 -4.15，表明饲料支出每上涨 1%，养殖者的利润下降 4.15%。苗种支出敏感系数为 -0.34，表明苗种支出每上涨 1%，养殖者的利润下降 0.34%。由不同养殖模式来看，普通网箱销售价格敏感系数为 8.14，深水网箱为 4.02，表明价格波动对普通网箱养殖影响较大；普通网箱养殖的苗种支出敏感系数为 -0.46，饲料支出敏感系数为 -5.43，绝对值均高于深水网箱养殖，表明在抗风险能力上普通网箱养殖明显低于深水网箱养殖；单位固定成本中，普通网箱养殖敏感系数大于深水网箱养殖，故综合来看，深水网箱养殖的抗风险能力强于普通网箱养殖。

表 5-9　2021 年卵形鲳鲹不同养殖模式的敏感系数（变动 1%）

项目	网箱养殖	普通网箱	深水网箱
销售价格	6.39	8.14	4.02
苗种支出	-0.34	-0.46	-0.17

（续）

项目	网箱养殖	普通网箱	深水网箱
饲料支出	−4.15	−5.43	−2.42
渔药支出	0.00	0.00	0.00
水费支出	0.00	0.00	0.00
电费支出	0.00	0.00	0.00
油费支出	−0.01	0.00	−0.02
临时员工工资	−0.01	0.00	−0.01
运输费用	−0.08	−0.13	0.00
其他可变费用（如水污染防治费等）	−0.01	0.00	−0.02
单位变动成本	−4.59	−6.03	−2.65
固定员工工资	−0.06	−0.07	−0.05
固定资产折旧	−0.12	−0.12	−0.13
设备维修费	−0.01	−0.02	0.00
利息支出	−0.02	0.00	−0.03
其他固定费用	−0.59	−0.90	−0.16
土地租金	0.00	0.00	0.00
单位固定成本	−0.80	−1.11	−0.38
单位总成本	−5.39	−7.14	−3.02

5.7 存在的问题

（1）新冠疫情持续，市场行情受挫

国内疫情常态化的趋势，对冷链物流造成了持续性冲击。广西作为卵形鲳鲹的主要养殖地区，养殖者类型以小型养殖户为主，抗风险能力差、资金链脆弱，且其消费市场主要集中于内陆地区，销售渠道受疫情影响较大，以至近两年来卵形鲳鲹价格相对较低。同时，苗种和饲料因运输过程受阻，导致养殖生产成本增加，且燃油价格上升较大，进一步压缩了卵形鲳鲹养殖户的利润。

（2）养殖模式落后，养殖效率较低

近年来卵形鲳鲹深水网箱养殖的占比有所上升，但普通网箱养殖的传统模式依然占据较大比例。普通网箱的建造成本低、养殖规模适中，对小型养殖户较为友好，但从宏观角度来看，其带来的一系列环境问题并不利于产业的可持续发展。一方面，普通网箱的抗风险能力差、水流性差，易造成水体富营养化，引发病虫害等问题，从绿色经济角度来看性价比不高；另一方面，普通网箱产生的废弃物较多，例如广西调研地随处可见的废弃网箱、泡沫垃圾等，对养殖环境造成严重的破坏，不利于行业的可持续发展。

(3) 缺乏技术支持，产业发展受阻

目前卵形鲳鲹苗种的成活率能够达到7～8成，但随着市场逐步回暖，消费者对于产品质量的要求越来越高。近年来卵形鲳鲹优质种苗的培育进度较为缓慢，苗种更新换代率不高，且缺乏优秀带头企业及合理的产业发展制度标准。同时，新型饲料、养殖技术的研发与推广滞后，导致产业的发展缺乏动力。

5.8 对策建议

(1) 加强品牌建设，拓宽销售渠道

积极引导养殖户提升品牌意识，加快区域品牌建设，由地方水产研究院及合作组织牵头，凝聚小型养殖户，引进周边先进养殖经验，保障优质产品供给，提升品牌效应。鼓励养殖户由零散性普通网箱养殖向合作型深水网箱养殖转型，探索互联网带货、电子商务等新型销售方式，多方位拓宽线上线下销售渠道，建立共建、共治、共享的新型深水网箱养殖合作社。

(2) 加大政策扶持力度，培育龙头企业、创新合作机制

加大政府扶持力度，提供资金技术支持，加大对苗种培育企业及优质苗种等技术推广体系建设的扶持力度，推行先进技术研发奖励，鼓励优秀企业及个人做好带头作用。大力扶持培育地方龙头合作组织，优先培育示范型大型深水网箱养殖合作社，以新型多方合作代替个体经营，以品牌效应拓宽销售渠道，打造优质供给、多元协作、市场认同的产业组织，提高产业竞争力及生产效率。

(3) 制定规范发展标准，守住底线、保障权益

建议制订产业规范化发展标准，在守住环境保护红线的同时，确保养殖者养殖用海等基本权益不损害。

⑥ 海鲈鱼养殖产业经济研究①

内容提要

本研究主要反映了 2020 年第四季度以来示范区县海鲈鱼养殖业的养殖面积、季末存量、季度销量、价格变化、成本收益、产业发展问题等情况，并提出了相应的对策建议。

养殖面积： 海鲈鱼养殖体系示范区县模式主要为普通池塘、普通网箱和深水网箱养殖。海鲈鱼普通池塘养殖主要分布在辽宁和广东，普通网箱与深水网箱养殖主要分布在福建。2020 年第四季度至 2021 年第三季度，海鲈鱼总养殖面积和普通池塘养殖面积呈先下降后上升的趋势：2020 年第四季度，海鲈鱼总养殖面积为 4 178.15 万平方米，2021 年第二季度，下降至 2 045.89 万平方米，随后大幅上升，2021 年第三季度，升至 3 847.56 万平方米，环比上升近一倍，同比下降 8.73%，与 2019 年第三季度相比，下降 9.36%；2020 年第四季度，普通池塘养殖面积为 4 001.33 公顷，2021 年第二季度，下降至 1 847.20 公顷，随后大幅上升，2021 年第三季度，升至 3 647.20 公顷，环比增长近一倍，同比下降 9.61%，与 2019 年第三季度相比，下降约 10.12%；普通网箱养殖面积波动较小，保持相对平稳：2020 年第四季度，普通网箱养殖面积为 172.69 万平方米，2021 年第二季度，下降至 172.20 万平方米，2021 年第三季度，升至 173.34 万平方米，环比上升 0.66%，同比上升 0.38%，与 2019 年第三季度相比，下降约 2.13%；深水网箱养殖面积总体呈上升趋势：2020 年第四季度，深水网箱养殖 4.07 万立方米，随后大幅上升，2021 年第三季度，升至 26.95 万立方米，环比上升 1.93%，同比上升两倍多，与 2019 年第三季度相比，上升近五倍。

季末存量： 2020 年第四季度至 2021 年第三季度，海鲈鱼养殖季末存量呈先下降后上升的趋势：2020 年第四季度季末存量为 84 067.50 吨，2021 年第

---

① 撰写人：杨正勇、张英丽、刘蓬、李承晓。

二季度，下降至 55 822.80 吨，随后 2021 年第三季度，上升至 90 465.55 吨，同比下降 14.66%，环比上升 62.06%。平均季末存量为 71 807.34 吨。

季度销量： 2020 年第四季度至 2021 年第三季度，海鲈鱼养殖销量呈下降趋势：2020 年第四季度销量为 66 371.00 吨，2021 年第三季度，下降至 25 724.00 吨，同比下降 32.64%，环比下降 19.62%。平均季度销量为 41 925.80 吨。

价格变化： 2020 年第四季度至 2021 年第三季度，海鲈鱼价格呈先下降再上升，随后再下降的趋势。2020 年 10 月底，海鲈鱼价格为 19.48 元/千克，随后下降至 2021 年 2 月底的 15.60 元/千克，至 2021 年 7 月底，上升至 24.40 元/千克，随后至 2021 年 9 月底，下降至 19.60 元/千克，同比下降 17.92%，环比下降 14.04%，与 2019 年 9 月相比下降约 18.27%。结合 ARMA 模型对海鲈鱼价格进行预测，结果显示，2021 年 10 月至 2022 年 12 月海鲈鱼价格呈现先上升后下降，其后保持平稳的趋势。

养殖成本收益： 根据体系调研团队 2021 年 8 月到 9 月通过线上平台的调研数据，在成本方面，普通池塘养殖的成本最低，单位总成本为 24.03 元/千克；普通网箱养殖的单位总成本为 29.46 元/千克；深水网箱的养殖成本最高，单位总成本为 32.70 元/千克。在收益方面，2021 年普通池塘养殖单位销售价格最低，销售价格为 26.42 元/千克，普通网箱养殖的销售价格为 37.79 元/千克，深水网箱养殖的销售价格为 38.80 元/千克；普通池塘、普通网箱和深水网箱养殖的净利润分别为 2.39 元/千克、8.33 元/千克和 6.10 元/千克，成本利润率分别为 9.90%、28.28% 和 18.65%；销售利润率分别为 9.01%、22.04% 和 15.72%；边际贡献率分别为 16.96%、27.47% 和 34.43%。池塘养殖的成本利润率、销售利润率和边际贡献率远低于网箱养殖。

产业发展问题及对策建议： 目前海鲈鱼的销售虽然在缓慢恢复，但仍受疫情影响，并且存在养殖成本上升、养殖者抗风险能力有待提升、产品附加值不高和产业链仍需进一步完善等问题。针对上述问题，提出如下建议：一是把好质量安全关，走好绿色发展路；二是加强鱼病防治，提高苗种质量；三是多方联合攻关，发展适度规模经济；四是优化产业链，提高产品附加值。

6.1 引言

本研究以国家海水鱼产业技术体系各综合试验站跟踪调查数据为基础，以农业农村部渔业渔政管理局养殖渔情监测系统调研数据为补充，结合产业经济岗位团队调研数据，梳理出体系示范区县海鲈鱼产业发展动态情况，供有关各方参考。本研究描述了体系示范区县海鲈鱼养殖面积变动、存量变动、销量变动、价格变动和成本收益情况等。在数据采集过程中，得到了各综合试验站、相关岗位科学家的帮助与支持，在此一并表示感谢！

6.2 体系示范区县海鲈鱼养殖面积变动情况

6.2.1 体系示范区县海鲈鱼养殖面积情况

根据国家海水鱼产业技术体系各综合试验站跟踪调查数据，体系示范区县海鲈鱼 2019 年第三季度和 2021 年第三季度养殖面积区域分布情况分别如表 6-1 所示。体系示范区县海鲈鱼普通池塘养殖主要分布在辽宁和广东，普通网箱与深水网箱养殖主要分布在福建，工厂化流水养殖仅在山东有分布。2021 年第三季度海鲈鱼养殖面积中，工厂化流水养殖为 0.07 万立方米，与2019 年第三季度相比，下降了 98.70%；普通池塘养殖为 3 647.20 公顷，与2019 年第三季度相比，下降约 10.12%；普通网箱养殖面积约为 173.34 万平方米，与 2019 年第三季度相比，下降约 2.13%；深水网箱养殖面积为 26.95万平方米，与 2019 年第三季度相比，上升近五倍，上升幅度很大。这是由于2020 年我国农业农村部办公厅根据《农业农村部办公厅关于修订国内渔业捕捞和养殖业、远洋渔业油价补贴政策调整实施方案的通知》（农办渔〔2019〕10 号）要求，对深水抗风浪养殖网箱补助标准等有关内容进行了修订，给予了深水网箱养殖相关补贴，以支持深远海绿色养殖的发展。

表 6-1 体系示范区县海鲈鱼 2019 年第三季度和 2021 年第三季度养殖面积分布

| 地区 | 年份 | 第三季度养殖面积 | | | | 所占养殖模式比重 | | | |
		工厂化流水（立方米）	普通池塘（公顷）	普通网箱（万平方米）	深水网箱*（万平方米）	工厂化流水（%）	普通池塘（%）	普通网箱（%）	深水网箱（%）
福建	2019	0.00	0.00	168.89	3.02	0.00	0.00	95.35	63.18
	2021	0.00	0.00	167.64	25.49	0.00	0.00	96.71	94.58
广东	2019	0.00	1 720.00	2.60	0.85	0.00	42.39	1.47	17.78
	2021	0.00	1 546.67	2.40	0.85	0.00	42.41	1.38	3.15

（续）

地区	年份	第三季度养殖面积				所占养殖模式比重			
		工厂化流水（立方米）	普通池塘（公顷）	普通网箱（万平方米）	深水网箱*（万平方米）	工厂化流水（%）	普通池塘（%）	普通网箱（%）	深水网箱（%）
广西	2019	0.00	0.00	2.50	0.00	0.00	0.00	1.41	0.00
	2021	0.00	0.00	0.25	0.00	0.00	0.00	0.14	0.00
辽宁	2019	0.00	2 333.30	0.00	0.00	0.00	57.50	0.00	0.00
	2021	0.00	2 000.00	0.00	0.00	0.00	54.84	0.00	0.00
河北	2019	0.00	0.00	0.00	0.00	0.00	0.00	0.00	0.00
	2021	0.00	100	0.00	0.00	0.00	2.74	0.00	0.00
山东	2019	54 000.00	4.33	0.00	0.60	100.00	0.11	0.00	12.55
	2021	700.00	0.53	0.00	0.00	100.00	0.01	0.00	0.00
浙江	2019	0.00	0.00	3.13	0.31	0.00	0.00	1.77	6.49
	2021	0.00	0.00	3.05	0.61	0.00	0.00	1.76	2.26
合计	2019	54 000.00	4 057.63	177.12	4.78				
	2021	700.00	3 647.20	173.34	26.95				

* 深水网箱以1∶1比例由立方米换算为平方米。

2021年第三季度，体系示范区县普通池塘养殖主要集中在辽宁和广东，辽宁养殖面积为2 000.00公顷，占普通池塘养殖面积的54.84%；广东养殖面积为1 546.67公顷，占普通池塘养殖面积的42.41%。另外，山东也有部分养殖，养殖面积为0.53公顷，占普通池塘养殖面积的0.01%。普通网箱养殖以福建为主，养殖面积为167.64万平方米，占普通网箱养殖面积的96.71%；广东、浙江及广西普通网箱养殖面积分别为2.40万平方米、3.05万平方米及0.25万平方米。深水网箱养殖同样以福建为主，养殖面积为25.49万平方米，占深水网箱养殖总面积的94.58%；其次为广东，养殖面积为0.85万平方米，占深水网箱养殖总养殖面积的3.15%；浙江养殖面积仅为0.61万平方米。工厂化流水养殖仅在山东有分布，养殖面积为0.07万立方米。

6.2.2 体系示范区县海鲈鱼养殖面积年际变动情况

体系示范区县海鲈鱼总养殖面积变动情况如图6-1所示。2019年第一季度至2021年第三季度期间，在2019年第三季度，海鲈鱼总养殖面积最高，为

4 244.95 万平方米；2021 年第二季度，总养殖面积最低，为 2 045.89 万平方米。2021 年第三季度，海鲈鱼总养殖面积环比上升近一倍，同比下降 8.73%，与 2019 年第三季度相比下降 9.36%。2019 年第一季度，总养殖面积为 3 101.90万平方米，在第三季度上升至 4 244.95 万平方米，其后开始呈缓慢下降趋势，至 2020 年第二季度，降至 3 902.05 万平方米。其后呈上升趋势，升至 2020 年第三季度的 4 215.72 万平方米，其后海鲈鱼总养殖面积直至 2021 年第二季度一直呈下降趋势，至 2021 年第二季度，降至观测期间的最低点 2 045.89万平方米，随后又大幅上升，2021 年第三季度升至 3 847.56 万平方米。

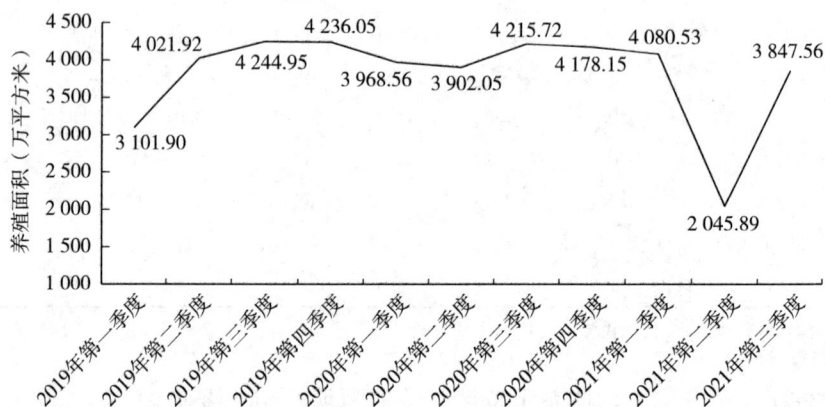

图 6-1　2019 年第一季度—2021 年第三季度体系示范区县海鲈鱼总养殖面积变动情况

　　2019 年第一季度—2021 年第三季度体系示范区县海鲈鱼普通池塘养殖面积变动情况如图 6-2 所示。2019 年第三季度，普通池塘养殖面积最高，为 4 057.63公顷；2021 年第二季度，普通池塘养殖面积最低，为 1 847.20 公顷。2021 年第三季度，普通池塘养殖面积环比增长近一倍，同比下降 9.61%。2019 年第一季度，海鲈鱼普通池塘养殖面积较低，为 2 920.00 公顷，随后自 2019 年第二季度至 2021 年第一季度保持相对稳定的状态，养殖面积波动较小。2021 年第二季度，降至观测期间的最低点 1 847.20 公顷，随后大幅上升，2021 年第三季度，升至 3 627.20 公顷。

　　图 6-3 为 2019 年第一季度—2021 年第三季度体系示范区县海鲈鱼普通网箱养殖面积变动情况，普通网箱养殖面积仅次于普通池塘养殖。如图 6-3 所示，2019 年第三季度，海鲈鱼普通网箱养殖面积最高，为 177.11 万平方米；2021 年第二季度普通网箱养殖面积最低，为 172.20 万平方米。2021 年第

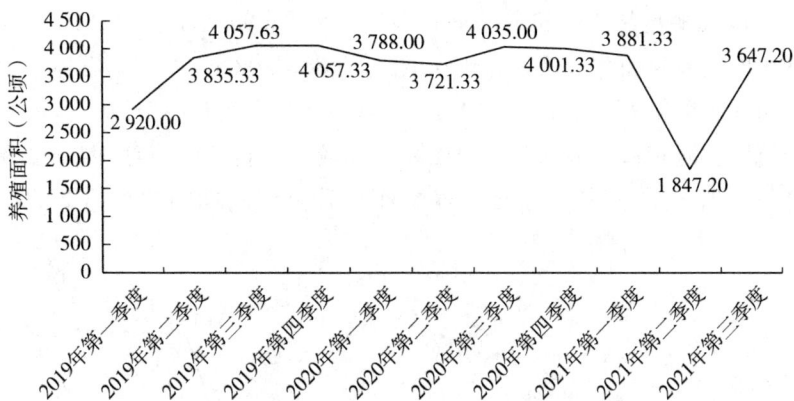

图 6-2　2019 年第一季度—2021 年第三季度体系示范区县
海鲈鱼普通池塘养殖面积变动情况

三季度，体系示范区县海鲈鱼普通网箱养殖面积环比上升 0.66％，同比上升
0.38％。2019 年第一季度至 2021 年第三季度期间，体系示范区县海鲈鱼普通
网箱养殖面积波动较小，保持相对平稳，2019 年第三季度海鲈鱼普通网箱养
殖面积达到峰值后，自 2019 年第三季度开始呈缓慢下降趋势，到 2021 年第二
季度，养殖面积跌至观测期间最低值 172.20 万平方米，随后呈小幅上升趋势，
2021 年第三季度，升至 173.34 万平方米。

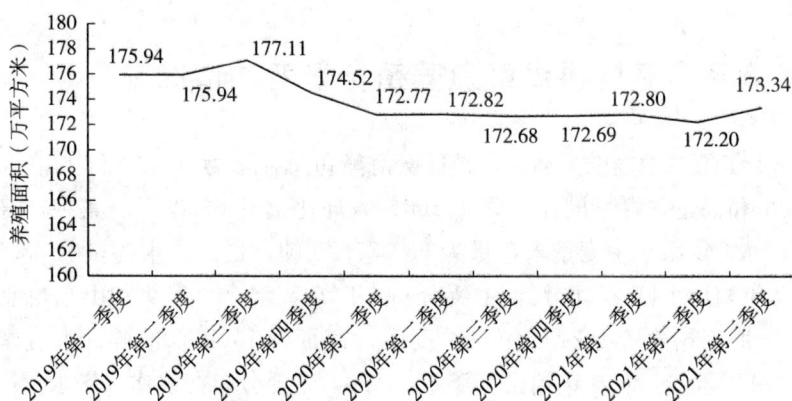

图 6-3　2019 年第一季度—2021 年第三季度体系示范区县
海鲈鱼普通网箱养殖面积变动情况

　　2019 年第一季度—2021 年第三季度体系示范区县海鲈鱼深水网箱养殖面
积变动情况如图 6-4 所示。2019 年第一季度至 2021 年第三季度期间，2021

年第三季度海鲈鱼深水网箱养殖面积最高，为 26.95 万立方米；2020 年第四季度深水网箱养殖面积最低，为 4.07 万平方米。2021 年第三季度体系示范区县海鲈鱼深水网箱养殖面积环比上升 1.93%，同比上升两倍以上。观测期间体系示范区县海鲈鱼深水网箱养殖面积波动较大，自 2020 年第四季度开始呈上升趋势，到 2021 年第三季度，养殖面积升至观测期间的峰值 26.95 万立方米。

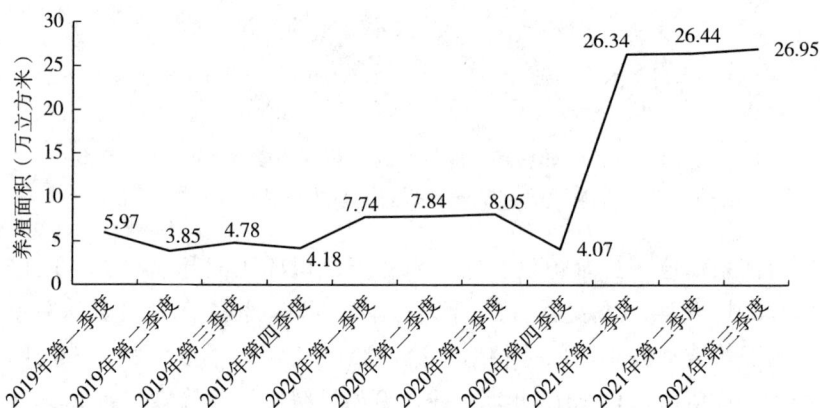

图 6-4 2019 年第一季度—2021 年第三季度体系示范区县
海鲈鱼深水网箱养殖面积变动情况

6.3 体系示范区县海鲈鱼养殖存量变动情况

2021 年第三季度末，体系示范区县海鲈鱼总存量为 90 465.55 吨，主要分布在广东和福建，存量同比下降 14.66%，环比上升 62.06%。其中，普通池塘养殖 2021 年第三季度季末存量为 66 857.75 吨，占总季末存量的 73.90%，与 2019 年相比下降 25.60%，主要分布在广东，辽宁、河北和山东也有少量存量；普通网箱养殖 2021 年第三季度季末存量为 18 463.00 吨，占总季末存量的 20.41%，与 2019 年相比下降 29.81%，主要分布在福建，广东、广西与浙江也有部分存量；深水网箱养殖 2021 年第三季度季末存量为 5 139.30 吨，占总季末存量的 5.68%，与 2019 年相比上升 59.25%，主要分布在福建，广东、广西和浙江也有部分存量；工厂化流水养殖季末存量为 5.50 吨，仅分布在山东，而 2019 年第三季度工厂化流水养殖季末存量为 0。体系示范区县海鲈鱼 2019 年第三季度末及 2021 年第三季度末存量分布如表 6-2 所示。

表 6 - 2　体系示范区县海鲈鱼 2019 年第三季度和 2021 年第三季度季末存量分布

地区	年份	第三季度末存量（吨）				所占养殖模式比重（%）			
		工厂化流水	普通池塘	普通网箱	深水网箱	工厂化流水	普通池塘	普通网箱	深水网箱
福建	2019	0.00	0.00	23 879.82	2 913.80	0.00	0.00	90.78	90.29
	2021	0.00	0.00	16 904.00	5 061.00	0.00	0.00	91.56	98.48
广东	2019	0.00	89 600.00	766.00	309.60	0.00	99.71	2.91	9.59
	2021	0.00	66 700.00	119.00	62.00	0.00	99.76	0.64	1.21
广西	2019	0.00	0.00	320.00	0.00	0.00	0.00	1.22	0.00
	2021	0.00	0.00	460.00	0.00	0.00	0.00	2.49	0.00
辽宁	2019	0.00	260.00	0.00	0.00	0.00	0.29	0.00	0.00
	2021	0.00	120.00	0.00	0.00	0.00	0.18	0.00	0.00
河北	2019	0.00							
	2021		35.00				0.05		
山东	2019	0.00	3.50	0.00	0.00	0.00	0.01	0.00	0.00
	2021	5.50	2.75	0.00	0.00	100.00			
浙江	2019	0.00	0.00	1337.95	3.80	0.00	0.00	5.09	0.12
	2021	0.00	0.00	980.00	16.30	0.00	0.00	5.31	0.32
合计	2019	0.00	89 863.50	26 303.77	3 227.20				
	2021	5.50	66 857.75	18 463.00	5 139.30				

体系示范区县海鲈鱼季末存量变动情况如图 6 - 5 所示。2019 年第一季度到 2021 年第三季度体系示范区县海鲈鱼季末存量变化幅度较大，季末存量整体为先升后降，其后再升后降再升，呈波动变化趋势。2019 年第一季度季末存量较低，然后呈上升趋势，并在 2019 年第三季度达到峰值，之后存量下滑，自 2020 年第一季度开始上升，到 2020 年第三季度再次形成高峰，随后存量继续下滑，到 2021 年第二季度跌至季末存量最低值，至 2021 年第三季度呈大幅上升趋势。

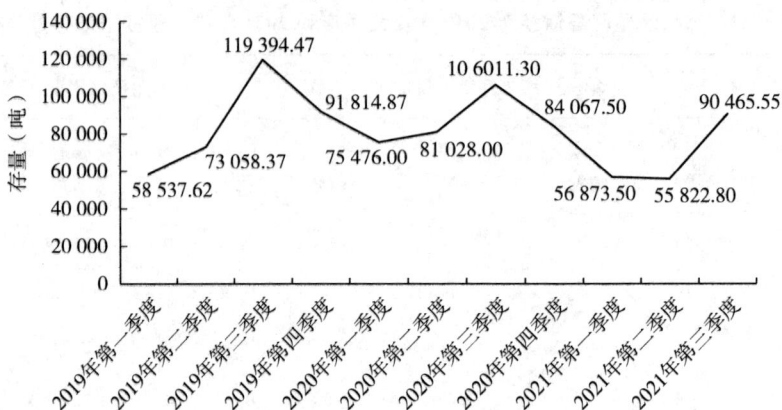

图 6-5 2019年第一季度—2021年第三季度体系示范区县海鲈鱼存量变动情况

6.4 体系示范区县海鲈鱼养殖销量变动情况

2021年第三季度，体系示范区县海鲈鱼销量为 25 724.00 吨，同比下降 32.64%，环比下降 19.62%，主要分布在广东和福建。其中，普通池塘养殖 2021年第三季度销量为 20 610.00 吨，占总季度销量的 80.12%，与 2019年 相比上升一倍以上，主要分布在广东，河北和山东也有少量销量；普通网箱养殖季度销量为 3 947.00 吨，占总季度销量的 15.34%，与 2019年相比下降 45.81%，主要分布在福建，广东与浙江也有部分销量；深水网箱养殖季度销量为 1 167.00 吨，占总季度销量的 4.54%，与 2019年相比上升 67.58%，主要分布在福建，广东也有部分销量。体系示范区县海鲈鱼 2019年第三季度及 2021年第三季度销量分布如表 6-3 所示。

表 6-3 体系示范区县海鲈鱼 2019 年第三季度和 2021 年第三季度销量分布

地区	第三季度销量（吨）						所占养殖模式比重（%）					
	普通池塘		普通网箱		深水网箱		普通池塘		普通网箱		深水网箱	
	2019年	2021年	2019年	2021年	2019年	2021年	2019年	2021年	2019年	2021年	2019年	2021年
福建	0.00	0.00	7 053.00	3 873.00	617.00	1 148.00	0.00	0.00	96.84	98.13	88.60	98.37
广东	8 400.00	20 600.00	190.00	36.00	68.40	19.00	99.61	99.95	2.61	0.91	9.82	1.63
辽宁	30.00	0.00	0.00	0.00	0.00	0.00	0.36	0.00	0.00	0.00	0.00	0.00
河北	0.00	5.00	0.00	0.00	0.00	0.00	0.00	0.02	0.00	0.00	0.00	0.00

（续）

地区	第三季度销量（吨）						所占养殖模式比重（%）					
	普通池塘		普通网箱		深水网箱		普通池塘		普通网箱		深水网箱	
	2019年	2021年	2019年	2021年	2019年	2021年	2019年	2021年	2019年	2021年	2019年	2021年
山东	3.00	5.00	0.00	0.00	11.00		0.04	0.02	0.00	0.00	1.58	0.00
浙江	0.00	0.00	40.00	38.00	0.00	0.00	0.00	0.00	0.55	0.96	0.00	0.00
合计	8 433.00	20 610.00	7 283.00	3 947.00	696.40	1 167.00						

体系示范区县海鲈鱼季度销量变动情况如图6-6所示。2019年第一季度到2021年第三季度体系示范区县海鲈鱼季度销量波动幅度较大，季度销量整体为先下降后上升，到达第一个峰值，其后再下降后上升，到达第二个峰值后呈下降趋势，总体呈波动变化趋势。2019年第一季度销量较低，其后继续呈下降趋势，至2019年第三季度跌至季度销量最低值。然后呈上升趋势，并在2019年第四季度达到观测期间的峰值，之后销量下滑至2020年第二季度后开始上升，到2020年第四季度再次形成高峰，随后季度销量直至2021年第三季度一直呈下降趋势。

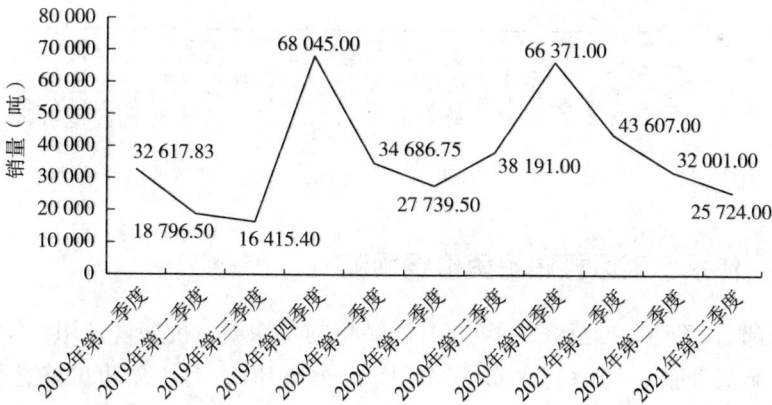

图6-6 2019年第一季度—2021年第三季度体系示范区县海鲈鱼销量变动情况

6.5 体系示范区县海鲈鱼价格变动情况

6.5.1 体系示范区县海鲈鱼价格波动趋势

数据来自国家海水鱼产业技术体系产业经济数据库。2021年9月，海鲈鱼出池价格为 19.60 元/千克，环比下降 14.04%，同比下降 17.92%，与年初价格相比上升约 21.87%，与 2019 年 9 月相比下降约 18.27%。近两年价格变动趋势如图 6-7 所示，海鲈鱼出池价格呈现波动趋势。2019 年 9 月至 10 月海鲈鱼出池价格呈现持续上升趋势，2019 年 10 月，升至观测期间的最高值 25.17 元/千克；2019 年 10 月至 2020 年 8 月呈现先下降再上升的趋势。2020 年 8 月之后价格呈下跌趋势，2021 年 2 月价格下跌至观测期间的最低值 15.60 元/千克，之后价格一路上涨至 2021 年 7 月的 24.40 元/千克，2021 年 7 月至 9 月价格呈下降趋势。每年的 10—11 月为海鲈鱼的盛渔期，短期内海鲈鱼供给量上升，而市场需求保持相对稳定，导致价格在此期间有所下降。至次年 2—3 月，海鲈鱼的产量有所下降，所以又导致价格的回升。

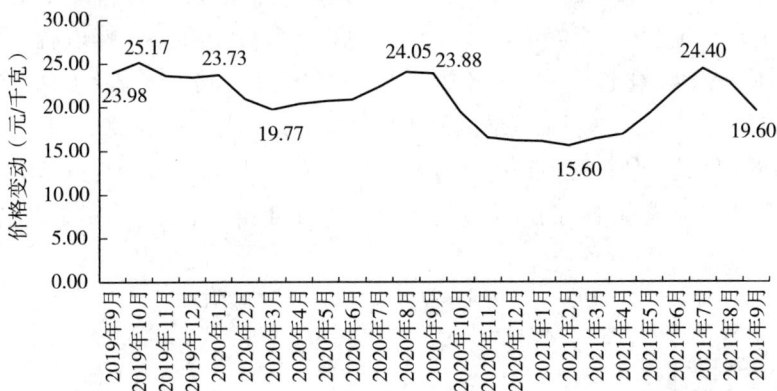

图 6-7　2019 年 9 月—2021 年 9 月体系示范区县海鲈鱼价格变动情况

6.5.2　体系示范区县海鲈鱼价格预测

结合 2017 年 1 月至 2021 年 9 月海鲈鱼的平均塘边价格，采用 ARMA 模型对海鲈鱼之后 15 个月（2021 年 10 月至 2022 年 12 月）塘边价格进行预测（图 6-8）。如图所示，2021 年 10 月至 2022 年 12 月与往年海鲈鱼塘边价格波动趋势相似，呈现先上升后下降的趋势，峰值出现在每年的 6—9 月。预测结果显示，2021 年 10 月至 2022 年 6 月价格总体呈上升趋势，依次为 17.77 元/千克、17.74 元/千克、18.58 元/千克、18.29 元/千克、19.37 元/千克、20.05 元/千克、20.31 元/千克、20.80 元/千克、22.43 元/千克，上升幅度为 26.22%；2022 年 7 月至 2022 年 9 月价格总体呈小幅下降趋势，依次为 22.25 元/千克、20.42 元/千克、19.11 元/千克，下降幅度达到 14.11%；2022 年 10 月至 12

月价格又呈小幅上升趋势，但上升幅度不大，基本维持在 19.30 元/千克至
19.90 元/千克之间。

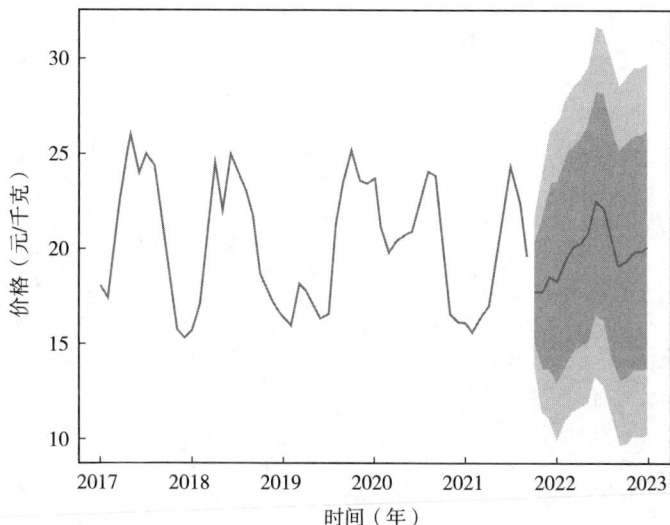

图 6-8 海鲈鱼价格预测模型

根据海鲈鱼季末存量和销量的变动情况来看（图 6-5、图 6-6），海鲈鱼
2021 年第一季度和第二季度的季末存量保持相对平稳，但销量有所下降，并
且季末存量高于销量。结合前文海鲈鱼价格预测结果可知，2021 年 10 月至
2022 年 12 月海鲈鱼价格呈现先上升后下降的趋势，因此 2021 年 10 月至 2022
年 6 月海鲈鱼价格升高时，可通过适当增加养殖产量来保持海鲈鱼的收益不变
或有所增加；2022 年 7 月至 2022 年 12 月价格总体呈小幅下降趋势或变化幅
度不大时，可以维持或适当增加养殖产量来维持收益。

6.6 体系示范区县海鲈鱼养殖效益情况

6.6.1 成本收益分析

（1）成本分析

产业经济岗位调研团队于 2021 年 8 月到 9 月通过线上平台对福建福鼎与
广东珠海多个养殖者及养殖企业进行问卷调研，由调研数据核算出的 2019 年
和 2021 年海鲈鱼养殖成本投入构成情况如表 6-4 所示。普通池塘养殖、普通
网箱养殖和深水网箱养殖三种不同养殖模式下，普通池塘养殖的成本最低，2021

表 6-4 2019 年和 2021 年海鲈鱼不同养殖模式的成本构成

项目	普通池塘 金额（元/千克）		普通池塘 各项费用在总成本中占比（%）		普通网箱养殖 金额（元/千克）		普通网箱养殖 各项费用在总成本中占比（%）		深水网箱养殖 金额（元/千克）		深水网箱养殖 各项费用在总成本中占比（%）	
	2019 年	2021 年	2019 年	2021 年	2019 年	2021 年	2019 年	2021 年	2019 年	2021 年	2019 年	2021 年
鱼苗支出	1.28	0.84	7.55	3.51	1.15	0.38	4.40	1.29	3.06	0.24	13.31	0.73
饲料支出	11.17	18.61	65.86	77.43	19.33	26.41	74.03	89.65	13.90	24.04	60.46	73.51
渔药支出	0.37	0.47	2.18	1.96	0.00	0.01	0.00	0.03	0.00	0.05	0.00	0.15
水费支出	0.00	0.00	0.00	0.00	0.00	0.02	0.00	0.07	0.00	0.004	0.00	0.01
电费支出	2.31	1.93	13.62	8.03	0.03	0.05	0.11	0.17	0.01	0.09	0.04	0.28
煤费支出	0.00	0.00	0.00	0.00	0.33	0.01	1.26	0.03	0.46	0.14	2.00	0.43
临时员工工资	0.21	0.09	1.24	0.37	0.27	0.17	1.03	0.58	0.42	0.39	1.83	1.19
运输费用	0.00	0.004	0.00	0.02	0.12	0.29	0.46	0.98	0.00	0.18	0.00	0.55
其他可变费用	0.00	0.00	0.00	0.00	0.00	0.07	0.00	0.24	0.00	0.31	0.00	0.95
单位可变动成本	15.34	21.94	90.45	91.33	21.23	27.41	81.31	93.04	17.85	25.44	77.64	77.82
固定员工工资	0.21	1.00	1.24	4.16	2.19	0.86	8.39	2.92	2.86	1.75	12.44	5.35
固定资产折旧	0.36	0.54	2.12	2.25	1.13	0.76	4.33	2.58	1.52	5.04	6.61	15.41
设备维修费用	0.15	0.03	0.88	0.12	1.03	0.23	3.94	0.78	0.57	0.08	2.48	0.24
利息费用	0.00	0.04	0.00	0.17	0.53	0.18	2.03	0.61	0.15	0.11	0.66	0.34
其他固定费用	0.00	0.01	0.00	0.04	0.00	0.00	0.00	0.00	0.00	0.27	0.00	0.83
水域租金	0.90	0.47	5.31	1.96	0.00	0.02	0.00	0.07	0.04	0.01	0.17	0.03
单位固定成本	1.62	2.09	9.55	8.70	4.88	2.05	18.69	6.96	5.14	7.26	22.36	22.17
单位总成本	16.96	24.03			26.11	29.46			22.99	32.70		

年单位总成本为24.03元/千克，而2019年普通池塘养殖的单位总成本为16.96元/千克，成本上升了约41.69%；普通网箱养殖的成本介于池塘养殖和深水网箱养殖之间，2021年单位总成本为29.46元/千克，2019年普通网箱养殖的单位总成本为26.11元/千克，上升了约12.83%；深水网箱的养殖成本最高，2021年单位总成本为32.70元/千克，2019年深水网箱养殖的单位总成本为22.99元/千克，上升了约42.24%。并且与2019年相比，三种养殖模式的单位饲料支出都有所增加，普通池塘养殖的饲料支出从11.17元/千克增加至18.61元/千克，增加了66.61%；普通网箱养殖的饲料支出从19.33元/千克增加至26.41元/千克，增加了36.63%；深水网箱养殖的饲料支出从13.90元/千克增加至24.04元/千克，增加了72.95%。这是由于饲料的原材料成本上升，导致养殖者饲料购买支出增加。

与2019年相比，2021年普通池塘养殖的单位变动成本增加了43.02%，单位固定成本增加了29.01%，单位总成本增加了41.69%；普通网箱养殖的单位变动成本增加了29.11%，单位固定成本降低了57.99%，单位总成本增加了12.83%；深水网箱养殖的单位变动成本增加了42.52%，单位固定成本增加了41.25%，单位总成本增加了42.24%。

通过以上统计分析可知，在2021年养殖生产投入成本构成中，饲料支出在普通池塘、普通网箱和深水网箱养殖中占比最高，分别为77.43%、89.65%和73.51%，从而可知，海鲈鱼养殖成本的变动主要取决于饲料费用的变动。其次，鱼苗支出在普通池塘、普通网箱和深水网箱养殖中分别占总成本的3.50%、1.29%和0.73%。电费支出在普通池塘、普通网箱和深水网箱养殖中分别占总成本的8.03%、0.17%和0.28%，差别较大，原因在于海鲈鱼池塘养殖多为高密度养殖，需要持续开增氧机以满足养殖要求。水费支出在海鲈鱼养殖过程中非常少，这是因为海鲈鱼的养殖为海水养殖，所以水费支出基本为0。并且通过分析可知，海鲈鱼养殖成本的变动主要取决于饲料费用的变动。其次，变动成本在总成本中所占的比例明显高于固定成本。

池塘养殖成本低于网箱养殖成本，原因主要在于：①池塘养殖模式下海鲈鱼的养殖周期一般为10~12个月，而网箱养殖周期通常在18个月，池塘养殖周期短；②池塘养殖采用的是固体饲料，网箱养殖主要依赖于新鲜饵料。固体饲料的成本虽然比较高，价格为8~16元/千克不等，但其饵料系数较低，在1.3~2.3区间内浮动；而新鲜杂鱼的成本虽然为3~4.4元/千克，但其饵料系数为6~8。

（2）收益分析

表6-5为2019年和2021年海鲈鱼养殖的收益分析。从表6-5可知，2021年普通池塘养殖海鲈鱼单位销售价格最低，销售价格为26.42元/千克，普通网箱的销售价格为37.79元/千克，深水网箱的销售价格为38.80元/千克；普通池塘、普通网箱和深水网箱养殖的净利润分别为2.39元/千克、8.33元/千克和6.10元/千克，成本利润率分别为9.90％、28.28％和18.65％；销售利润率分别为9.01％、22.04％和15.72％；边际贡献率分别为16.96％、27.47％和34.43％。池塘养殖的成本利润率、销售利润率和边际贡献率远低于网箱养殖。

表6-5　2019年和2021年海鲈鱼养殖收益分析

养殖模式	总成本（元/千克）		净利润（元/千克）		成本利润率（％）		销售利润率（％）		边际贡献率（％）	
	2019年	2021年	2019年	2021年	2019年	2021年	2019年	2021年	2019年	2021年
普通池塘	16.96	24.03	1.69	2.39	10.03	9.90	9.12	9.01	17.75	16.96
普通网箱	26.11	29.46	18.90	8.33	72.39	28.28	41.99	22.04	52.83	27.47
深水网箱	22.99	32.70	22.01	6.10	95.74	18.65	48.91	15.72	60.33	34.43

结合2019年相应的数据可知，三种养殖模式2021年的成本较2019年均有所增加，分别增加了41.69％、12.83％和42.24％；普通池塘养殖的净利润有所增加，增加了41.42％，而普通网箱养殖和深水网箱养殖的净利润有所降低，分别降低了55.93％和72.29％。三种养殖模式的成本利润率、销售利润率和边际贡献率均有所降低。

6.6.2　不确定性分析

（1）盈亏平衡分析

表6-6为2021年海鲈鱼不同养殖模式下的盈亏平衡分析，具体来看，海鲈鱼普通池塘养殖、普通网箱养殖和深水网箱养殖的安全边际率分别为53.25％、80.06％和45.28％，安全边际率相对较高，说明在价格要素保持相对稳定的情况下，海鲈鱼养殖出现经营亏损的可能性较小。盈亏平衡作业率反映的是生产周期内产业的盈亏平衡产量与实际销售产量的比率，该比率越低对养殖个体越有利，海鲈鱼普通池塘养殖、普通网箱养殖和深水网箱养殖的盈亏平衡作业率分别为46.75％、19.94％和54.72％，由此可以看出，三种养殖模式中，普通网箱养殖的盈亏平衡作业率最低，对于养殖者最有利。

表 6-6　2021 年海鲈鱼不同养殖模式的盈亏平衡分析

项目	普通池塘养殖	普通网箱养殖	深水网箱养殖
盈亏平衡产量（千克）	784 892.51	250 212.70	603 074.04
实际销售产量（千克）	1 679 000.00	1 254 875.00	1 102 150.00
安全边际量（千克）	894 107.49	1 004 662.30	499 075.96
安全边际率（%）	53.25	80.06	45.28
盈亏平衡作业率（%）	46.75	19.94	54.72
盈亏平衡价格（元/千克）	24.03	29.46	32.70
销售价格（元/千克）	26.42	37.79	38.80
销售价格与盈亏平衡价格之差（元/千克）	2.39	8.33	6.10

（2）敏感性分析

表 6-7 为 2019 年和 2021 年海鲈鱼养殖的敏感性分析。表明了不同影响因素对净利润的敏感系数以及以 1% 影响程度为例的具体变化分析。从表 6-7 可知，2021 年普通池塘养殖、普通网箱和深水网箱养殖中销售价格的敏感系数均为正值，单位变动成本和单位固定成本及其组成部分均为负值，表明销售价格的上涨，会显著提高养殖者的利润，而成本的上涨，则降低养殖者的利润。尤其是饲料在单位变动成本中占比重较大，在各种变动成本影响因素下，饲料支出的敏感系数最高。普通池塘养殖、普通网箱养殖和深水网箱养殖模式下，单位变动成本每下降 1%，养殖者利润将分别增加 9.22%、3.29% 和 4.24%，其中饲料支出每增加 1% 会使利润分别下降 7.82%、3.17% 和 4.01%；销售单价每上涨 1%，养殖者利润分别增加 11.10%、4.54% 和 6.45%。对比不同养殖模式的敏感系数发现，普通网箱销售价格的敏感系数最低，普通池塘养殖销售价格的敏感系数最高。

表 6-7　2019 年和 2021 年海鲈鱼不同养殖模式的敏感系数（变动 1%）

项目	普通池塘		普通网箱		深水网箱	
	2019 年	2021 年	2019 年	2021 年	2019 年	2021 年
销售价格	10.96	11.10	7.07	4.54	2.04	6.45
鱼苗支出	−0.75	−0.35	−0.06	−0.05	−0.14	−0.04
饲料支出	−6.56	−7.82	−1.00	−3.17	−0.63	−4.01

（续）

项目	普通池塘		普通网箱		深水网箱	
	2019 年	2021 年	2019 年	2021 年	2019 年	2021 年
渔药支出	−0.22	−0.20	0.00	0.00	0.00	−0.01
水费支出	0.00	0.00	0.00	0.00	0.00	0.00
电费支出	−1.35	−0.81	0.00	−0.01	0.00	−0.02
煤费支出	0.00	0.00	−0.02	0.00	−0.02	−0.02
临时员工工资	−0.12	−0.04	−0.01	−0.02	−0.02	−0.06
运输费用	0.00	0.00	−0.01	−0.03	0.00	−0.03
其他可变费用	0.00	0.00	0.00	−0.01	0.00	−0.05
单位变动成本	−9.01	−9.22	−1.09	−3.29	−0.81	−4.24
员工工资	−0.12	−0.42	−0.11	−0.10	−0.13	−0.29
固定资产折旧	−0.21	−0.23	−0.06	−0.10	−0.07	−0.84
设备维修	−0.09	−0.01	−0.05	−0.03	−0.03	−0.01
利息费用	0.00	−0.02	−0.03	−0.02	−0.01	−0.02
其他固定费用	0.00	0.00	0.00	0.00	0.00	−0.04
水域租金	−0.53	−0.20	0.00	0.00	0.00	0.00
单位固定成本	−0.95	−0.88	−0.25	−0.25	−0.23	−1.21
单位总成本	−9.96	−10.10	−1.35	−3.54	−1.04	−5.45

对比不同养殖模式的敏感系数，并结合 2019 年相应的数据可以发现，三种养殖模式中销售价格的敏感系数均为正，普通池塘养殖销售价格的敏感系数在三种养殖模式中处于最高，三种养殖模式中饲料支出的敏感系数也较高。和 2019 年相比，三种养殖模式 2021 年饲料支出的敏感系数较 2019 年均有所降低，普通池塘养殖的饲料敏感系数从 −6.56 降低到 −7.82；普通网箱养殖的饲料敏感系数从 −1.00 降至 −3.17；深水网箱养殖的饲料敏感系数从 −0.63 降至 −4.01。并且 2021 年普通池塘养殖的价格敏感系数从 10.96 升高至 11.10；普通网箱养殖的价格敏感系数从 7.07 降至 4.54；深水网箱养殖的价格敏感系数从 2.04 升至 6.45。2021 年三种养殖模式单位总成本的敏感系数也均有所降低，普通池塘养殖的单位总成本的敏感系数从 −9.96 降至 −10.10；普通网箱养殖单位总成本的敏感系数从 −1.35 降至 −3.54；深水网箱养殖单位总成本的敏感系数从 −1.04 升至 −5.45。

6.7 存在的问题

（1）销售缓慢恢复，但仍受疫情影响

2020年新冠肺炎疫情的暴发给我国各行各业均带来了不同程度的影响，我国经济遭受了前所未有的巨大冲击。同时也给我国水产养殖行业造成了较大影响，复工延迟、生产成本上升，降低了养殖者的利润空间。如今疫情防控呈常态化趋势，疫情所带来的影响还在继续。通过前文分析可知，2020年底至2021年第一季度海鲈鱼的销量和销售价格一直呈下降趋势，表明疫情带来的影响并没有完全消除，劳动力成本上升，利润空间下降。当市场需求不高时，单位销售价格也较低，进而影响养殖者的净利润，养殖者生产积极性也随之降低。

（2）苗种问题应受到高度关注

斗门是海鲈鱼养殖比较集中的区域。但调研发现此地养殖者的鱼苗来源几乎都是购买的外地种苗。一些养殖者反映，部分鱼苗的成活率较低，死亡率较高。并且苗种多代繁育容易导致鱼苗成活率降低、抗病力减弱等问题，这些问题也会对海鲈鱼产业的发展造成一定影响。因苗种价格逐年攀升，养殖成本也不断增加，这就导致许多养殖者为降低成本，扩大养殖密度，这可能造成养殖过程中的缺氧及水质变差，伴随而来的是病害的不断增加。同时苗种质量降低也会导致鱼苗疾病增多，养殖者缺少疾病的防控方法，渔药的投入量缺乏针对性，养殖损耗率较高。

（3）养殖成本上升，养殖者抗风险能力有待提升

通过调研，在海鲈鱼养殖的各项成本中，饲料成本占比最大，饲料支出占到总成本的 75%～85%，并且饲料成本的敏感系数在各养殖成本中最高，因此控制饲料成本是控制养殖成本的关键，对提高养殖者的经济效益至关重要。随着原料价格的上涨，饲料购买价格也较往年有所增加，并且部分养殖者指出饲料的品质在下降，这直接影响了海鲈鱼的养殖成本。海鲈鱼养殖利润的各影响因素中，销售价格的敏感系数最高，表明海鲈鱼的养殖利润容易受市场价格的影响。另外，海鲈鱼养殖中存在一些规模较小的养殖者，其抵抗市场风险的能力仍有待提升，一旦受到市场冲击，则极易导致滞销，有很高的资金链断裂风险。

（4）产品附加值不高，产业链仍需进一步完善

海鲈鱼的加工、流通及其服务业市场培育仍有待加强，并且养殖者的专业

化生产程度仍有提高的空间。调研发现，整体而言，养殖者中仅有一部分加入了合作社等产业组织。然而即便加入，也同样认为加入产业链组织对促进生产的作用不大。同时值得关注的是，目前我国能进行海鲈鱼深加工的规模化企业并不多，海鲈鱼的加工环节占比较小，并且以初级加工产品为主，仍需进一步加强系列产品开发与优势品牌的建设。

6.8 对策建议

(1) 把好质量安全关，走好绿色发展路

消费者的食品安全意识在疫情暴发后大幅提升，对绿色水产品等高质量产品的需求也进一步扩大，对水产养殖者来说是一个重要契机，也给水产行业的进一步发展提供了机遇。这就要求海鲈鱼养殖者在养殖的过程中注重养殖过程的安全性，真正提升水产品质量，走绿色发展道路，创造出真正安全、高质量的产品。走良性发展的道路，不仅能促进海鲈鱼产业的发展，同时能为整个水产品行业产业链的协同发展起到推动作用。

(2) 加强鱼病防治，提高苗种质量

由于池塘的养殖容量有限，在一定范围内，池塘苗种的放养量与经济效益成正比，但超过池塘的最大载鱼量后，盲目增大苗种的放养量往往会得不偿失。并且鱼病的暴发与水质的好坏也有很大关系，水质较好的池塘，鱼的发病率和死亡率都较低，即使发病，死亡数量也比较少，能得到较好的控制。基于此，建议首先加强鱼病研究投入，研发针对性药物攻克相关疾病，并对养殖者进行鱼病防治的培训，提高鱼苗的养殖成活率；其次，在养殖过程中，坚持"以防为主，防治结合"的生态养殖原则，通过调整养殖密度，保持良好的养殖水质环境，从一定程度上减缓缺氧及水质恶化问题；同时对海鲈鱼实行标准化养殖，确保合理使用药物，制定合理的投喂计划，严禁违禁药品的使用，加强对渔药销售过程中的监督管理，严格执行苗种引进检疫与消毒工作。

(3) 多方联合攻关，发展适度规模经济

基于养殖成本不断上升的现状，建议科研院所及高校与企业进行联合，建立产、学、研科研支撑体系，加强对养殖者的技术培训，实现成鱼养殖科学化投料，保证饲料投喂的有效程度，从而降低养殖饵料成本，探索海鲈鱼养殖的"适度规模效益"养殖模式。对于产业集聚水平较高的区域（比如斗门），在养殖尾水处理环节，建议开展集中治理，以获取规模效益。

（4）优化产业链，提高产品附加值

在构建"龙头企业＋基地＋养殖者"联合体过程中，建议进一步完善利益链接机制。建议在产业集聚程度比较高的区域，强化苗种本地化供给水平；同时，通过打造产业文化节、构建网络销售平台、市场的差异化开发等手段，加强品牌建设与市场开发。建议加大对精深加工产品的研发力度，积极推进技术改革，引进新工艺、新设备，改善疫情常态化导致的劳动力不足、用工状况不稳定等问题，促进产业向节能、高效、环保的方向发展。

⑦ 河鲀养殖产业经济研究①

内容提要

本研究主要反映了 2020 年第四季度以来示范区县河鲀养殖业的养殖面积、季末存量、季度销量、价格变化、成本收益、产业发展问题等情况，并提出了相应的对策建议。

养殖面积： 体系示范区县的暗纹东方鲀养殖主要以普通池塘养殖为主，分布在江苏和广东地区。2021 年第三季度暗纹东方鲀养殖面积 4 450 亩，比 2019 年同期下降 4.59%，比 2020 年同期下降 39.73%。其中广东 4 000 亩，江苏 450 亩。红鳍东方鲀工厂化循环水养殖模式主要分布在辽宁、河北和天津，普通池塘养殖模式主要分布在河北和辽宁，而普通网箱养殖模式主要分布在山东。其他河鲀主要是在辽宁以工厂化流水模式养殖和福建以普通池塘养殖模式养殖。

季末存量： 根据体系示范区县跟踪数据，河鲀养殖在 2021 年第三季度末的存量为 5 424.04 吨，分别比 2019 年和 2020 年同期增加 44.24% 和 20.36%，比同年第二季度增加 36.10%。

季度销量： 2021 年第三季度体系示范区县河鲀总销量为 2 410.50 吨，比 2019 年同期增加 12.74%，比 2020 年同期减少 13.64%，与上季度环比增加 8.71%。

价格变化： 第一，2019 年 9 月以前，红鳍东方鲀出池价格基本保持稳定且明显高于暗纹东方鲀出池价格，价格分别维持在 100 元/千克和 60 元/千克左右；第二，2019 年第四季度红鳍东方鲀价格和暗纹东方鲀价格均有大幅度上涨，与年末水产品价格普遍上涨有一定关系；第三，2020 年以来，受到疫情影响，红鳍东方鲀和暗纹东方鲀的价格均有大幅度下降，但呈现出不同的波动趋势。在 2020 年下半年疫情稳定后，暗纹东方鲀价格轻微下降后逐渐反弹，

---

① 撰写人：杨正勇、张英丽、张迪。

红鳍东方鲀价格反而下降，2021年9月的价格分别是60元/千克和80元/千克，预测未来3个月的价格，暗纹东方鲀和红鳍东方鲀的价格将分别稳定在60元/千克和90元/千克，但前者可能略有下降，后者可能略有增加。根据当前客观条件，该价格趋势将持续至2022年12月。

养殖成本收益：根据调研数据，2021年暗纹东方鲀单位养殖总成本为36.68元/千克，其中单位变动成本为28.14元/千克，占单位总成本的76.72%，单位固定成本为8.54元/千克，占单位总成本的23.28%。红鳍东方鲀养殖平均单位总成本为52.09元/千克，其中单位变动成本为30.97元/千克，单位固定成本为21.12元/千克，分别占比59.45%和40.55%。与2019年相比，暗纹东方鲀与红鳍东方鲀的养殖成本分别增加51.63%和21.96%。从获利能力上看，工厂化养殖暗纹东方鲀和红鳍东方鲀，其利润率均高于其他养殖模式，其中暗纹东方鲀工厂化＋池塘的养殖成本较高，但销售价格也高，所以成本利润率和销售利润率仍是最高的，分别为46.54%和31.76%。红鳍东方鲀工厂化养殖的成本最低而销售价格最高，成本利润率为130%左右，销售利润率超过55%，值得推广该模式。从不确定性分析结果来看，暗纹东方鲀和红鳍东方鲀的市场销售价格比盈亏平衡价格分别高出15.61元/千克和22.91元/千克，养殖者的盈利空间较大，就河鲀养殖的安全边际率来看，暗纹东方鲀的安全边际率都超过60%，说明暗纹东方鲀养殖生产较为稳定，而红鳍东方鲀的安全边际率则波动较大。

产业发展问题及对策建议：河鲀养殖业目前还存在如国内外市场有待进一步开拓、苗种质量退化、苗种价格上涨、养殖成本增加、塘边价格波动较大等问题。为此建议：加大科研投入，改善良种保存技术；提升协会功效，加强河鲀鱼源资质认证；建立沟通机制，加快绿色化转型。

7.1 引言

本研究以国家海水鱼产业技术体系各综合试验站跟踪调查数据为基础，以产业经济岗位团队研究数据为补充，梳理出体系示范区县河鲀产业发展动态情况，供有关各方参考。本研究描述了体系示范区县河鲀养殖面积变动、存量变动、销量变动、价格变动和成本收益情况等。在数据采集过程中，得到了各综合试验站、相关岗位科学家的帮助与支持，在此一并表示感谢！

7.2 体系示范区县河鲀养殖面积变动情况

根据国家海水鱼产业技术体系各示范区县数据（以下简称为体系示范区县数据）统计，河鲀养殖面积较为稳定。

7.2.1 体系示范区县河鲀养殖面积情况

由表 7-1 可知，2021 年第三季度末河鲀养殖面积分布较为集中。暗纹东方鲀的养殖面积 4 450 亩，比 2019 年同期下降 4.59％，比 2020 年同期下降 39.73％。其中，广东河鲀养殖面积 4 000 亩，与 2019 年同期保持一致，比上季度减少 38.46％；江苏河鲀养殖面积 450 亩，比 2019 年同期及上季度均减少 32.23％。红鳍东方鲀主要分布在河北、辽宁和山东。其中，河北养殖红鳍东方鲀主要是普通池塘模式，2021 年第三季度养殖面积 14 795 亩，与上季度保持不变，比 2019 年同期减少 17.69％；山东主要是普通网箱模式，养殖面积维持在 15 000 平方米不变；工厂化循环水、普通池塘和网箱养殖模式在辽宁均有分布。辽宁的工厂化循环水养殖面积 2021 年第二季度为 30 000 立方米，第三季度降至 10 000 立方米，分别与 2019 年同期保持一致；池塘养殖面积 2021 年第二、三季度均为 2 000 亩，分别比 2019 年同期增加 5.26％（第二、三季度面积均为 1 900 亩）；普通网箱养殖面积 2021 年第三季度 50 000 平方米比 2019 年同期增加 25.00％；深水网箱养殖面积维持在 228 000 立方米不变。

表 7-1 体系示范区县河鲀 2021 年第三季度和 2019 年第三季度养殖面积分布

品种	地区	工厂化流水（立方米）		工厂化循环水（立方米）		普通池塘（亩）		普通网箱（平方米）		深水网箱（立方米）	
		2021年	2019年	2021年	2019年	2021年	2019年	2021年	2019年	2021年	2019年
暗纹东方鲀	广东					4 000	4 000				
	江苏					450	664				
红鳍东方鲀	河北					14 795	17 975				
	辽宁			10 000	10 000	2 000	1 900	50 000	40 000	228 000	228 000
	山东							15 000	15 000		
	天津				800						
其他河鲀	福建					50 000	50 000				
	辽宁	10 000	10 000								

此外，根据统计，2019 年第二季度山东工厂化流水养殖暗纹东方鲀 5.4 万立方米，2019 年第一季度河北工厂化流水养殖红鳍东方鲀 3.5 万立方米，随后便没有面积数据统计。其他河鲀主要是在辽宁以工厂化流水模式养殖和福建以普通池塘养殖模式养殖，且养殖面积分别为 10 000 立方米和 50 000 亩，相对稳定。

7.2.2 体系示范区县河鲀养殖面积年际变动情况

从表 7-2 可以看出，2021 年第三季度，暗纹东方鲀普通池塘养殖面积为 4 450 亩，比上季度减少 37.88%，比 2019 年同期减少 4.59%，比 2020 年同期减少 39.73%。红鳍东方鲀 2021 年第三季度工厂化循环水养殖面积为 10 000 立方米，比 2019 年和 2020 年同期分别减少 7.40% 和 36.71%，比上季度下降 66.67%；普通网箱养殖面积 65 000 平方米，比 2019 年同期减少 18.18%，比 2020 年同期和 2021 年 2 季度分别增加 3 倍左右。其中山东普通网箱养殖面积不变，辽宁每年第三季度普通网箱养殖红鳍东方鲀的面积波动较大；深水网箱养殖面积 22.8 万立方米，与以往保持稳定不变。2021 年第三季度，其他河鲀工厂化流水养殖面积和普通池塘养殖面积分别继续维持在 10 000 立方米和 50 000 亩。

将普通网箱养殖面积按照1∶1转化为立方米，将池塘养殖面积按照1∶667转化为平方米，再按照1∶1.5（试验站数据填报人员提供）转化为立方米，绘制 2019 年第一季度至 2021 年第三季度河鲀养殖面积的变动图，如图 7-1 所

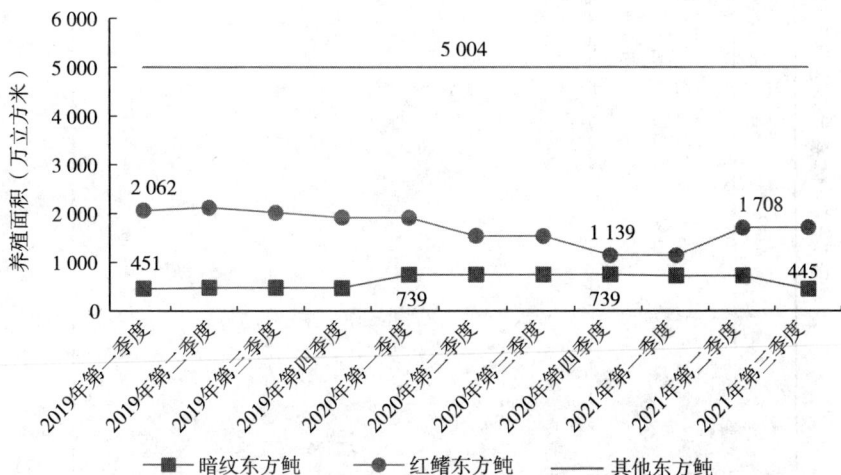

图 7-1　2019 年第一季度—2021 年第三季度体系示范区县河鲀养殖面积变动情况

表7-2 体系示范区县河鲀2021年第三季度不同品种不同养殖模式的养殖面积变动

养殖模式	暗纹东方鲀			红鳍东方鲀			其他河鲀			河鲀合计		
	2021年第三季度养殖面积	同比增幅（%）	环比增幅（%）	2021年第三季度养殖面积	同比增幅（%）	环比增幅（%）	2021年第三季度养殖面积	同比增幅（%）	环比增幅（%）	2021年第三季度养殖面积	同比增幅（%）	环比增幅（%）
工厂化流水（立方米）	0.00			0.00			10 000.00	0.00	0.00	10 000.00	0.00	0.00
工厂化循环水（立方米）	0.00			10 000.00	-36.71	-66.67	0.00			10 000.00	-36.71	-66.67
普通网箱（平方米）	0.00			65 000.00	293.94	333.33	0.00			65 000.00	293.94	333.33
深水网箱（立方米）	0.00			228 000.00	0.00	0.00	0.00			228 000.00	0.00	0.00
普通池塘（亩）	4 450.00	-39.73	-37.88	16 795.00	11.21	0.00	50 000.00	0.00	0.00	71 245.00	-1.71	-3.67

示。其他东方鲀的养殖面积最高，维持在 5 000 万立方米左右；其次是红鳍东方鲀，养殖面积从 2019 年第一季度的 2 000 万立方米左右下降至 2020 年第四季度的 1 139 万立方米左右，随后回升至 1 708 万立方米；最后是暗纹东方鲀，养殖面积一直低于 1 000 万立方米，从 2019 年第一季度的 451 万立方米左右增加至 2020 年第一季度的 740 万立方米左右，稳定在 700 万立方米左右至 2021 年第三季度，之后养殖面积又下降至 445 万立方米。

7.3 体系示范区县河鲀养殖存量变动情况

2021 年第三季度各地区跟踪调查区域河鲀养殖季末存量变动情况如表 7-3 所示。河鲀养殖季末总存量为 5 504.04 吨，整体有较大提升，比 2020 年同期增加 20.36%，比 2021 年第二季度增加 36.10%。其中，尽管暗纹东方鲀季末存量呈现明显的季节性变动，第三季度季末存量最高，但 2021 年第三季度的季末存量为 3 550 吨达到了 2019 年以来的最高值，比 2019 年和 2020 年同期分别增加了 2.9 倍和 56.37%，比上季度增加了约 2.63 倍。红鳍东方鲀 2021 年第三季度末存量为 1 179.04 吨，比 2019 年同期减少 35.73%，比 2020 年同期下降 3.05%，比上季度略增 0.44%。其他河鲀季末存量 2021 年第三季度末为 775 吨，比 2019 年和 2020 年同期减少 24.02%，比上季度减少 62.10%，同红鳍东方鲀一样，其他河鲀的养殖周期长，故在不同时期的季末存量会有较大变动。

图 7-2 为体系示范区县河鲀养殖季末存量数据变动图。2019 年第一季度

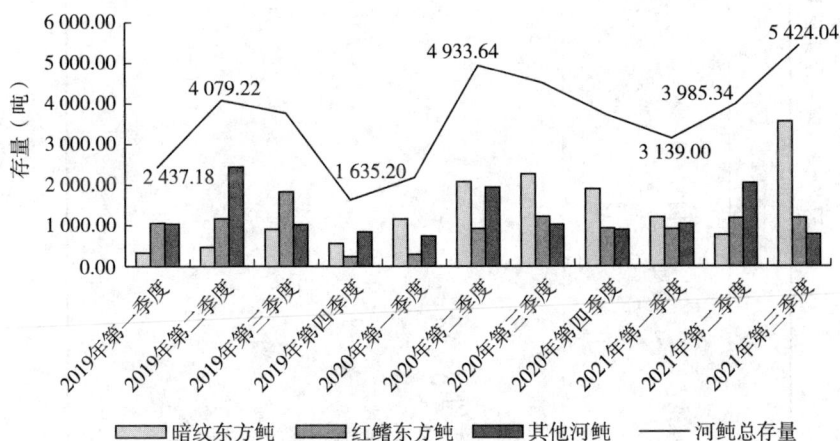

图 7-2　2019 年第一季度—2021 年第三季度体系示范区县河鲀存量变动情况

表7-3 体系示范区县河鲀2021年第三季度不同品种不同养殖模式的季末存量变动

养殖模式	暗纹东方鲀			红鳍东方鲀			其他河鲀			河鲀合计		
	2021年第三季度末存量（吨）	同比增幅（%）	环比增幅（%）	2021年第三季度末存量（吨）	同比增幅（%）	环比增幅（%）	2021年第三季度末存量（吨）	同比增幅（%）	环比增幅（%）	2021年第三季度末存量（吨）	同比增幅（%）	环比增幅（%）
工厂化流水	0.00			0.00			25.00	25.00		25.00	25.00	-44.44
工厂化循环水	0.00			80.00	-55.85	-79.90	0.00			80.00	-100.00	-100.00
普通网箱	0.00			300.00	4.60	5 900.00	0.00			300.00	8.30	5 900.00
深水网箱	0.00			305.00	22.00	-23.75	0.00			305.00	22.00	-23.75
普通池塘	3 550.00	56.37	363.14	494.04	-2.75	33.22	750.00	-25.00	-62.50	4 794.04	26.88	52.81
合计	3 550.00	56.37	363.14	1 179.04	-3.05	0.44	775.00	-24.02	-62.10	5 504.04	20.36	36.10

末河鲀总存量为 2 437.18 吨，之后增加至第二季度的小高峰 4 079.22 吨，随后又下降至第四季度的 1 635.2 吨，2020 年第二季度末存量为 4 933.64 吨，再次达到小高峰，呈现出明显的季度差别。然而，2021 年第二季度末存量增加至 3 985.34 吨后，第三季度末存量继续增加至 5 424.04 吨，分别比 2019 年和 2020 年同期增加 44.24％和 20.36％，比第二季度增加 36.10％，这主要是受到暗纹东方鲀的季末存量增加幅度过大的影响。但总体来看，2019 年第一季度至 2021 年第三季度，河鲀养殖的季末存量在波动中呈现上涨的趋势，季度平均增加率为 8.33％。

7.4 体系示范区县河鲀养殖销量变动情况

2021 年第三季度河鲀总销量为 2 410.50 吨，比 2019 年同期增加 12.74％，比 2020 年同期减少 13.64％，比上季度增加 8.71％，如表 7-4 所示。其中暗纹东方鲀和红鳍东方鲀的销量与 2019 年和 2020 年同期相比变化趋势一致，两者的销量分别为 682.50 吨和 453 吨，比 2019 年同期分别增加 61.92％和 52.73％，比 2020 年同期分别减少 32.91％和 10.14％，分别比二季度增加 2.72％和 38.11％；其他河鲀 2021 年第三季度的销量为 1 275 吨，与往年的销量变动不大，比 2019 年同期减少 10.21％，比 2020 年同期增加 0.39％，比上季度增加 4.08％。

图 7-3 为体系示范区县河鲀销量变动情况，可以发现，河鲀销量的波动

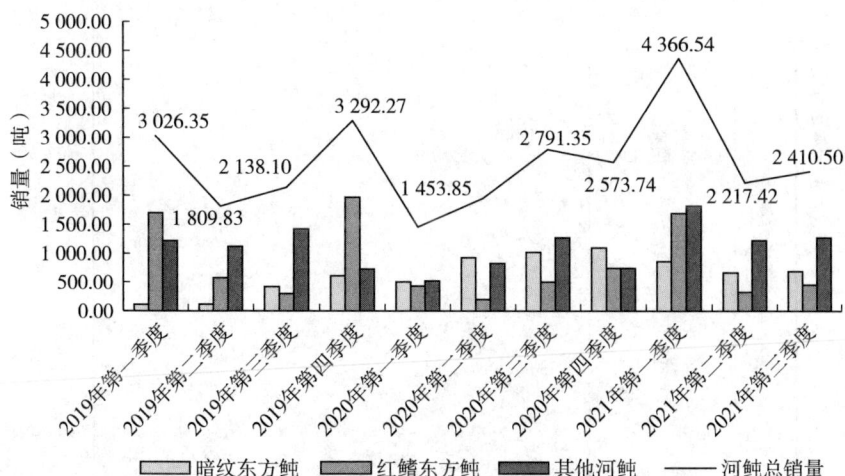

图 7-3 2019 年第一季度—2021 年第三季度体系示范区县河鲀销量变动情况

表7-4 体系示范区县河鲀2021年第三季度不同品种不同养殖模式的销量变动

养殖模式	暗纹东方鲀			红鳍东方鲀			其他河鲀			河鲀合计		
	2021年第三季度销量（吨）	同比增幅（%）	环比增幅（%）	2021年第三季度销量（吨）	同比增幅（%）	环比增幅（%）	2021年第三季度销量（吨）	同比增幅（%）	环比增幅（%）	2021年第三季度销量（吨）	同比增幅（%）	环比增幅（%）
工厂化流水	0.00			0.00			25.00	25.00	0.00	25.00	25.00	0.00
工厂化循环水	0.00			35.00	-68.21	-85.42	0.00			35.00	-68.21	-85.42
普通网箱	0.00			58.00	35.20	1 833.33	0.00			58.00	314.29	1 833.33
深水网箱	0.00			240.00	84.62	182.35	0.00			240.00	84.62	182.35
普通池塘	682.50	-32.91	2.72	120.00	-52.00		1 250.00	0.00	4.17	2 052.50	-18.46	10.09
合计	682.50	-32.91	2.72	453.00	-10.14	38.11	1 275.00	0.39	4.08	2 410.50	-13.64	8.71

趋势较为明显。具体来看，2019年河鲀总销量先由第一季度的3 026.35吨降至第二季度的1 809.83吨，随后升至同年第四季度的3 292.27吨。2020年新冠肺炎疫情的暴发对河鲀养殖造成较大冲击，2020年第一季度河鲀销量迅速降至1 453.85吨，随着国内疫情防控形势逐渐向好，2020年第二季度开始河鲀销量逐步回升，并于同年第三季度达到2 791.35吨，随后降至第四季度的2 573.74吨。2021年第一季度河鲀销量达到观测期间最高值（4 366.54吨），同年第二季度河鲀销量降至2 217.42吨，第三季度再次增加至2 410.50吨。与季末存量变动趋势相反，季度销量的季节变化不明显，但第二季度的销量低于其他季度。河鲀季度销量从2019年第一季度至2021年第三季度在波动中呈现下降的趋势，季度平均下降2.25%。

7.5 体系示范区县河鲀价格变动情况

7.5.1 体系示范区县河鲀价格波动趋势

河鲀价格趋势如图7-4所示。2018年5月以来，两种品种河鲀出池价格呈现如下特点：第一，2019年9月以前，红鳍东方鲀出池价格基本保持稳定且明显高于暗纹东方鲀出池价格，每千克高出40元左右，价格分别维持在100元/千克和60元/千克左右；第二，2019年第四季度红鳍东方鲀价格和暗纹东方鲀价格均有大幅度上涨，与年末水产品价格普遍上涨有一定关系；第三，2020年以来，受到疫情影响，红鳍东方鲀和暗纹东方鲀的价格均有大幅度下降，但呈现出不同的波动趋势。一方面由于暗纹东方鲀主要供给国内市场，2020年上半年受新冠肺炎疫情的影响，销量少，价格跌至低点45.5元/千克，2020年7月开始，国内疫情稳定后，暗纹东方鲀的销售开始逐渐恢复，但价格明显低于之前，且9月后集中上市，价格再次出现短期下降，但随后2021年开始逐渐保持上升态势，且2021年9月的价格已经恢复到60元/千克；另一方面，红鳍东方鲀主要供出口且多深加工产品，2020年上半年受疫情影响，养殖户养成后可将成鱼卖给加工企业，有加工企业进行深加工后销售，因此2020年第一季度新冠肺炎疫情最严重之时，红鳍东方鲀价格在年初突降至80元/千克后，逐渐有所上涨，2020年11月价格达到96.26元/千克，与当时暗纹东方鲀的价格差接近52元/千克。然而，2021年以来国内外疫情的波动影响了红鳍东方鲀的销售，使价格在波动中再次下跌至80元/千克。

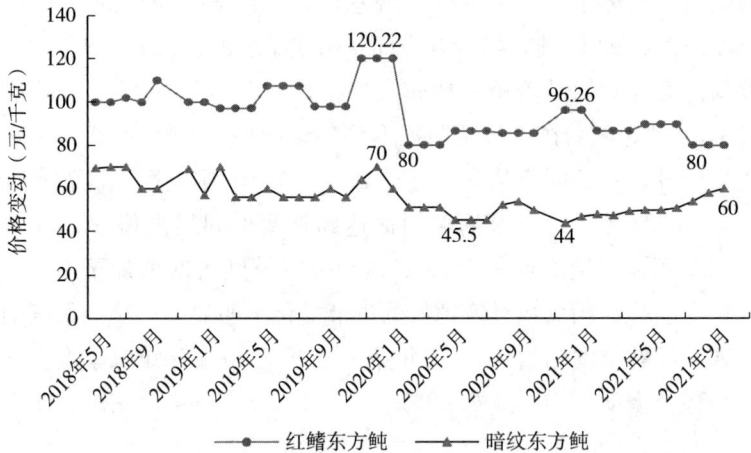

图 7-4　2018 年 5 月—2021 年 9 月体系示范区县河鲀价格变动情况

7.5.2　体系示范区县河鲀价格预测

用 ARMA 模型预测之后 15 个月（2021 年 10 月至 2022 年 12 月）的两种河鲀价格，如图 7-5 和图 7-6 所示。由于河鲀价格数据样本量较小，预测数据存在一定误差，如图 7-5 所示，暗纹东方鲀的价格预测有一个月的误差，所以，将模型预测的之后 15 个月的价格在原图形基础上往后推迟一个月，即 2021 年 10 月、11 月、12 月的暗纹东方鲀价格可能分别是 58.82 元/千克、58.43 元/千克和 58.12 元/千克，在相对稳定中略有下降，同等条件下，预测该趋势将持续至 2022 年 12 月，届时价格可能为 57.18 元/千克。同理红鳍东方鲀的价格预测与暗纹东方鲀有类似的问题，即 2021 年 10 月、11 月、12 月的红鳍东方鲀价格可能分别是 87.33 元/千克，89.45 元/千克和 90.95 元/千克，在相对稳定中略有增加，该趋势同样将持续至 2022 年 12 月。根据河鲀的季末存量和销量变动情况来看，暗纹东方鲀的产量下降对应其价格在 2021 年第二季度较之前有所增加，而预测出 2022 年暗纹东方鲀价格虽然相对稳定，但可能存在下降的风险，因此，要保持暗纹东方鲀的收益不变或者有所增加则需要维持当前的目前产量或者减少产量。同理，红鳍东方鲀在 2021 年前两个季度的产量下降对应其价格上涨，但不同于暗纹东方鲀，根据预测结果，2022 年红鳍东方鲀的价格将在相对稳定中逐渐增加，因此，可适当增加其产量。

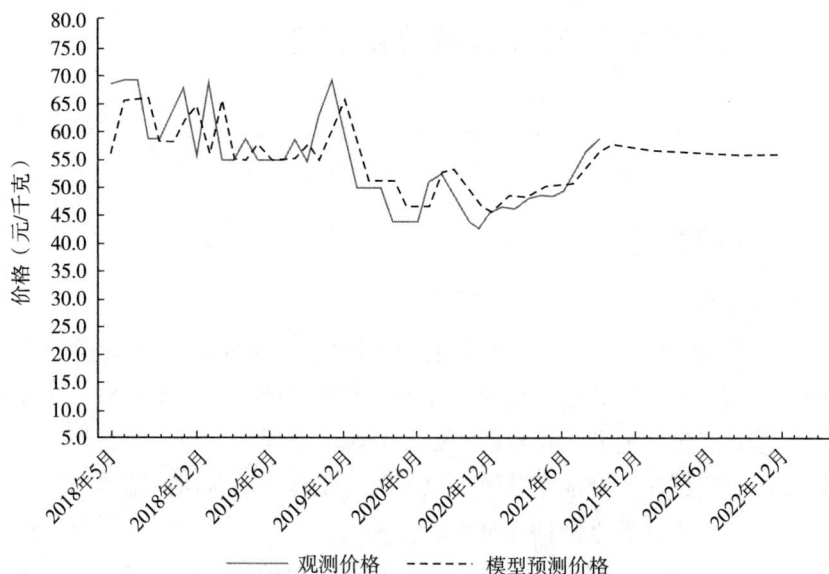

图 7-5 暗纹东方鲀价格预测模型

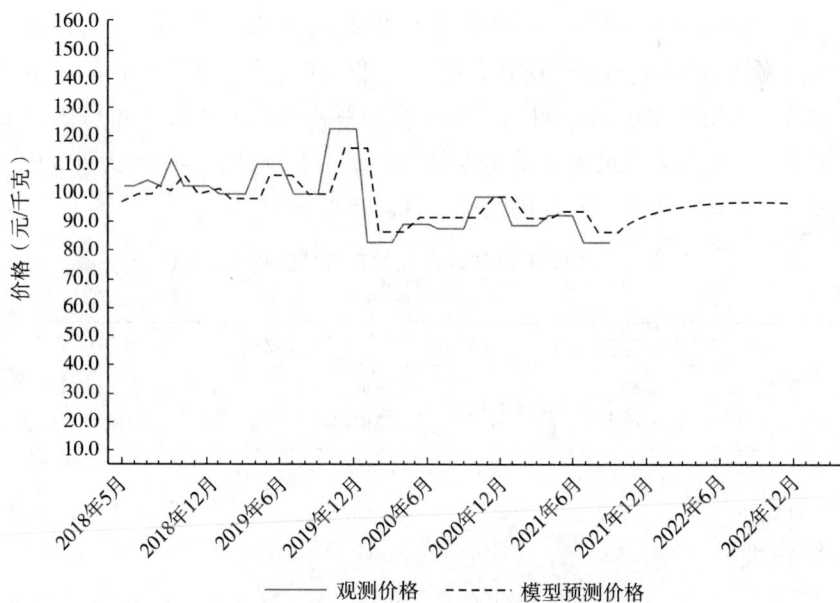

图 7-6 红鳍东方鲀价格预测模型

7.6 体系示范区县河鲀养殖效益情况

以 2021 年暑期线上调研数据为主，结合体系示范区县统计数据，对暗纹东方鲀、红鳍东方鲀和其他河鲀分别进行成本收益分析。

7.6.1 成本收益分析

（1）成本分析

研究数据来源于 2021 年 8—9 月的调研数据，调研品种主要是暗纹东方鲀和红鳍东方鲀，养殖方式主要是池塘养殖、网箱养殖和工厂化养殖，样本来自广东、江苏、辽宁、河北。样本中暗纹东方鲀池塘养殖 5 户，池塘养殖＋工厂化养殖 2 户，红鳍东方鲀池塘养殖 2 户，工厂化养殖＋普通网箱养殖 1 户，工厂化流水养殖 1 户，深水网箱养殖 1 户。

7 份调研数据显示，暗纹东方鲀 2021 年的平均养殖成本为 36.68 元/千克，暗纹东方鲀销售价格为 52.29 元/千克。养殖成本与 2019 年（平均成本 24.19 元/千克）相比增加了 51.63%，而销售价格（2019 年 68.94 元/千克）则下降了 24.15%。其中，除了苗种支出和运输费用略有下降（分别减少 27.28% 和 25.00%）外，其他成本支出均有大幅度上涨。单位变动成本中，临时员工工资和电费支出增加幅度最为明显，渔药和饲料价格也有上涨；单位固定成本中，员工工资和设备维修费上涨幅度最为明显，土地租金与固定资产等价格均有上涨，与调研中养殖户反映的情况一致，详见表 7-5。

表 7-5　2019 年和 2021 年暗纹东方鲀养殖成本分析

单位：元/千克

项目	2019 年总平均成本	2021 年				
		总平均成本	池塘养殖成本	工厂化＋池塘养殖成本	广东平均养殖成本	江苏平均养殖成本
苗种支出	3.13	2.276	1.917	3.175	1.733	2.684
饲料支出	16.86	20.093	19.667	21.156	21.151	19.299
渔药支出	0.46	0.650	0.857	0.134	0.894	0.467
电费支出	1.78	4.107	3.552	5.496	2.990	4.945
煤费支出	0.00	0.014	0.020	0.000	0.033	0.000
临时员工工资	0.02	0.948	0.988	0.849	0.361	1.389

（续）

项目	2019年总平均成本	2021年				
		总平均成本	池塘养殖成本	工厂化＋池塘养殖成本	广东平均养殖成本	江苏平均养殖成本
运输费用	0.06	0.045	0.064	0.000	0.000	0.079
单位变动成本	22.31	28.133	27.065	30.810	27.162	28.863
固定员工工资	0.12	2.982	1.582	6.482	2.119	3.630
固定资产折旧	0.83	2.270	2.290	2.221	0.759	3.404
设备维修费	0.10	0.708	0.310	1.701	0.157	1.120
利息支出	0.00	0.138	0.193	0.000	0.200	0.091
土地租金	0.83	2.446	2.985	1.097	3.722	1.489
单位固定成本	1.88	8.544	7.360	11.501	6.957	9.734
单位总成本	24.19	36.68	34.43	42.31	34.12	38.60

按照不同养殖模式对暗纹东方鲀的养殖成本分别进行分析，池塘养殖成本为34.43元/千克，而工厂化＋池塘的养殖成本为42.31元/千克高于前者，一方面在于该养殖模式下，养殖周期长，均摊的苗种、饲料以及电费都高于池塘养殖模式，另一方面在于工厂化＋池塘的养殖模式，设备投入多，维修费用高，员工工资投入多。分地区分析暗纹东方鲀的养殖成本，可以发现，广东的养殖成本为34.12元/千克，略低于江苏的养殖成本38.6元/千克，主要是因为江苏的调研对象是养殖企业，固定资产投入和管理人员投入多、费用高。

红鳍东方鲀的2021年平均养殖成本为52.09元/千克，销售价格为75.00元/千克。比2019年养殖成本（42.71元/千克）增加21.96%，红鳍东方鲀的养殖成本中，单位变动成本2021年比2019年稍有增加（上涨10.60%），而单位固定成本增加较为明显（43.56%）。单位变动成本中，苗种支出增加超过6元/千克，其次是运输费用和煤费的支出，前者增加86.84%，后者约增加0.95元/千克。单位固定成本中，土地租金增加超过2倍，员工工资增加10.6%，固定资产折旧与设备维修费则有所下降，详见表7-6。

作为被调研对象的5份红鳍东方鲀基本代表五种情况，分别是池塘养殖从小苗养到成鱼，其成本为50.8元/千克；池塘养殖从大苗养到成鱼的成本为66.83元/千克；工厂化＋普通网箱养殖模式下从小苗养到成鱼，其成本为44.24元/千克；工厂化流水养殖小苗的成本为33.43元/千克；深水网箱养殖模式下，将大苗养到成鱼的成本是64.91元/千克。比较可以发现，从小苗养到成本的成本要低于大苗直接养成，其中最重要的在于大苗的苗种支出成本占比高。同等条件下，河北池塘养殖红鳍东方鲀的成本要高于辽宁工厂化与网箱养殖的成本。

表 7-6　2019 年和 2021 年红鳍东方鲀养殖成本分析

单位：元/千克

项目	2019年总平均成本	2021年					
		总平均成本	池塘养殖（小苗）	池塘养殖（大苗）	工厂化＋普通网箱（小苗）	工厂化流水（小苗）	深水网箱（大苗）
苗种支出	3.03	9.569	1.000	15.556	1.220	1.429	28.431
饲料支出	17.72	16.047	20.000	7.439	15.244	22.500	15.050
渔药支出	0.65	0.444	1.000	0.000	0.500	0.278	0.441
电费支出	4.47	2.610	5.000	0.000	5.854	2.000	0.196
煤费支出	0.00	0.948	0.000	0.000	4.250	0.000	0.490
临时员工工资	0.99	0.285	0.333	0.000	0.018	0.278	0.794
运输费用	0.57	1.065	0.667	0.000	0.183	0.556	3.922
其他可变费用	0.57	0.000	0.000	0.000	0.000	0.000	0.000
单位变动成本	28.00	30.968	28.000	22.995	27.269	27.041	49.324
固定员工工资	5.13	5.675	5.000	8.000	2.208	4.167	9.000
固定资产折旧	5.15	4.578	0.000	0.556	14.650	2.222	5.461
设备维修费	1.10	0.351	0.300	0.556	0.116	0.222	0.784
土地租金	3.33	10.513	17.500	34.722	0.000	0.000	0.343
单位固定成本	14.71	21.117	22.800	43.834	16.974	6.389	15.588
单位总成本	42.71	52.09	50.80	66.83	44.24	33.43	64.91

综合比较暗纹东方鲀和红鳍东方鲀的养殖成本结构，可以发现，暗纹东方鲀养殖成本中，饲料支出最高，占比 54.78%，其次是电费支出，占比 11.20%。红鳍东方鲀的饲料成本最高，占比为 30.81%，其次是土地租金占比 20.18%，然后是苗种支出占比 18.37%。

（2）收益分析

河鲀养殖的收益分析见表 7-7。总体来看，2021 年暗纹东方鲀的销售净利润为 15.61 元/千克，成本利润率为 42.56%，销售利润率为 29.85%，边际贡献率为 46.20%，比 2019 年分别下降 65.12%、76.99%、54.01% 和 31.70%。比较不同养殖模式或不同地区暗纹东方鲀的收益情况，可以看出，尽管养殖模式不同，2021年暗纹东方鲀的利润率与边际贡献率有所差别，但相对较为稳定，成本利润率维持在40%左右，销售利润率维持在30%左右。

表7-7 河鲀不同品种不同养殖模式的收益分析

品种	养殖模式	总成本 （元/千克）	销售收入 （元/千克）	净利润 （元/千克）	成本 利润率 （%）	销售 利润率 （%）	边际 贡献率 （%）
暗纹 东方鲀	2021年总体	36.68	52.29	15.61	42.56	29.85	46.20
	2019年总体	24.19	68.94	44.75	184.99	64.91	67.64
	池塘养殖	34.43	48.40	13.97	40.58	28.86	44.08
	工厂化＋池塘养殖	42.31	62.00	19.69	46.54	31.76	50.31
	广东养殖	34.12	46.67	12.55	36.78	26.89	41.80
	江苏养殖	38.60	56.50	17.90	46.37	31.68	48.92
红鳍 东方鲀	2021年总体	52.09	75.00	22.91	43.98	30.55	58.71
	池塘养殖（小苗）	50.80	65.00	14.20	27.95	21.85	56.92
	池塘养殖（大苗）	66.83	40.00	−26.83	−40.15	−67.08	42.51
	工厂化＋普通网箱（小苗）	44.24	100.00	55.76	126.04	55.76	72.73
	深水网箱（大苗）	64.91	90.00	25.09	38.65	27.88	45.20
	工厂化（小苗）	33.43	80.00	46.57	139.31	58.21	66.20

红鳍东方鲀总体净收益为22.92元/千克，成本利润率和销售利润率分别为43.98%和30.55%，边际贡献率为58.71%均高于暗纹东方鲀。但是，不同养殖方式下，红鳍东方鲀养殖的收益情况差别较为明显。工厂化养殖模式下的成本利润率超过100%，相应地销售利润率也高于50%，其次是网箱养殖模式下的成本利润率和销售利润率分别为38.65%和27.88%。池塘养殖的红鳍东方鲀，利润率最低，从小苗开始养殖的成本利润率和销售利润率分别为27.95%和21.85%，而从大苗开始养殖，则处于亏本状态，销售价格远低于养殖成本。根据调研，从大苗开始进行池塘养殖的红鳍东方鲀，养殖周期短，但这两年由于疫情，出鱼时间不统一，市场情况不明朗，若没有加工销售河鲀的资质，为了降低留塘继续养殖的成本，会以低价将活鱼销售给有加工销售资质的企业。

由表7-7可知，工厂化养殖暗纹东方鲀和红鳍东方鲀，其利润率均高于其他养殖模式。其中暗纹东方鲀工厂化＋池塘的养殖成本较高，但销售价格也高，所以成本利润率和销售利润率仍是最高的。红鳍东方鲀工厂化养殖的成本最低而销售价格最高，值得推广该模式。

7.6.2 不确定性分析

（1）盈亏平衡分析

从表7-8可知，暗纹东方鲀在不同养殖模式下或不同地区进行养殖，其安全边际率均高于60%，安全边际率较高，说明在目前的养殖模式下，养殖户对于固定成本收回的能力较强，能较快地收回当年的固定成本，在销售价格等要素保持稳定的情况下，经营的财务风险处于较为安全的状况。盈亏平衡作业率均在35%左右，反映的是生产周期内产业的盈亏平衡产量与实际销售产量的比率，该比率越低对养殖个体越有利，池塘养殖和工厂化＋池塘养殖的盈亏平衡作业率分别为34.50%和36.88%，表明池塘养殖模式的经营风险略高于工厂化＋池塘养殖的风险。

表7-8 2021年暗纹东方鲀不同养殖模式的盈亏平衡分析

项目	总体	池塘养殖	工厂化＋池塘养殖	广东平均	江苏平均
盈亏平衡产量（千克）	195 212.43	114 611.06	80 981.50	64 688.55	130 480.55
实际销售产量（千克）	551 814.00	332 214.00	219 600.00	181 350.00	370 464.00
安全边际量（千克）	356 601.57	217 602.94	138 618.50	116 661.45	239 983.45
安全边际率（%）	64.62	65.50	63.12	64.33	64.78
盈亏平衡作业率（%）	35.38	34.50	36.88	35.67	35.22
盈亏平衡价格（元/千克）	36.68	34.43	42.31	34.12	38.60
销售价格（元/千克）	52.29	48.40	62.00	46.67	56.50
销售价格与盈亏平衡价格之差（元/千克）	15.61	13.97	19.69	12.55	17.90

不同于暗纹东方鲀，红鳍东方鲀在不同养殖模式下的安全边际率和盈亏平衡率有较大区别，详见表7-9。工厂化流水养殖、工厂化＋普通网箱养殖户、深水网箱养殖的安全边际率分别为87.94%、76.66%、61.68%，表明在价格等要素保持稳定的情况下，经营的财务风险处于较为安全的状况，池塘养殖模式的养殖户固定成本的回收能力则相对较弱。就盈亏平衡作业率来看，同样是工厂化流水养殖的风险最低，工厂化＋普通网箱养殖的风险次之，然后是网箱养殖，而池塘养殖红鳍东方鲀的风险比较高，特别是从大苗开始养殖时，如果

销售价格持续走低，将可能一直处于亏损状态。

表 7-9　2021 年红鳍东方鲀不同养殖模式的盈亏平衡分析

项目	总体	池塘养殖（小苗）	池塘养殖（大苗）	工厂化＋普通网箱（小苗）	工厂化流水（小苗）	深水网箱（大苗）
盈亏平衡产量（千克）	466 151.25	111 558.48	46 396.60	114 822.81	21 714.37	39 089.88
实际销售产量（千克）	972 000.00	180 000.00	18 000.00	492 000.00	180 000.00	102 000.00
安全边际量（千克）	505 848.75	68 441.52	−28 396.60	377 177.19	158 285.63	62 910.12
安全边际率（%）	52.04	38.02	−157.76	76.66	87.94	61.68
盈亏平衡作业率（%）	47.96	61.98	257.76	23.34	12.06	38.32
盈亏平衡价格（元/千克）	52.09	50.80	66.83	44.24	33.43	64.91
销售价格（元/千克）	75.00	65.00	40.00	100.00	80.00	90.00
销售价格与盈亏平衡价格之差（元/千克）	22.91	14.20	−26.83	55.76	46.57	25.09

（2）敏感性分析

表 7-10 和表 7-11 分别为不同养殖模式下暗纹东方鲀与红鳍东方鲀的敏感性分析，表明了不同影响因素对净利润的敏感系数以及以 1% 影响程度为例的具体变化分析。

表 7-10　2021 年暗纹东方鲀不同养殖模式的敏感系数（变动 1%）

项目	总体	池塘养殖	工厂化＋池塘养殖	广东平均	江苏平均
销售价格	3.35	3.46	3.15	3.72	3.16
苗种支出	−0.15	−0.14	−0.16	−0.14	−0.15
饲料支出	−1.29	−1.41	−1.07	−1.69	−1.08
渔药支出	−0.04	−0.06	−0.01	−0.07	−0.03
电费支出	−0.26	−0.25	−0.28	−0.24	−0.28
煤费支出	0.00	0.00	0.00	0.00	0.00
临时员工工资	−0.06	−0.07	−0.04	−0.03	−0.08
运输费用	0.00	0.00	0.00	0.00	0.00
单位变动成本	−1.80	−1.94	−1.56	−2.16	−1.61

（续）

项目	总体	池塘养殖	工厂化＋ 池塘养殖	广东平均	江苏平均
固定员工工资	−0.19	−0.11	−0.33	−0.17	−0.20
固定资产折旧	−0.15	−0.16	−0.11	−0.06	−0.19
设备维修费	−0.05	−0.02	−0.09	−0.01	−0.06
利息支出	−0.01	−0.01	0.00	−0.02	−0.01
土地租金	−0.16	−0.21	−0.06	−0.30	−0.08
单位固定成本	−0.55	−0.53	−0.58	−0.55	−0.54
单位总成本	−2.35	−2.46	−2.15	−2.72	−2.16

变化方向方面，销售价格与净利润变化方向相同，成本因素与净利润的变化方向相反。不同情况下，暗纹东方鲀价格的敏感系数均超过3，其中广东暗纹东方鲀价格的敏感系数为3.72，表明销售价格每上涨1％，养殖者的利润上涨3.72％；池塘养殖价格的敏感系数为3.46，表明销售价格每上涨1％，养殖者的利润将增加3.46％。说明在保持其他影响因素不变的情况下，广东暗纹东方鲀、池塘养殖暗纹东方鲀的销售价格的变动引起净利润变动程度是最大的。

成本因素中，饲料价格敏感系数的绝对值均超过1，其中广东暗纹东方鲀养殖饲料成本的敏感系数为−1.69，表明饲料支出每下降1％，养殖者的利润将上涨1.69％；池塘养殖饲料成本的敏感系数为−1.41，表明池塘养殖模式下，饲料成本每下降1％，养殖者的利润将增加1.41％。其次，变动成本中，电费支出也是一大因素，在不同养殖模式或在不同地区，电费支出每下降1％，总利润将增加约0.26个百分点。

表7-11　2021年红鳍东方鲀不同养殖模式的敏感系数（变动1％）

项目	总体	池塘养殖 （小苗）	池塘养殖 （大苗）	工厂化＋ 普通网箱 （小苗）	工厂化流水 （小苗）	深水网箱 （大苗）
销售价格	3.27	4.65	−1.49	1.79	1.72	3.59
苗种支出	−0.42	−0.09	0.58	−0.02	−0.03	−1.13
饲料支出	−0.70	−1.43	0.28	−0.27	−0.48	−0.60
渔药支出	−0.02	−0.07	0.00	−0.01	−0.01	−0.02
电费支出	−0.11	−0.36	0.00	−0.11	−0.04	−0.01

（续）

项目	总体	池塘养殖（小苗）	池塘养殖（大苗）	工厂化＋普通网箱（小苗）	工厂化流水（小苗）	深水网箱（大苗）
煤费支出	−0.04	0.00	0.00	−0.08	0.00	−0.02
临时员工工资	−0.01	−0.02	0.00	0.00	−0.01	−0.03
运输费用	−0.05	−0.05	0.00	0.00	−0.01	−0.16
单位变动成本	−1.35	−2.02	0.86	−0.49	−0.58	−1.97
固定员工工资	−0.25	−0.36	0.30	−0.04	−0.09	−0.36
固定资产折旧	−0.20	0.00	0.02	−0.26	−0.05	−0.22
设备维修费	−0.02	−0.02	0.02	0.00	0.00	−0.03
土地租金	−0.46	−1.25	1.29	0.00	0.00	−0.01
单位固定成本	−0.92	−1.63	1.63	−0.30	−0.14	−0.62
单位总成本	−2.27	−3.65	2.49	−0.79	−0.72	−2.59

就红鳍东方鲀而言，不同养殖模式的敏感系数也有较大区别（表 7−11）。单看销售价格变动，每增加 1%，养殖者的利润上涨幅度超过 1%，利润最高可增加 4.65%，最低也可增加 1.49%。前者为从小苗开始用池塘养殖模式进行养殖的敏感性，后者则是从大苗开始进行池塘养殖的敏感性。但看养殖总成本的敏感性，不同模式结果也不尽相同。池塘养殖和深水网箱养殖模式下的成本，每降低 1% 总利润将增加 2% 以上，而工厂化养殖模式下敏感系数的绝对值则低于 1。结合不确定性分析，池塘养殖红鳍东方鲀的风险高，但加强控制成本，带动利润的增加幅度也是可观的。由于从大苗开始池塘养殖利润为负值，销售价格的敏感系数为 −1.49，这表明红鳍东方鲀的销售价格上涨 67（1/1.49）个百分点，养殖者利润才能从亏损转为盈利状态。

就变动成本而言，池塘养殖（小苗）、工厂化＋网箱养殖与工厂化流水养殖的各影响因素中，饲料支出和电费支出的敏感系数较高，前者分别为 1.43、0.27 和 0.48，后者分别为 0.36、0.11 和 0.04。表明红鳍东方鲀饲料支出每下降 1%，池塘养殖（小苗）养殖户的利润将增加 1.43%，工厂化＋网箱模式养殖户的利润增加 0.27%，工厂化流水养殖户的利润增加 0.48%。而深水网箱养殖模式下，苗种支出和饲料支出的敏感性较高，敏感系数分别为 −1.13 和 −0.6，然后是运输费用的敏感系数为 −0.16，表明该模式下，运输费用每下降 1%，利润将增加 0.16%，不同于其他模式，该模式下的电费支出敏感性较弱。

综合暗纹东方鲀和红鳍东方鲀不同养殖模式的情况，变动成本中饲料、苗种和电费支出是影响养殖利润的主要因素，固定成本中，员工工资和土地租金是影响养殖利润的主要因素。因此，有效控制这些投入将会给养殖者带来较为明显的利润增加。

7.7　存在的问题

（1）苗种质量退化，苗种价格上涨

根据调研情况，红鳍东方鲀和暗纹东方鲀各个繁殖场的种质资源得不到野生资源的补充和更新，各个繁殖场均出现不同程度的近亲繁育，直接导致目前河鲀鱼养殖种质退化，使其产卵率低、生长缓慢、抗病力差、品质下降、疾病持续暴发等。且受到环保政策和新冠疫情影响，用药少、周期长，鱼苗成活率平均低于70%，比往年有所降低。

（2）河鲀市场有待进一步开拓

由于饮食习惯问题以及烹饪方法较少，红鳍东方鲀在国内几乎没有市场，以出口为主。而国内河鲀销售需要先经过加工之后才能销售，但是国内有加工销售资质的企业较少，一些养殖企业（养殖户）在河鲀养成之后只能由有资质的企业回收活鱼，卖不上高价，资金周转存在困难。

（3）养殖成本逐年增加，塘边价格波动较大

调研发现，这两年的饲料价格、渔药价格甚至部分地区的电费和土地租金价格均有上涨，而养殖户直接销售河鲀活鱼给经销商或加工企业的价格则没有提升甚至有所下降，养殖压力过大。

7.8　对策建议

（1）加大科研投入，改善良种保存技术

种质资源是河鲀养殖生产的根本，对产业的发展起决定性作用，应该加大科研投入，解决河鲀育种、良种保存以及健康鱼苗的培育等技术问题。建立和完善包括河鲀种质和基因资源库、遗传育种中心、国家级良种场等的河鲀种业体系，制定河鲀人工育苗标准，实现河鲀种质资源的可持续利用。

（2）提升协会功效，加强河鲀鱼源资质认证

在2016年有条件放开河鲀市场之后，为建立一套完整的从养殖到食用的

安全监管措施，农业农村部、卫计委两部门联合起来深化研究、分工合作以共同管理好这一产业。在创造条件、促进国内市场有条件地开放的过程中，河鲀鱼协会已发挥了重要作用。但在实际养殖过程中，养殖户对于河鲀鱼协会的重要性还未深刻认识到，比如受到价格歧视等问题，建议进一步通过渔业协会协调、稳定产品价格。

(3) 建立沟通机制，加快绿色化转型

根据前文成本收益分析结果，尽管河鲀养殖的成本比往年有所增加，但相对池塘养殖模式而言，工厂化养殖的成本相对较低，大规模养殖相对个体养殖户的养殖成本较低。一方面，建议河鲀养殖者加快推进工厂化循环水养殖、工程化池塘养殖等绿色养殖模式；另一方面，建议加强不同养殖群体之间的交流合作，加快养殖新经验、新知识和新技能的分享传播，促进技术进步的同时推动养殖产业化、规模化发展。

8 石斑鱼养殖产业经济研究①

内容提要

本研究主要反映了 2020 年第四季度以来示范区县石斑鱼养殖业的养殖面积、季末存量、季度销量、价格变化、成本收益、产业发展问题等情况,并提出了相应的对策建议。

养殖面积:珍珠龙胆养殖体系示范区县主要分布在海南、广东、福建、广西,以池塘养殖、普通网箱养殖和工厂化养殖为主;其他石斑鱼养殖主要分布在海南和广东,以普通池塘、工程化池塘和网箱养殖为主。2020 年第四季度至 2021 年第三季度,珍珠龙胆养殖面积呈下降趋势。2021 年第三季度,珍珠龙胆养殖总面积为 2 109 万平方米,其中普通池塘、工程化池塘、普通网箱、工厂化流水和工厂化循环水养殖面积分别为 1 998 万平方米、80 万平方米、27.98 万平方米、2.46 万平方米和 0.60 万平方米。与 2020 年第三季度相比,2021 年珍珠龙胆总养殖面积下降 18.73%,其中普通池塘养殖面积下降 20.02%,工程化池塘养殖面积上升 66.67%,普通网箱养殖面积下降 17.80%,工厂化流水养殖面积下降 82.93%,工厂化循环水养殖面积下降 47.83%。与 2019 年第三季度相比,珍珠龙胆总养殖面积下降 24.46%,各个模式养殖面积均有所下降,普通池塘、普通网箱、工厂化流水、工厂化循环水和工程化池塘养殖模式养殖面积分别下降 22.86%、23.55%、89.36%、79.66% 和 42.86%。

季末存量:2020 年第四季度至 2021 年第三季度,珍珠龙胆养殖存量呈先下降后上升的趋势:2020 年第四季度,珍珠龙胆养殖存量为 18 252 吨,之后于 2021 年第一季度达到低值 18 125 吨。2021 年第三季度末体系示范区县珍珠龙胆存量为 21 925 吨,同比增加 4.90%,环比增加 17.54%,与 2019 年第三季度相比,珍珠龙胆的存量增加了 7.25%,平均季末存量为 19 239 吨。

---

① 撰写人:杨正勇、张英丽、刘蓬、张家豪。

季度销量：2020年第四季度至2021年第三季度，珍珠龙胆销量呈先降后升趋势：2020年第四季度，珍珠龙胆养殖销量为8 204吨，2021年第一季度为8 004吨，第二季度降为6 518吨，第三季度珍珠龙胆总销量为8 436吨，同比降低16.18%，环比上升29.43%。与2019年第三季度相比，珍珠龙胆的销量降低9.39%。平均季度销量为7 791吨。

价格变化：2020年第四季度至2021年第三季度，珍珠龙胆价格总体呈先上升后下降趋势：截至2021年9月，珍珠龙胆塘边价为60.3元/千克。2020年10月底，珍珠龙胆价格为32.5元/千克，之后又一路上升至2021年5月的94.0元/千克，上涨近2倍，之后4个月价格回落至60.3元/千克。结合ARIMA模型预测，珍珠龙胆未来整体价格呈震荡趋势，2022年6月达到短期最低值66.07元/千克，2022年11月达到短期最高值79.59元/千克。

养殖成本收益：根据体系调研团队的调研数据，在成本方面，2021年珍珠龙胆养殖成本为41.68元/千克，池塘和工厂化养殖的成本分别为38.42元/千克和65.85元/千克。在收益方面，珍珠龙胆养殖的净利润为17.42元/千克，其中池塘养殖和工厂化养殖净利润分别为18.72元/千克和7.81元/千克；成本利润率分别为48.72%和11.86%；边际贡献率分别为37.22%和43.29%；安全边际率分别为91.58%和62.55%；珍珠龙胆工厂化养殖和池塘养殖两种模式下，净利润对销售价格的影响均为正向最大。

产业发展问题及对策建议：第一，销售价格波动较大；第二，饲料成本上升，主导养殖成本逐步增加；第三，面对自然灾害和价格波动较大，养殖户对水产养殖保险需求强烈而保险供给缺失。为此建议：重点加强国内加工消费市场培育，逐步关注国际市场；精细化投喂管理，提升饲料投喂效率；完善水产养殖保险制度，保障养殖生产稳定。

8.1 引言

本研究以国家海水鱼产业技术体系各综合试验站跟踪调查数据为基础，以农业农村部渔业渔政管理局养殖渔情监测系统调研数据为补充，结合产业经济岗位团队调研数据，梳理出体系示范区县石斑鱼产业发展动态情况，供有关各方参考。由于在体系示范区县，石斑鱼中的珍珠龙胆为主要养殖品种，故该研究主要针对珍珠龙胆养殖，其他石斑鱼养殖品种主要有青斑、东星斑、老鼠斑、老虎斑等。本研究描述了体系示范区县石斑鱼养殖面积变动、存量变动、销量变动、价格变动和成本收益情况等。在数据采集过程中，得到了各综合试验站、相关岗位科学家的帮助与支持，在此一并表示感谢！

8.2 体系示范区县石斑鱼养殖面积变动情况

8.2.1 体系示范区县石斑鱼养殖面积情况

根据国家海水鱼产业技术体系各综合试验站跟踪调查数据，2021年第三季度石斑鱼总养殖面积为2 367.89万平方米（池塘养殖面积按1公顷＝10 000平方米进行换算，工厂化循环水养殖面积以1∶1比例由立方米换算为平方米），其中珍珠龙胆养殖总面积为2 109.04万平方米，其他石斑鱼养殖总面积为258.85万平方米。珍珠龙胆普通池塘、工程化池塘、普通网箱和工厂化养殖面积分别为1 998.00万平方米、80.00万平方米、27.98万平方米和3.06万平方米，分别占珍珠龙胆养殖总面积的94.74%、3.79%、1.33%和0.14%。其他石斑鱼主要有五种养殖模式，分别为普通网箱、普通池塘、工厂化流水、深水网箱和工厂化循环水养殖，2021年第三季度这五种养殖模式的养殖面积分别占其他石斑鱼总养殖面积的78.38%、19.70%、1.02%、0.89%和0.00%（表8-1、表8-2）。

关于珍珠龙胆和其他石斑鱼不同养殖模式下的地区分布情况：在体系示范区县中，珍珠龙胆普通池塘养殖主要集中在海南和广东，养殖面积分别为1 981公顷和17公顷，分别占普通池塘养殖总面积的99.15%和0.85%；珍珠龙胆工程化池塘养殖仅在广东有分布，养殖面积80公顷；普通网箱养殖主要集中在浙江、广东、海南和广西，这四个地区的养殖面积分别为25.2万平方米、1.14万平方米、1.02万平方米和0.62万平方米，分别占珍珠龙胆普通网箱养殖总面积的90.05%、4.07%、3.66%和2.22%；珍珠龙胆工厂化流水养殖仅在海南有分布，养殖面积约为2.46万立方米。其他石斑鱼养殖模式有五种，其中主要的养殖模式为普通网箱养殖和普通池塘养殖，这两种养殖模式在其他石斑鱼养殖总面积中占比最高，分别达到78.64%和19.77%，其中普通池塘养殖主要分布在海南和浙江，养殖面积占比分别为58.82%和41.18%，普通网箱养殖主要分布在福建和广东，两地养殖面积占比分别为97.49%和2.51%。

关于2021年第三季度珍珠龙胆养殖面积与2019年同时期的对比：体系示范区县中，2021年第三季度珍珠龙胆养殖相较于2019年同时期，不同养殖模式下，普通网箱、工厂化循环水、工厂化流水、普通池塘和工程化池塘养殖的养殖面积均有所减少，降幅分别为23.54%、79.66%、89.37%、22.83%和

表 8-1　体系示范区县珍珠龙胆 2019 年第三季度和 2021 年第三季度养殖面积分布

地区	年份	养殖面积					所占养殖模式比重				
		普通网箱（平方米）	工厂化循环水（立方米）	工厂化流水（平方米）	普通池塘（公顷）	工程化池塘（公顷）	普通网箱（%）	工厂化循环水（%）	工厂化流水（%）	普通池塘（%）	工程化池塘（%）
广西	2019	35 000	0	0	0	0	9.56	0.00	0.00	0.00	0.00
	2021	6 200	0	0	0	0	2.22	0.00	0.00	0.00	0.00
海南	2019	297 000	0	231 105	2 544	0	81.15	0.00	100.00	98.26	0.00
	2021	10 230	0	24 576	1 981	0	3.66	0.00	100.00	99.15	0.00
福建	2019	20 000	8 000	0	0	0	5.46	27.12	0.00	0.00	0.00
	2021	0	6 000	0	0	0	0.00	100.00	0.00	0.00	0.00
广东	2019	14 000	0	0	45	140	3.83	0.00	0.00	1.74	100.00
	2021	11 400	0	0	17	80	4.07	0.00	0.00	0.85	100.00
天津	2019	0	6 500	0	0	0	0.00	22.03	0.00	0.00	0.00
	2021	0	0	0	0	0	0.00	0.00	0.00	0.00	0.00
辽宁	2019	0	15 000	0	0	0	0.00	50.85	0.00	0.00	0.00
	2021	0	0	0	0	0	0.00	0.00	0.00	0.00	0.00
浙江	2019	0	0	0	0	0	0.00	00.00	0.00	0.00	0.00
	2021	252 000	0	0	0	0	90.05	0.00	0.00	0.00	0.00
合计	2019	366 000	29 500	231 105	2 589	140					
	2021	279 830	6 000	24 576	1 998	80					

表 8-2 体系示范区县其他石斑鱼 2019 年第三季度和 2021 年第三季度养殖面积分布

地区	年份	养殖面积					所占养殖模式比重				
		普通网箱（平方米）	工厂化循环水（立方米）	工厂化流水（平方米）	普通池塘（公顷）	深水网箱（平方米）	普通网箱（%）	工厂化循环水（%）	工厂化流水（%）	普通池塘（%）	深水网箱（%）
广西	2019	0	0	0	0	0	0.00	0.00	0.00	0.00	0.00
	2021	0	0	0	0	0	0.00	0.00	0.00	0.00	0.00
海南	2019	268 992	0	57 589	136	0	11.63	0.00	100.00	100.00	0.00
	2021	0	0	26 531	30	0	0.00	0.00	100.00	58.82	0.00
福建	2019	1 977 900	4 000	0	0	0	85.50	100.00	0.00	0.00	0.00
	2021	1 977 900	0	0	0	23 100	97.49	0.00	0.00	0.00	100.00
广东	2019	66 500	0	0	0	0	2.87	0.00	0.00	0.00	0.00
	2021	51 000	0	0	0	0	2.51	0.00	0.00	0.00	0.00
天津	2019	0	0	0	0	0	0.00	0.00	0.00	0.00	0.00
	2021	0	0	0	0	0	0.00	0.00	0.00	0.00	0.00
辽宁	2019	0	0	0	0	0	0.00	0.00	0.00	0.00	0.00
	2021	0	0	0	0	0	0.00	0.00	0.00	0.00	0.00
浙江	2019	0	0	0	0	0	0.00	0.00	0.00	0.00	0.00
	2021	0	0	0	21	0	0.00	0.00	0.00	41.18	0.00
合计	2019	2 313 392	4 000	57 589	136	0					
	2021	2 028 900	0	26 531	51	23 100					

42.86％。分不同地区来看，2021年第三季度海南工厂化流水、普通网箱、普通池塘养殖面积相较于2019年第三季度有所下降，降幅分别为89.37％、96.56％和22.13％；广东省普通池塘、普通网箱和工程化池塘养殖面积有所下跌，跌幅分别为62.22％、18.57％和42.86％，其中普通池塘由2019年第三季度的45万平方米增下跌至2021年第三季度的17万平方米，降幅较大；广西的普通网箱养殖面积大幅下跌，由2019年第三季度的35 000平方米下降至2021年第三季度的6 200平方米，跌幅为82.29％；福建地区的工厂化循环水养殖面积由2019年第三季度的8 000立方米降至2021年第三季度的6 000立方米，跌幅为25.00％，普通网箱养殖面积则是由2019年第三季度的20 000平方米下跌至0。

关于2021年第三季度其他石斑鱼养殖面积与2019年同时期的对比：2021年第三季度其他石斑鱼的养殖面积相较于2019年第三季度，福建省的工厂化循环水养殖模式的养殖面积降低至0，普通网箱模式养殖面积保持不变，深水网箱养殖总面积由0平方米增加至23 100平方米；广东省普通网箱模式养殖面积有所降低，降幅为23.31％；海南省的工厂化流水养殖面积大幅下降，降幅约为53.93％，普通池塘养殖模式面积下降幅度为77.94％，普通网箱养殖面积则是由268 992平方米降低至2021年第二季度的0平方米，这主要是因为普通网箱养殖缺乏必要的规划和控制，使得部分水域水体水质变化严重，网箱养殖面积的大幅减少，正是养殖户积极支持和响应国家环保政策的体现，而网箱养殖的减少后，工厂化养殖模式取而代之，实现了工厂化养殖面积的大幅增长。

从数据中可知，体系示范区县珍珠龙胆养殖主要分布在海南，海南养殖面积为1 984万平方米，占总养殖面积的94.14％，其次广东养殖面积为98万平方米，占总养殖面积的4.66％；其他石斑鱼的养殖主要分布在福建，福建其他石斑鱼养殖总面积达200.10万平方米，占其他石斑鱼总养殖面积的77.56％，因此，石斑鱼养殖具有很强的地区集聚性。同时，近两年来，随着国家政策对环保的要求，石斑鱼普通网箱养殖模式的面积逐步减少，有些地方养殖其他石斑鱼的普通网箱养殖面积降低至0，取而代之的是工厂化循环水养殖模式，该特点在海南省尤其明显。

8.2.2　体系示范区县石斑鱼养殖面积年际变动情况

图8-1为示范区县珍珠龙胆总养殖面积变动情况。由图8-1①可知，珍

① 养殖面积为普通网箱、工厂化养殖和池塘养殖面积之和；其中工厂化循环水养殖以1∶1比例由立方米换算为平方米。

珠龙胆总养殖面积呈下降趋势，养殖面积的最高值为 2019 年第三季度的 2 792 万平方米，然后持续下跌至 2021 年第一季度的 2 183 万平方米，下降幅度为 21.81%。2021 年第一季度，珍珠龙胆养殖面积开始缓慢增长，由 2021 年第一季度的 2 183 万平方米增长至第二季度的 2 203 万平方米。2021 年第二季度珍珠龙胆养殖面积同比下跌 15.63%，环比增加 0.92%，随后 2021 年第三季度养殖面积继续下跌，环比跌幅为 4.27%。2020 年第四季度总养殖面积为 2 573 万平方米，但其在 2021 年第一季度大幅下降至 2 183 万平方米，跌幅为 15.16%，为近两年最大幅度下跌。2021 年第三季度珍珠龙胆养殖面积同比下降 18.73%，相比 2019 年同时期下跌 24.46%。结合珍珠龙胆近两年的价格走势，2019 年第三季度至 2021 年第一季度，珍珠龙胆的价格总体是下跌的趋势，养殖户赚钱效益差，所以珍珠龙胆的总体养殖面积也随着下跌，2021 年以来，珍珠龙胆的价格有所回升，养殖户的赚钱效益提高，所以珍珠龙胆总体养殖面积短暂增加，第三季度则又开始下跌。

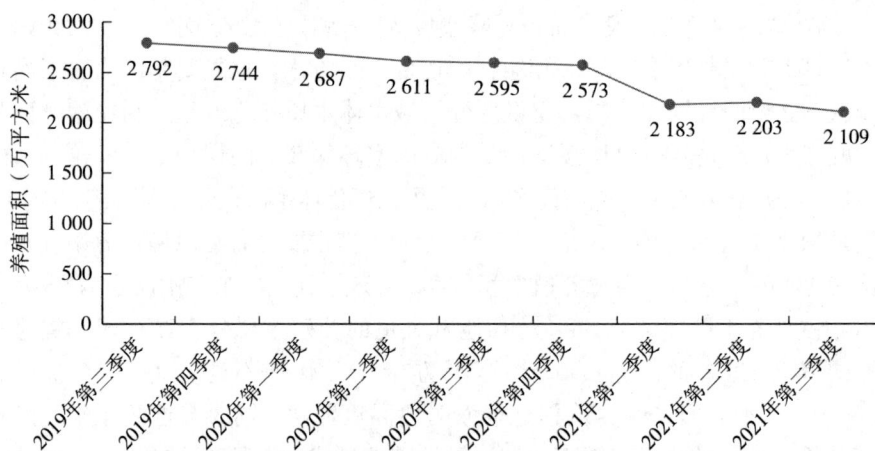

图 8-1 2019 年第三季度—2021 年第三季度体系示范区县珍珠龙胆养殖面积变动情况

由图 8-2 可知，2019 年第三季度至 2021 年第三季度的其他石斑鱼的总养殖面积总体呈现下降的趋势，仅有 2020 年第一季度略微上涨。2021 年第三季度的总养殖面积为 259 万平方米，相比 2019 年同时期总养殖面积下降 31.12%，同比下降 15.91%，环比下降 1.52%。

因珍珠龙胆为石斑鱼主要养殖品种，具有代表性，因此下文将对珍珠龙胆不同养殖模式的养殖面积变动情况进行详细的分析。

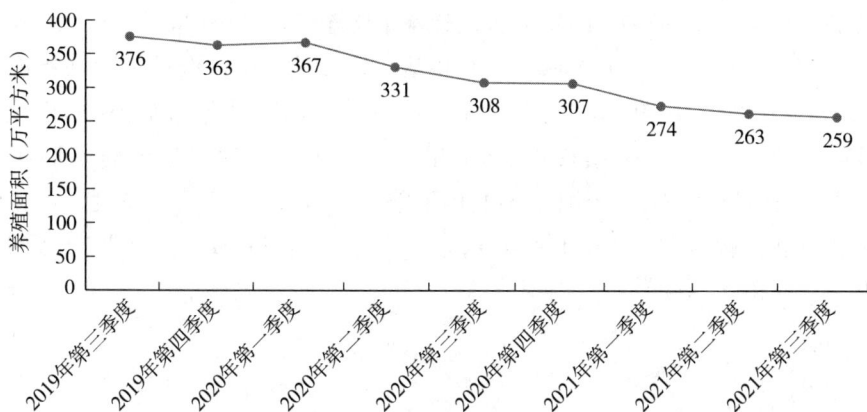

图 8-2 2019 年第三季度—2021 年第三季度体系示范区其他石斑鱼养殖面积变动情况

图 8-3 为体系示范区县珍珠龙胆普通池塘养殖面积变动情况，整体而言，呈现持续下跌的趋势，2019 年第三季度珍珠龙胆普通池塘养殖面积最高，2021 年第三季度普通池塘养殖面积达到观测期间的最低值。2021 年一季度珍珠龙胆普通池塘养殖面积跌幅较大，下跌幅度为 15.50%。2021 年第二季度珍珠龙胆普通池塘养殖面积小幅扩大，为 2 105 公顷，随后第三季度普通池塘养殖面积继续下跌，环比下跌 5.08%，同比下跌 20.02%，与 2019 年同时期相比，下降 22.86%。

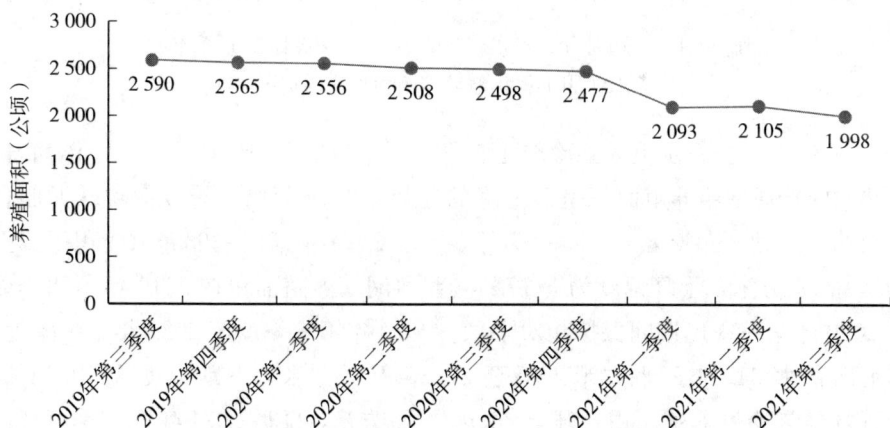

图 8-3 2019 年第三季度—2021 年第三季度体系示范区县
珍珠龙胆普通池塘养殖面积变动情况

图 8-4 为体系示范区县珍珠龙胆工程化池塘养殖面积变动情况，总体而言，珍珠龙胆工程化池塘养殖面积呈现先降后升的趋势。2019 年第三季度达到观测期间的最高值，为 140.00 公顷。从 2019 年第三季度到 2020 年第二季

度工程化池塘养殖面积从 140.00 公顷逐渐下降至 53.33 公顷，其中 2020 年第一季度养殖面积为 80.00 公顷，2020 年第二季度为 53.33 公顷，下跌幅度为 33.34%。从 2020 年第三季度到 2021 年第一季度，工程化池塘养殖面积较为稳定，2021 年第二季度相较于 2021 年第一季度，工程化池塘养殖面积由 46.67 公顷增长至 56.67 公顷，环比上升 21.43%，2021 年第三季度工厂化池塘养殖面积涨幅较大，环比上涨 41.17%，同比上涨 66.67%，与 2019 年同时期相比，下降 42.86%。

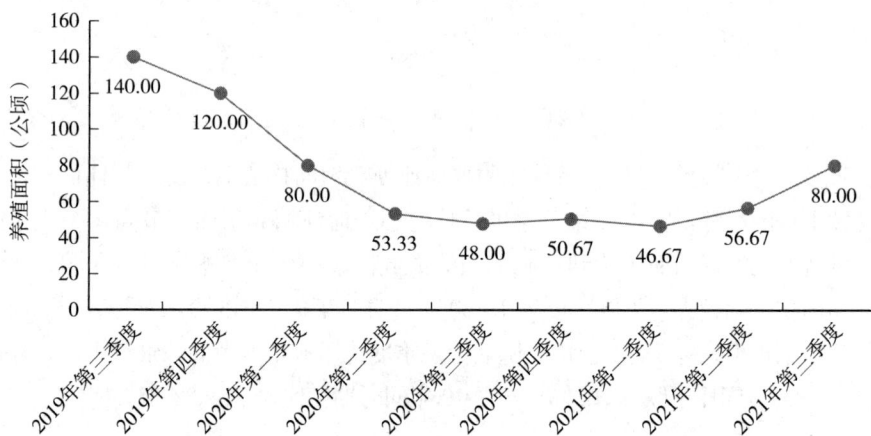

图 8-4　2019 年第三季度—2021 年第三季度体系示范区县
珍珠龙胆工程化池塘养殖面积变动情况

　　图 8-5 为体系示范区县珍珠龙胆普通网箱养殖面积变动情况，总体而言，珍珠龙胆普通网箱养殖面积呈现下降的趋势。2019 年第三季度值珍珠龙胆普通网箱养殖面积最高，为 36.60 万平方米；2019 年第四季度养殖面积下降至 34.49 万平方米，下降幅度为 5.77%。普通网箱养殖面积在 2019 年第四季度至 2020 年第三季度期间保持相对平稳。2020 年第三季度至 2021 年第一季度，养殖面积由 34.04 万平方米下降至 27.85 万平方米，下跌幅度为 18.18%。2021 年第二季度养殖面积上升至 28.58 万平方米，随后 2021 年第三季度环比下跌 2.10%，同比下降 17.80%，与 2019 年同期相比下降 23.55%。

　　图 8-6 和图 8-7 分别为珍珠龙胆工厂化流水和工厂化循环水的养殖面积变动情况。总体皆呈现下降的趋势。由图 8-6 可知，珍珠龙胆的工厂化流水养殖面积从 2019 年第三季度到 2021 年第二季度逐渐下降，2019 年第三季度珍珠龙胆工厂化流水养殖面积达到观测期间最高值，为 23.11 万平方米；2021

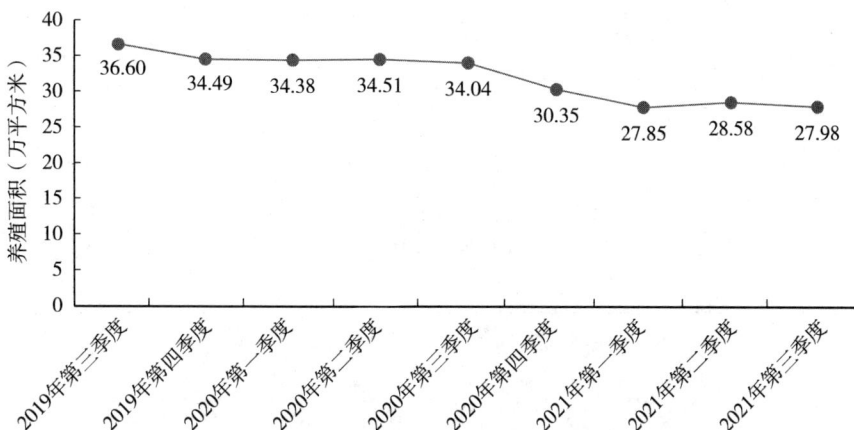

图 8 - 5　2019 年第三季度—2021 年第三季度体系示范区
县珍珠龙胆普通网箱养殖面积变动情况

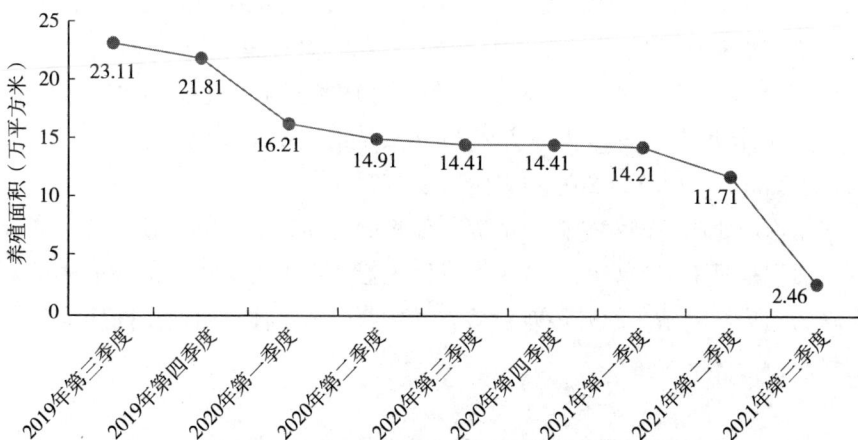

图 8 - 6　2019 年第三季度—2021 年第三季度体系示范区
县珍珠龙胆工厂化流水养殖面积变动情况

年第二季度下降至 11.71 万平方米，下降幅度为 49.33％；2021 年第三季度，工厂化流水养殖面积大幅下跌，环比跌幅达到 78.99％，同比跌幅达 82.93％，相较于 2019 年同期下降 89.36％。由图 8 - 7 可知，工厂化循环水养殖面积在 2019 年第三季度达到观测期间最高值，为 2.95 万立方米，在 2021 年第二季度达到观测期间的最低值，为 0.99 万立方米。从 2019 年第三季度至 2020 年第一季度，珍珠龙胆工厂化循环水养殖面积从 2.95 万立方米下降至 1.10 万立

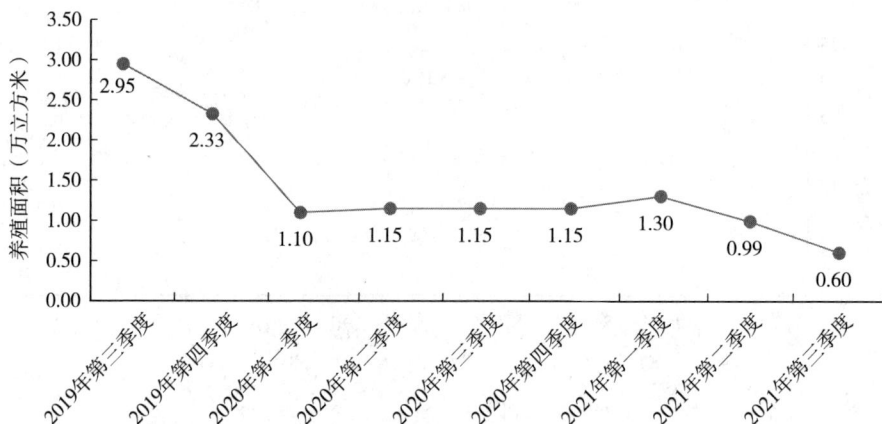

图 8-7　2019 年第三季度—2021 年第三季度体系示范区
县珍珠龙胆工厂化循环水养殖面积变动情况

方米，下降幅度为 62.71％。从 2020 年第一季度至 2020 年第四季度，工厂化循环水养殖面积较为稳定。2021 年第一季度，养殖面积增至 1.30 万立方米，环比增幅为 13.04％，但 2021 年第二季度珍珠龙胆工厂化循环水养殖面积由 1.30 万立方米下跌至 0.99 万立方米，2021 年第三季度环比下跌 39.39％，同比下跌 47.83％，相较于 2019 年同期下降 79.66％。

根据珍珠龙胆不同养殖模式的养殖面积的变动趋势，可知近两年石斑鱼总体养殖面积是呈下降趋势的，这主要是因为近两年来石斑鱼的销售价格总体呈现下降的趋势，养殖户的赚钱效益差，导致石斑鱼总体养殖面积同样呈现下跌的趋势。

8.3　体系示范区县石斑鱼养殖存量变动情况

表 8-3 为体系示范区县珍珠龙胆 2021 年第三季度季末存量分布情况及与 2019 年同时期分布情况的对比。2021 年第三季度末，体系示范区县珍珠龙胆存量为 21 925 吨，环比上涨 17.54％，同比上涨 4.90％，主要分布在海南。其中，普通池塘养殖 2021 年第三季度季末存量为 14 766 吨，占总季末存量的 67.35％，主要分布在海南和广东；普通网箱养殖季末存量为 4 409 吨，占总季末存量的 20.11％，主要分布在海南、浙江、广西和广东；工厂化流水养殖季末存量为 2 415 吨，占总季末存量的 11.01％，均分布在海南；工程化池塘

表8-3 体系示范区县珍珠龙胆2019年第三季度和2021年第三季度季末存量分布

地区	年份	第三季度末存量（吨）					所占养殖模式比重（%）				
		普通网箱	工厂化循环水	工厂化流水	普通池塘	工程化池塘	普通网箱	工厂化循环水	工厂化流水	普通池塘	工程化池塘
广西	2019	1 520	0	0	0	0	34.85	0.00	0.00	0.00	0.00
	2021	1 140	0	0	0	0	25.86	0.00	0.00	0.00	0.00
海南	2019	2 400	0	1 448	12 797	0	55.03	0.00	100.00	96.41	0.00
	2021	50	0	2 415	14 719	0	1.13	0.00	100.00	99.68	0.00
福建	2019	55	6	0	0	0	1.26	4.58	0.00	0.00	0.00
	2021	0	2	0	0	0	0.00	100.00	0.00	0.00	0.00
广东	2019	386	0	0	476	232	8.85	0.00	0.00	3.59	100.00
	2021	119	0	0	47	333	2.70	0.00	0.00	0.32	100.00
天津	2019	0	17	0	0	0	0.00	12.98	0.00	0.00	0.00
	2021	0	0	0	0	0	0.00	0.00	0.00	0.00	0.00
辽宁	2019	0	108	0	0	0	0.00	82.44	0.00	0.00	0.00
	2021	0	0	0	0	0	0.00	0.00	0.00	0.00	0.00
浙江	2019	0	0	0	0	0	0.00	0.00	0.00	0.00	0.00
	2021	3 100	0	0	0	0	70.31	0.00	0.00	0.00	0.00
合计	2019	4 361	131	1 448	13 273	232					
	2021	4 409	2	2 415	14 766	333					

养殖季末存量为 333 吨，均分布在广东；工厂化循环水养殖季末存量为 2 吨，分布在福建。与 2019 年同时期相比，2021 年第三季度珍珠龙胆普通网箱养殖模式的季末存量增加了 48 吨；工厂化循环水养殖模式的季末存量大幅降低，由 2019 年的 131 吨降低至 2021 年的 2 吨，主要表现为作为工厂化循环水养殖模式主要地区的天津和辽宁地区的季末存量由 2019 年的数十上百吨降低至 0 吨；工厂化流水养殖模式的季末存量则在 2021 年大幅上升，由 2019 年的 1 448 吨上涨至 2021 年的 2 415 吨；普通池塘养殖模式下的季末存量略微上升，涨幅为 11.25%；工程化池塘养殖模式下的石斑鱼季末存量则是由 2019 年的 232 吨大幅增加至 2021 年的 333 吨。值得注意的是，2021 年工厂化循环水养殖模式下的季末存量有大幅度的下降，结合 2021 年此养殖模式的销量情况，工厂化循环水季末存量下降是因为其销量较往年大幅增加，因此季末存量降低。

体系示范区县 2019 年第三季度和 2021 年第三季度其他石斑鱼季末存量地区分布如表 8-4 所示，就总体而言，2021 年第三季度季末存量中占比最大的是普通网箱养殖模式，占比为 69.44%，其次是普通池塘养殖和工厂化流水养殖模式，占比分别为 11.29% 和 10.64%，占比最小的是深水网箱养殖模式，存量占比为 8.63%。各个省份中，占比最高的是福建省，达到 75.61%，占比最少的是广东省，仅仅 2.47%。就不同养殖模式下不同省份之间的差别而言，普通网箱模式下，福建省存量占比最高，达到 96.45%，相比 2019 年第三季度略有提升，广东省的占比则由 2019 年第三季度的 8.92% 下降至 2021 年第三季度的 3.55%；工厂化流水养殖模式下，海南省占比为 100%，与 2019 年第三季度的水平保持不变；普通池塘养殖模式下，浙江省存量占比由 2019 年的 0 增加至 2021 年的 26.90%，而海南省存量占比则是由 2019 年的 100% 下降至 2021 年的 73.10%；深水网箱养殖模式下，福建省占比始终保持 100%，但是 2021 年第三季度存量绝对值增加至 1 137 吨。

表 8-4　体系示范区县其他石斑鱼 2019 年第三季度和 2021 年第三季度季末存量分布

地区	年份	第三季度末存量（吨）				所占养殖模式比重（%）			
		普通网箱	工厂化流水	普通池塘	深水网箱	普通网箱	工厂化流水	普通池塘	深水网箱
福建	2019	6 381	0	0	511	90.65	0.00	0.00	100.00
	2021	8 821	0	0	1 137	96.45	0.00	0.00	100.00
广东	2019	628	0	0	0	8.92	0.00	0.00	0.00
	2021	325	0	0	0	3.55	0.00	0.00	0.00

（续）

地区	年份	第三季度末存量（吨）				所占养殖模式比重（%）			
		普通网箱	工厂化流水	普通池塘	深水网箱	普通网箱	工厂化流水	普通池塘	深水网箱
海南	2019	30	963	953	0	0.43	100.00	100.00	0.00
	2021	0	1 401	1 087	0	0.00	100.00	73.10	0.00
浙江	2019	0	0	0	0	0.00	0.00	0.00	0.00
	2021	0	0	400	0	0.00	0.00	26.90	0.00
合计	2019	7 039	963	953	511				
	2021	9 146	1 401	1 487	1 137				

图8-8为体系示范区县珍珠龙胆存量变动情况。如图所示，2019年第四季度季末存量最高，然后呈下降趋势，并在2020年第二季度下降至19 551吨，之后存量逐渐上升至2020年第三季度，形成小高峰；然后季末存量逐渐下降至2021年第一季度。2020年第二季度季末存量为19 551吨，2021年第二季度季末存量下降为18 654吨，同比下降4.59%，2021年第二季度季末存量环比上升2.92%；2021年第三季度存量环比上升17.54%，同比上升4.90%，与2019年同期相比上升7.25%。

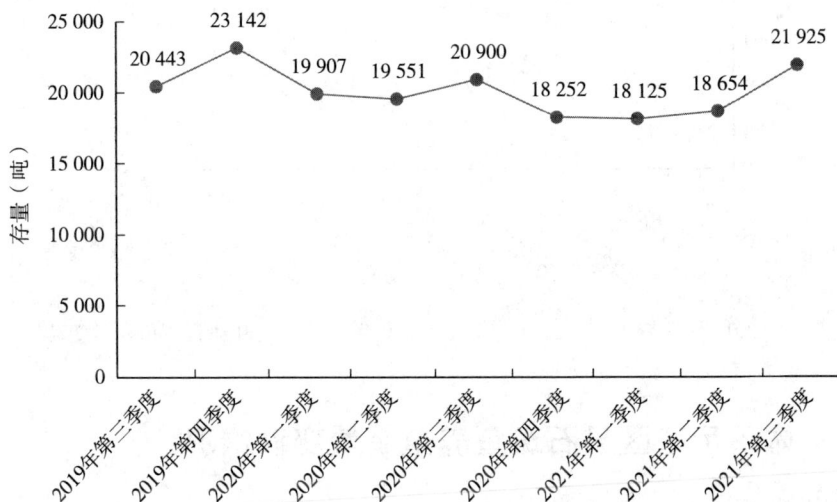

图8-8　2019年第三季度—2021年第三季度体系示范区县珍珠龙胆存量变动情况

自2019年末疫情以来，珍珠龙胆的价格开始下跌，养殖户的赚钱效益变差，珍珠龙胆养殖面积相应呈现下降的趋势，由于产量数据的缺失，我们使用珍珠龙胆养殖面积的变动来表示珍珠龙胆的产量变动，所以珍珠龙胆的产量呈现下降的趋势，因此对季末存量也产生了影响，珍珠龙胆的季末存量总体上呈现下跌的趋势。自 2021 年以来，珍珠龙胆的季末存量开始逐渐上升，从近一年的存量低点 18 125 吨逐步上涨至第三季度的 21 925 吨。

图 8-9 为体系示范区县其他石斑鱼存量变动情况。如图所示，2019 年第三季度至 2021 年第三季度期间，体系示范区其他石斑鱼季末存量总体呈现周期性波动趋势，2019 年第三季度至 2020 年第二季度期间，季末存量呈现上升趋势，季末存量在 2020 年第二季度达到峰值，随后 2020 年 2 季度至 2020 年 4 季度，季末存量一直下降至 2 020 第四季度的 10 518 吨，随后季末存量一路上涨至 2021 年第三季度的 13 171 吨。2021 年第三季度季末存量为 13 171 吨，同比上涨 2.39％，相较 2019 年第三季度上涨 39.15％，环比上涨 4.00％。

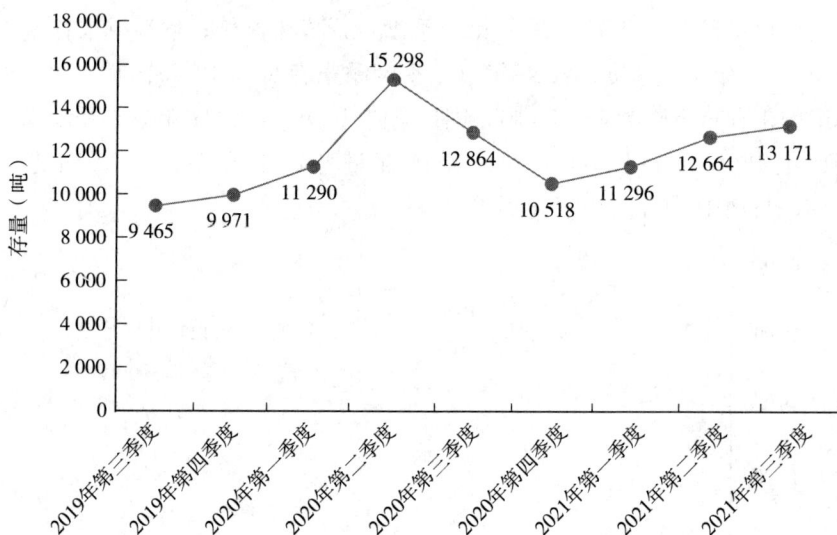

图 8-9　2019 年第三季度—2021 年第三季度体系示范区县其他石斑鱼存量变动情况

8.4　体系示范区县石斑鱼养殖销量变动情况

表 8-5 是体系示范区珍珠龙胆 2021 年第三季度销量分布及与 2019 年同时期对比。由表可知，2021 年第三季度体系示范区县珍珠龙胆销量为 8 436 吨。普通池塘养殖销量为 5 525 吨，占总销量的 65.49％，主要分布在海南；工厂化流水养殖销量为 2 103 吨，占总销量的 24.93％，均分布在海南；普通网箱养殖销

量为 633 吨，占总销量的 7.50％，主要分布在海南和广东；工程化池塘养殖销量为 174 吨，占总销量的 2.06％；工厂化循环水养殖销量为 1 吨，分布在福建。

相较于 2019 年第三季度，2021 年第三季度珍珠龙胆总销量有所下降，下降幅度为 9.39％，其中工厂化流水养殖模式下的销量较 2019 年有较大增长，增幅为 124.44％，其余养殖模式下的销量均有所下降。2021 年第三季度普通池塘、普通网箱和工程化池塘养殖模式下的销量相较 2019 年第三季度分别下降 9.80％、66.38％和 40.00％；相较于 2019 年第三季度的 75 吨，2021 年第三季度的工厂化循环水养殖模式销量大幅下降为 1 吨。由上述分析可知，2021 年第三季度珍珠龙胆总销量较 2019 年仅下跌 9.39％，但是销量结构却发生了较大的变化，工厂化流水养殖模式的销量正逐年增多，而其他养殖模式下的销量正在日渐下降，尤其是工厂化循环水养殖以及工程化池塘养殖，这与网箱养殖面积的下降呈现相同的趋势。

上述分析可知，2021 年第三季度珍珠龙胆总销量较 2019 年只下跌了 9.39％，但是销量结构却发生了较大的变化，工厂化流水养殖模式的销量正逐年增多，而其他养殖模式下的销量正在日渐下降，尤其是工厂化循环水养殖以及工程化池塘养殖，这与网箱养殖面积的下降呈现相同的趋势。

表 8-5　体系示范区县珍珠龙胆 2019 年第三季度和 2021 年第三季度销量分布

地区	年份	第三季度销量（吨）					所占养殖模式比重（％）				
		普通网箱	工厂化循环水	工厂化流水	普通池塘	工程化池塘	普通网箱	工厂化循环水	工厂化流水	普通池塘	工程化池塘
广西	2019	0	0	0	0	0	0.00	0.00	0.00	0.00	0.00
	2021	0	0	0	0	0	0.00	0.00	0.00	0.00	0.00
海南	2019	1 590	0	937	5 835	0	84.44	0.00	100.00	95.27	0.00
	2021	250	0	2 103	5 511	0	39.49	0.00	100.00	99.75	0.00
福建	2019	12	2	0	0	0	0.64	2.67	0.00	0.00	0.00
	2021	0	1	0	0	0	0.00	100.00	0.00	0.00	0.00
广东	2019	281	0	0	290	290	14.92	0.00	0.00	4.73	100.00
	2021	53	0	0	14	174	8.37	0.00	0.00	0.25	100.00
辽宁	2019	0	23	0	0	0	30.67	0.00	0.00	0.00	0.00
	2021	0	0	0	0	0	0.00	0.00	0.00	0.00	0.00
天津	2019	0	50	0	0	0	66.67	0.00	0.00	0.00	0.00
	2021	0	0	0	0	0	0.00	0.00	0.00	0.00	0.00

（续）

地区	年份	第三季度销量（吨）					所占养殖模式比重（%）				
		普通网箱	工厂化循环水	工厂化流水	普通池塘	工程化池塘	普通网箱	工厂化循环水	工厂化流水	普通池塘	工程化池塘
浙江	2019	0	0	0	0	0	0.00	0.00	0.00	0.00	0.00
	2021	330	0	0	0	0	52.13	0.00	0.00	0.00	0.00
合计	2019	1 883	75	937	6 125	290					
	2021	633	1	2 103	5 525	174					

表 8-6 是体系示范区其他石斑鱼 2019 年第三季度和 2021 年第三季度销量分布表，由表 8-6 可知，2021 年第三季度体系示范区县其他石斑鱼销量为5 167 吨。普通网箱养殖销量为 3 144 吨，占总销量的 60.85%，主要分布在福建；工厂化流水养殖销量为 1 192 吨，占总销量的 23.07%，均分布在海南；深水网箱养殖销量为 500 吨，占总销量的 9.68%，全部分布在福建；普通池塘养殖销量为 331 吨，占总销量的 6.41%。

表 8-6 体系示范区县其他石斑鱼 2019 年第三季度和 2021 年第三季度销量分布

地区	年份	第三季度销量（吨）					所占养殖模式比重（%）				
		普通网箱	工厂化循环水	工厂化流水	普通池塘	深水网箱	普通网箱	工厂化循环水	工厂化流水	普通池塘	深水网箱
海南	2019	450	0	414	1 264	0	12.09	0.00	100.00	100.00	0.00
	2021	0	0	1 192	263	0	0.00	0.00	100.00	79.46	0.00
福建	2019	2 937	6	0	0	115	78.89	100.00	0.00	0.00	100.00
	2021	3 011	0	0	0	500	95.77	0.00	0.00	0.00	100.00
广东	2019	336	0	0	0	0	9.02	0.00	0.00	0.00	0.00
	2021	133	0	0	0	0	4.23	0.00	0.00	0.00	0.00
浙江	2019	0	0	0	0	0	0.00	0.00	0.00	0.00	0.00
	2021	0	0	0	68	0	0.00	0.00	0.00	20.54	0.00
合计	2019	3 723	6	414	1 264	115					
	2021	3 144	0	1 192	331	500					

相较于 2019 年第三季度，2021 年第三季度其他石斑鱼总销量有所下降，下降幅度为 6.43%，其中工厂化流水和深水网箱养殖模式下的销量较 2019 年有较大增长，增幅分别为 187.92% 和 334.78%；其余养殖模式下的销量均有

所下降，普通池塘养殖模式下，2021 年第三季度销量小幅下降，下降幅度为 73.81%；普通网箱养殖模式下，2021 年第三季度销量大幅下降，下降幅度为 15.55%；工厂化循环水养殖模式下，2021 年第三季度销量下降至 0；就省份 而言，海南省的普通池塘和普通网箱养殖模式下的销量都较 2019 年同时期大 幅下降，工厂化流水养殖模式下的销量则大幅增加近 2 倍；2021 年第三季度 福建省的普通网箱养殖模式销量相较 2019 年同期无明显变化，深水网箱养殖 模式销量则是大幅增加至 500 吨，增加 3 倍以上；2021 年第三季度广东的普 通网箱养殖模式销量大幅降低，降低幅度为 60.42%；浙江省的普通池塘养殖 模式下的销量从 2019 年第三季度的 0 增加值 2021 年第三季度的 68 吨。

图 8-10 为 2019 年第三季度至 2021 年第三季度，体系示范区县珍珠龙胆销 量变动情况。从图 8-10 可知，2019 年第三季度至 2019 年第四季度珍珠龙胆销 量大幅上涨至观测期间最高值。2020 年第一季度珍珠龙胆销量大幅下跌至观测 期间最低值。从 2020 年第一季度至 2020 年第三季度，珍珠龙胆销量从观测最低 值逐步上涨至次峰值。随后从 2020 年第三季度的次峰值一路缓慢下跌至 2021 年 第二季度的 6 518 吨。2021 年第二季度环比下跌 1 486 吨，跌幅为 18.57%，同 比下跌幅度为 5.30%；2021 年第三季度珍珠龙胆销量迎来较大幅度的上涨，环 比上涨 29.43%，同比下跌 16.18%，与 2019 年同时期相比下降 9.39%。

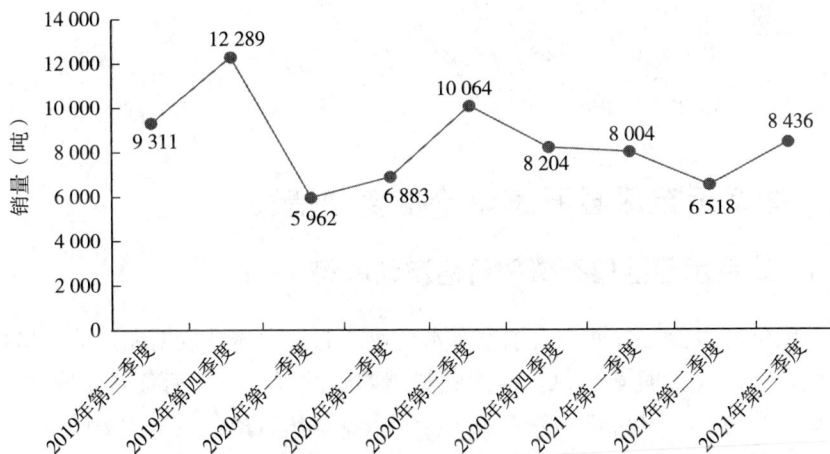

图 8-10　2019 年第三季度—2021 年第三季度体系示范区县珍珠龙胆销量变动情况

自 2019 年以来，珍珠龙胆的销量在短周期内可能会有起伏，但是在总体 上呈现下跌的趋势，这与珍珠龙胆不断下跌的价格有所关系，珍珠龙胆卖不出 好价钱，很多养殖户又不愿意低价贱卖，所以销量总体上持续下降。

图 8 - 11 为 2019 年第三季度至 2021 年第三季度，体系示范区县其他石斑鱼销量变动情况。销量整体上呈现周期性波动，2019 年第三季度至第四季度和 2020 年第二季度至 2020 年第四季度，其他石斑鱼的销量呈现上升的趋势；2019 年至 2020 年，销量呈现较大幅度的下跌趋势，随后 2020 年第二季度销量相较第一季度无太大变化；2020 年第四季度至 2021 年第三季度，其他石斑鱼的销量呈现持续下跌的趋势。2021 年第三季度，其他石斑鱼的销量为 5 167 吨，同比下跌 17.06%，相较于 2019 年同期下降 6.43%，环比下跌 4.84%。

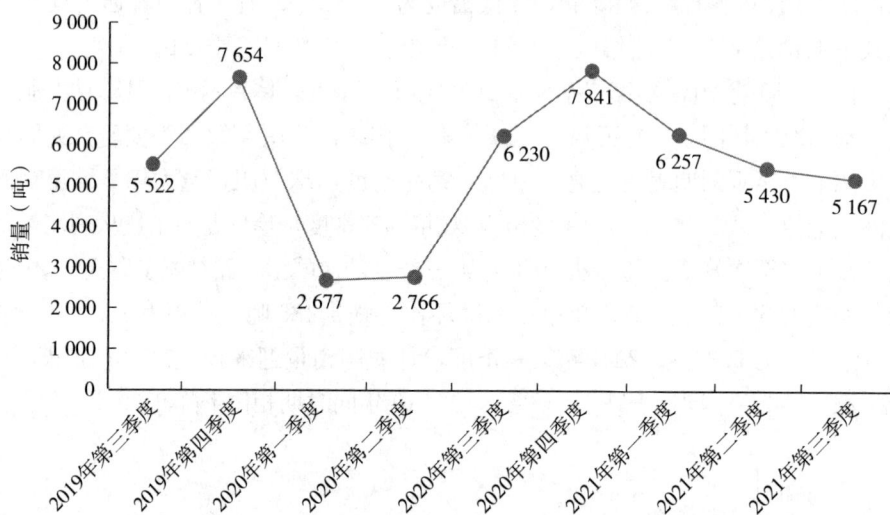

图 8 - 11 2019 年第三季度—2021 年第三季度体系示范区县其他石斑鱼销量变动情况

8.5 体系示范区县石斑鱼价格变动情况①

8.5.1 体系示范区县石斑鱼价格波动趋势

石斑鱼塘边价格数据来自国家海水鱼业产业技术体系数据库。从价格数据中发现，2018 年 2 月石斑鱼价格达到观测期间的峰值，然后逐步下降到 2019 年 7 月，2019 年 9 月价格上涨至 50.0 元/千克，然后持续下滑到 2020 年 10 月的观测期间的最低点，之后一路上涨至 2020 年 12 月的 50.5 元/千克。2021 年以来，塘边价格一路上涨，从年初的 49.2 元/千克大幅上涨至 2021 年 5 月的

---

① 由于体系示范区县的石斑鱼养殖以珍珠龙胆为主要品种，故为便于统计分析，本部分石斑鱼价格数据以珍珠龙胆价格代替。

94.0 元/千克，随后价格出现回落，从94.0元/千克回落至 2021 年 9 月的 60.3 元/千克（详情如图 8-12 所示）。

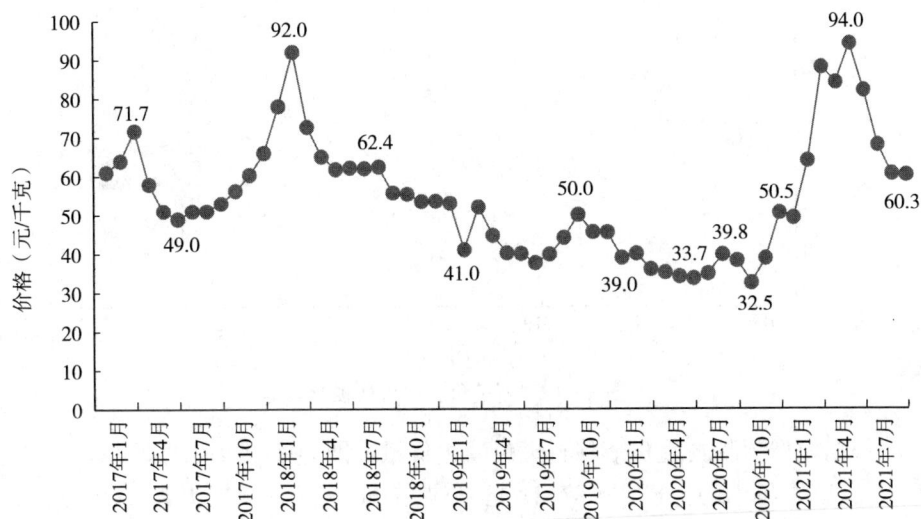

图 8-12 2017 年 1 月—2021 年 7 月体系示范区县石斑鱼价格变动情况

2017 年 6 月石斑鱼塘边价达到低谷，之后一路上涨至 2018 年 2 月的 92.0 元/千克，涨幅达 87.76%。之后石斑鱼塘边价开始一路下跌至 2019 年 2 月的 41.0 元/千克，跌幅达 55.43%。价格维稳至 2019 年 11 月的 50.0 元/千克，又开始缓慢下跌至低谷 2020 年 10 月，跌幅达 35%，之后又一路上涨至 2021 年 5 月的 94.0 元，上涨近 2 倍。

根据对以上数据的分析可知，石斑鱼价格在观测期间内呈现明显的周期性波动。2017 年 3 月至 2017 年 6 月期间，石斑鱼价格一路下跌至 49.0 元/千克，2017 年 6 月至 2018 年 2 月，石斑鱼价格从低谷 49.0 元/千克一路上涨至 92.0 元/千克。随后石斑鱼价格从 2018 年 2 月一路下跌至 2019 年 7 月的低谷，在经历短暂的价格回升后，石斑鱼价格又继续下跌至观测期间的最低点（2020 年 10 月的 32.5 元/千克），此后，石斑鱼价格又开始回升。从价格低谷上涨至 2021 年 5 月，达到新的价格峰值后又开始回落。

8.5.2 体系示范区县石斑鱼价格预测

根据国家海水鱼产业技术体系数据库的价格数据，用 ARIMA 模型预测之后 3 个月石斑鱼价格，如图 8-13 所示。

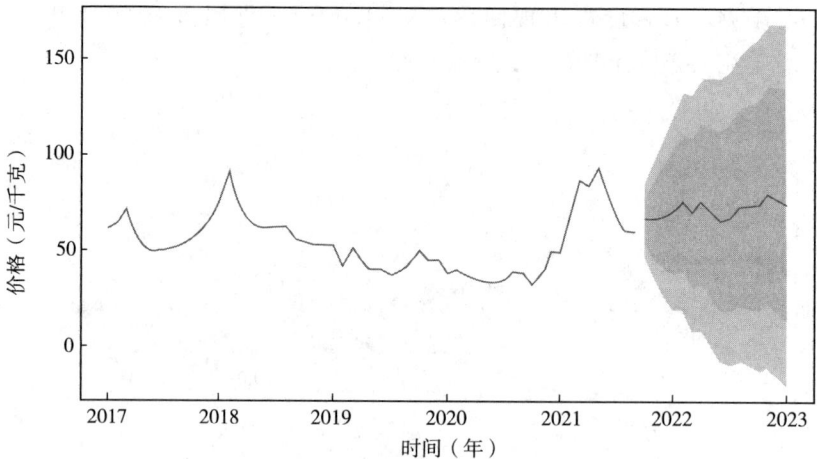

图 8-13　石斑鱼塘边价格预测

根据模型预测之后 3 个月石斑鱼塘边价格，即 2021 年 10 月、2021 年 11 月以及 2021 年 12 月分别为 67.27 元/千克、66.26 元/千克以及 67.95 元/千克，根据预测结果，之后 3 个月内石斑鱼价格仍会继续上升，从 2021 年 9 月的 60.25 元/千克一路上涨至 2021 年 12 月的 67.95 元/千克，预测涨幅将会达到 12.78%。根据预测结果，从 2022 年开始，石斑鱼的价格将较为稳定，预计 2022 年全年石斑鱼价格大部分时间都将会稳定在 67 元/千克到 75 元/千克之间，在 2022 年 11 月将达到全年价格的高峰，在 2022 年 6 月达到全年价格的最低点。

随着国内疫情防控取得明显成效，结合 2021 年以来的石斑鱼存量、销量变动，2021 年以来，石斑鱼的存量较为稳定，但是 2021 年第二季度石斑鱼销量较第一季度有较大的下降，环比跌幅为 18.57%，同比下跌 5.30%。结合前文对石斑鱼价格预测结果可知，2021 年 10 月至 2022 年 12 月，石斑鱼的价格随较 2021 年有所回落，但仍然将保持在 65 元/千克到 80 元/千克之间，虽然价格有小幅波动，但总体较为稳定。因此未来 15 个月可通过适当增加养殖户产量来保持石斑鱼的收益不变或有所增加。

8.6　体系示范区县石斑鱼养殖效益情况

8.6.1　成本收益分析

产业经济岗位调研团队于 2021 年 8—9 月进行了线上及电话访谈调研。调研数据共来自 8 家珍珠龙胆养殖户，如表 8-7 所示，其中序号 1～2 的养殖户位于广东，序号 3～6 的养殖户位于海南，序号 7～8 的养殖户位于天津。

（1）成本分析

根据调研数据核算出的石斑鱼养殖成本投入构成情况如表 8-7、表 8-8 所示。

从表 8-7 和表 8-8 可知，就总体而言，石斑鱼养殖单位总成本为 41.68 元/千克，工厂化循环水养殖的单位总成本为 65.85 元/千克，而池塘养殖的单位总成本为 38.42 元/千克，池塘养殖的单位总成本远低于工厂化循环水养殖的单位总成本。分地区来看，海南省石斑鱼养殖主要为池塘养殖模式，单位总成本为 37.2 元/千克；广东省石斑鱼养殖主要为池塘养殖模式，单位总成本为 40.77 元/千克；天津市石斑鱼养殖主要为工厂化循环水养殖模式，单位总成本为 65.86 元/千克，广东省的养殖成本略高于海南省的养殖成本，而天津市的养殖成本远高于海南省与广东省的养殖成本，这主要是因为天津市大都采用工厂化循环水养殖模式，工厂化循环水养殖模式使得天津市养殖石斑鱼的单位成本居高不下。而海南省与广东省均采用池塘养殖，所以养殖成本差异并不大。

由表 8-7 结合 2019 年相应数据可知，饲料支出由 2019 年第二季度的 19.18 元/千克增加至 2021 年第二季度的 26.81 元/千克，涨幅为 39.78%，其中，海南省、广东省和天津市养殖户的饲料支出分别为 26.66 元/千克、26.7 元/千克和 27.77 元/千克。鱼苗支出则是由 2019 年的 7.11 元/千克下降至 2021 年的 5.36 元/千克，降幅为 24.61%，其中海南省、广东省和天津市养殖户的鱼苗支出分别为 6.7 元/千克、2.64 元/千克和 5.82 元/千克。2019 年第二季度数据显示，单位变动成本为 0.95 元/千克，2021 年则上涨至 36.57 元/千克，涨幅为 18.16%；单位固定成本则是由 2019 年的 2.55 元/千克增加至 2021 年的 5.11 元/千克，涨幅为 100.39%。2021 年第二季度的单位总成本为 41.68 元/千克，较 2019 年单位总成本 33.50 元/千克上涨幅度为 24.42%。就单位总成本而言，2021 年的石斑鱼养殖的单位总成本较 2019 年同期有较大上涨，而单位总成本的增加主要来源于占成本比重最大的单位饲料成本的大幅增加，随着养殖户更多地使用价格更贵的颗粒饲料代替以往的较为便宜的冰鲜饲料，以及疫情以来，大宗商品涨价，通货膨胀，养殖户的单位饲料成本随之上涨，饲料价格的上升拉高了养殖户的养殖成本的同时压缩了养殖户的利润空间。与此同时，单位鱼苗的成本有所下降，这一方面可能是由于近两年石斑鱼价格低迷导致养殖户投苗量降低，鱼苗市场供大于求导致鱼苗价格被压低；同时，石斑鱼养殖户2021年鱼苗的成活率有所提升，因此单位鱼苗成本有所降低；再者，养殖户投苗尺寸的大小同样会影响石斑鱼的鱼苗成本，投苗的尺寸越大，鱼苗成本越高，另外，养殖户改投小尺寸苗也会影响石斑鱼的鱼苗成本。

表8-7 2021年石斑鱼样本的成本分析

单位：元/千克

类别	1	2	3	4	5	6	7	8	加权平均（2021年）	加权平均（2019年）
销售价格	70.00	50.00	70.00	60.00	50.00	76.00	76.00	72.00	59.10	57.14
鱼苗支出	12.96	1.92	6.22	5.71	6.57	8.62	7.41	4.71	5.36	7.11
饲料支出	27.22	26.67	51.36	17.14	17.75	20.28	28.60	27.19	26.81	19.18
渔药支出	0.00	0.13	2.50	2.29	0.00	0.41	1.11	0.10	0.65	2.50
水电煤费支出	1.85	7.69	0.83	2.06	0.10	2.22	11.11	5.23	3.61	2.01
临时员工工资	0.00	0.00	0.00	0.41	0.26	0.34	0.00	0.00	0.13	0.15
运输费用	0.00	0.00	0.00	0.00	0.00	0.14	0.00	0.00	0.01	0.00
其他可变费用（如水污染防治费等）	0.00	0.00	0.00	0.00	0.00	0.00	0.00	0.00	0.00	0.00
单位变动成本	42.03	36.41	60.91	27.61	24.68	32.01	48.23	37.23	36.57	30.95
固定员工工资	0.00	2.60	0.00	0.00	0.00	1.85	12.44	7.72	2.05	1.02
固定资产折旧	1.85	0.56	1.40	0.45	0.58	1.14	10.37	15.69	2.29	0.78
设备维修费	0.37	0.00	0.20	0.43	0.00	0.17	2.22	0.00	0.19	0.09
利息费用	0.00	0.00	0.00	0.86	0.00	0.00	0.00	0.00	0.05	0.06
其他固定费用	0.00	0.00	0.00	0.00	0.00	0.00	0.00	0.00	0.00	0.00
水域租金	0.00	0.96	0.00	0.93	0.38	1.03	0.00	0.00	0.53	0.60
单位固定成本	2.22	4.12	1.60	2.67	0.96	4.19	25.03	23.41	5.11	2.55
单位总成本	44.25	40.53	62.51	30.28	25.64	36.20	73.26	60.64	41.68	33.50

由表8-8成本数据结合2019年相应数据可知，池塘养殖模式下，石斑鱼的鱼苗支出由2019年的26.27元/千克下降至2021年的5.30元/千克，下降幅度为79.82%；饲料支出由2.32元/千克上涨至26.68元/千克，上涨十倍多；单位变动成本则是由36.95元/千克至35.87元/千克，下降幅度为

2.92%；单位固定成本则是从 2.36 元/千克上升至 2.55 元/千克。石斑鱼的单位总成本则是由 2019 年的 39.31 元/千克下降至 2021 年的 38.42 元/千克，降幅为 2.16%。经过对比可知，虽然池塘养殖模式下，石斑鱼的单位总成本变化并不大，但是成本的结构发生了巨大的变化，单位变动成本中，占比最大的成本项由 2019 年的鱼苗支出变成了 2021 年的饲料支出，鱼苗支出大幅度下降，饲料支出大幅上升。

工厂化循环水养殖模式下，鱼苗支出由 2019 年的 14.29 元/千克下降至 2021 年的 5.82 元/千克，跌幅为 59.27%；饲料支出由 2019 年的 2.00 元/千克上涨至 2021 年的 27.77 元/千克，涨幅高达十多倍；2021 年的工厂化循环水养殖模式下的石斑鱼单位变动成本近两倍于 2019 年的单位变动成本，为 41.77 元/千克；单位固定成本略有上升，由 2019 年的 26.19 元/千克上升至 2021 年的 24.08 元/千克，其中固定资产折旧构成 2021 年单位固定成本的主要部分，这不同于 2019 年的固定员工工资和设备维修费；2021 年工厂化循环水养殖模式下的石斑鱼单位总成本为 65.85 元/千克，较 2019 年的 48.13 元/千克有较大上涨，涨幅为 36.82%，上升的成本主要集中于单位饲料支出以及固定资产的折旧。

从表 8-8 成本构成中，池塘养殖和工厂化循环水养殖两种模式下，单位饲料支出在单位总成本中所占比例最高，分别为 69.44% 和 42.17%，其次池塘养殖的鱼苗支出在单位总成本中占比 13.79%，工厂化循环水养殖的固定资产折旧支出为 20.49%。结合各项支出在单位总成本中的占比，池塘养殖石斑鱼养殖成本的变动特点主要取决于饲料和苗种的变动情况，而工厂化循环水养殖的石斑鱼的养殖成本变动特点主要取决于饲料和固定资产折旧。两种养殖模式下，单位变动成本在总成本中所占的比例均明显高于单位固定成本。两种养殖模式的单位固定成本构成存在较大差异，工厂化循环水养殖和池塘养殖下，固定资产折旧在总成本中占比分别为 20.49% 和 2.03%。调研样本中，工厂化循环水养殖的养殖成本中，水电费支出占到 11.63%，固定员工工资支出占到 14.68%。

通过以上统计分析可知，石斑鱼的池塘养殖相较于工厂化循环水养殖来说存在一定的成本优势，造成这种优势的原因主要有：①固定资产折旧。工厂化循环水养殖需要大型机器设备维持水的循环使用，机器的磨损会带来较高的折旧费用，而池塘养殖所需要的设备较少，因此在固定资产折旧这方面，池塘养殖具有较大的成本优势。②水电煤费支出。工厂化循环水养殖的机器设备的运

表8-8 2019年和2021年石斑鱼不同养殖模式的成本构成

项目	池塘养殖						工厂化循环水养殖					
	金额（元/千克）		在各自成本中所占比例（%）		在总成本中所占比例（%）		金额（元/千克）		在各自成本中所占比例（%）		在总成本中所占比例（%）	
	2019年	2021年	2019年	2021年	2019年	2021年	2019年	2021年	2019年	2021年	2019年	2021年
鱼苗支出	26.27	5.30	71.10	14.78	66.83	13.79	14.29	5.82	65.13	13.93	29.69	8.84
饲料支出	2.32	26.68	6.28	74.38	5.90	69.44	2.00	27.77	9.12	66.48	4.16	42.17
渔药支出	3.4	0.67	9.20	1.87	8.65	1.74	1.02	0.52	4.65	1.24	2.12	0.79
水电费支出	2.48	3.06	6.71	8.53	6.31	7.96	3.57	7.66	16.27	18.34	7.42	11.63
临时员工工资	2.48	0.15	6.71	0.42	6.31	0.39	1.06	0.00	4.83	0.00	2.20	0.00
运输费用	0	0.01	0.00	0.03	0.00	0.03	0.00	0.00	0.00	0.00	0.00	0.00
其他可变费用	0	0.00	0.00	0.00	0.00	0.00	0.00	0.00	0.00	0.00	0.00	0.00
单位变动成本	36.95	35.87			94.00	93.36	21.94	41.77			45.58	63.43
固定员工工资	0.6	1.02	25.42	40.00	1.53	2.65	11.02	9.67	42.08	40.16	22.90	14.68
固定资产折旧	1.08	0.78	45.76	30.59	2.75	2.03	1.40	13.49	5.35	56.02	2.91	20.49
设备维修费	0.31	0.09	13.14	3.53	0.79	0.23	5.10	0.92	19.47	3.82	10.60	1.40
利息费用	0.1	0.06	4.24	2.35	0.25	0.16	0.00	0.00	0.00	0.00	0.00	0.00
其他固定费用	0	0.00	0.00	0.00	0.00	0.00	0.00	0.00	0.00	0.00	0.00	0.00
水域租金	0.27	0.60	11.44	23.53	0.69	1.56	8.67	0.00	33.10	0.00	18.01	0.00
单位固定成本	2.36	2.55			6.00	6.14	26.19	24.08			54.42	36.57
单位总成本	39.31	38.42					48.13	65.85				

作需要巨额的电力成本，而池塘养殖需要的电力支出较少，仅限于增氧泵等设备。③员工工资。工厂化循环水养殖需要雇佣的固定劳动力更多，发放的工资相对也较高，而池塘养殖使用固定劳动力较少，使用临时工较多，这就造成员工工资成本方面的差异。由于2021年疫情，石斑鱼的调研样本数较少，可能导致数据存在一定误差。

（2）收益分析

表8-9为石斑鱼养殖的收益分析。2021年石斑鱼养殖的净利润为17.42元/千克，其中池塘养殖和工厂化循环水养殖的净利润分别为18.72元/千克和7.81元/千克。这两种养殖方式对应的成本利润率分别为48.72%和11.86%，销售利润率分别为32.76%和10.60%，表明池塘养殖户和工厂化循环水养殖户基本处于盈利状态，其中池塘养殖的利润更大。工厂化循环水养殖的边际贡献率高于池塘养殖，为43.29%，表明工厂化循环水养殖企业也处于较好的盈利状态。综上，目前石斑鱼养殖业整体处于一种高投入高利润的生产状态。虽然石斑鱼养殖的单位成本较往年有所增加，但是随着增加的还有石斑鱼的价格，在2021年石斑鱼较高的价格之下，养殖户的利润得到了保障。

表8-9 2019年和2021年石斑鱼不同养殖模式的收益分析

养殖模式	总成本（元/千克）		销售收入（元/千克）		净利润（元/千克）		成本利润率（%）		销售利润率（%）		边际贡献率（%）	
	2019年	2021年	2019年	2021年	2019年	2021年	2019年	2021年	2019年	2021年	2019年	2021年
池塘	39.31	38.42	52.00	57.14	12.69	18.72	32.28	48.72	24.40	32.76	28.94	37.22
工厂化循环水	48.13	65.85	50.00	73.66	1.87	7.81	3.89	11.86	3.74	10.60	56.12	43.29
总体	33.50	41.68	51.00	59.10	17.50	17.42	52.24	41.79	34.31	29.48	39.31	38.12

结合2019年相应的数据可知，池塘养殖的销售利润由2019年的24.40%上涨至2021年的32.76%；池塘养殖的边际贡献率则是由2019年的28.94%增加至2021年的37.22%。工厂化循环水养殖模式下，石斑鱼养殖的单位总成本由2019年的48.13元/千克上涨至2021年的65.85元/千克，销售价格则是从2019年的50.00元/千克大幅上涨至2021年的73.66元/千克，单位净利润上涨了23.66元/千克，成本利润率有所上涨，由2019年的3.89%上涨至2021年的11.86%，销售利润率则是由2019年的3.74%上涨至2021年的10.60%。

工厂化循环水养殖模式下，石斑鱼价格的回升带来对其利润的支撑，随着工厂化循环水养殖成本的逐年提升，其养殖利润更多地受到石斑鱼价格的影响，如果石斑鱼的价格不能稳定在高位，那么工厂化循环水养殖模式下，养殖户的利润将会受到挤压。与之相反的是，池塘养殖模式下，2021年的养殖的成本较2019年有所下降，伴随着石斑鱼价格的回升，池塘养殖模式下的石斑鱼养殖户迎来的丰厚的利润。就总体而言，2021年石斑鱼养殖的净利润为17.42元/千克，这主要得益于2021年石斑鱼价格的支撑。

8.6.2 不确定性分析

（1）盈亏平衡分析

从表8-10可知，2021年工厂化循环水养殖的安全边际率为62.55%，池塘养殖的安全边际率由2019年的82.44%增加至2021年的91.58%，安全边际率较高，说明在目前的养殖模式下，养殖户对于固定成本收回的能力较强，能较快地收回当年的固定成本，在价格等要素保持稳定的情况下，经营的财务风险处于较为安全的状况。盈亏平衡作业率反映的是生产周期内产业的盈亏平衡产量与实际销售产量的比率，该比率越低对养殖个体越有利，2021年工厂化循环水养殖模式的盈亏作业率为37.45%，池塘养殖模式的盈亏作业率由2019年的17.64%下降至2021年的8.42%，表明工厂化循环水模式的经营风险高于普通网箱养殖的风险。在2021年石斑鱼较高的价格下，两种养殖模式下的养殖户的经营风险较往年变低，较高的石斑鱼市场价格给予养殖户更多的利润空间和财务方面的保障。

表8-10 2019年和2021年石斑鱼不同养殖模式的盈亏平衡分析

项目	2019年		2021年		
	池塘养殖	工厂化循环水养殖	池塘养殖	工厂化循环水养殖	总体
盈亏平衡产量（千克）	2 287	6 058	10 058	12 582	10 358
实际销售产量（千克）	12 968	416 875	119 404	33 595	109 203
安全边际量（千克）	10 691	410 817	109 346	21 012	98 845
安全边际率（%）	82.44	98.55	91.58	62.55	90.51
盈亏平衡作业率（%）	17.64	1.45	8.42	37.45	9.49
盈亏平衡价格（元/千克）	39.31	48.13	38.42	65.85	41.68
销售价格（元/千克）	52.00	50.00	57.14	73.66	59.10
销售价格与盈亏平衡价格之差（元/千克）	12.69	1.87	18.72	7.81	17.42

（2）敏感性分析

表 8 - 11 为两种养殖模式下石斑鱼的敏感性分析，表明了不同影响因素对净利润的敏感系数以及以 1％影响程度为例的具体变化分析。变化方向方面，池塘养殖以及工厂化循环水养殖销售价格与净利润变化方向相同，成本因素与净利润的变化方向相反。池塘养殖石斑鱼销售价格的敏感系数为 5.61，表明销售价格每上涨 1％，养殖者的利润上涨 5.61％，说明在保持其他影响因素不变的情况下，销售价格的变动引起池塘养殖模式的净利润变动程度是最大的。比较 2019 年相应的数据可知，2021 年和 2019 年池塘养殖模式下，除了销售价格敏感系数以外，其余成本的敏感系数均为负值；2021 年和 2019 年池塘养殖模式下的成本及销售价格的敏感系数的绝对值均介于 0 到 4 之间，其中，

表 8 - 11　2019 年和 2021 年石斑鱼不同养殖模式的敏感系数（变动 1％）

项目	2019 年		2021 年		
	池塘养殖	工厂化循环水养殖	池塘养殖	工厂化循环水养殖	总体
销售价格	4.79	6.48	4.31	15.22	5.61
鱼苗支出	−2.42	−1.85	−0.34	−1.36	−0.46
饲料支出	−0.21	−0.26	−2.40	−5.73	−2.80
渔药支出	−0.31	−0.13	−0.07	−0.17	−0.08
水费支出	0.00	0.00	−0.18	0.00	−0.16
电费支出	−0.40	−0.46	−0.11	−1.95	−0.33
煤费支出	0.00	0.00	0.00	0.00	0.00
临时员工工资	−0.23	−0.14	−0.01	0.00	0.00
运输费用	0.00	0.00	0.00	0.00	0.00
其他可变费用（如水污染防治费等）	0.00	0.00	0.00	0.00	0.00
单位变动成本	−3.57	−2.84	−3.11	−9.22	−3.83
固定员工工资	−0.06	−1.43	−0.09	−2.28	−0.35
固定资产折旧	−0.10	−0.02	−0.06	−2.38	−0.34
设备维修费	−0.03	−0.07	−0.01	−0.34	−0.05
利息费用	0.00	0.00	0.00	0.00	0.00
固定费用	0.00	0.00	0.00	0.00	0.00
水域租金	−0.02	−1.12	−0.04	0.00	−0.04
单位固定成本	−0.22	−2.63	−0.21	−5.00	−0.78
单位总成本	−3.79	−5.48	−3.31	−14.22	−4.61

2019 年的鱼苗支出的敏感系数要远高于 2021 年，同时 2021 年的饲料支出的敏感系数远高于 2019 年，这是因为相较于 2019 年，2021 年石斑鱼单位变动成本中，饲料费用成为占比最大份额，不同于 2019 年的鱼苗支出占据最大份额。2019 年的单位变动成本的敏感系数略高于 2021 年的单位变动成本，但是 2021 年石斑鱼的价格确实大幅度高于 2019 年，这就使得单位变动成本中，2019 年略高于 2021 年。

对于工厂化循环水养殖而言，销售价格的敏感系数为 15.22，这表明石斑鱼的销售价格上涨 1%，养殖者利润上涨 15.22%。工厂化循环水养殖的各影响因素中，销售价格的敏感性最高，其次是饲料支出，表明石斑鱼饲料支出每上涨 1%，养殖户的利润减少 5.73%。工厂化循环水养殖模式的电费支出的敏感系数为 -1.95，表明电费支出每增加 1%，养殖户利润减少 1.95%。工厂化循环水养殖模式下，养殖户的利润对销售价格的敏感度较高，表明随着价格的波动，养殖户的利润将会受到巨大的冲击，饲料支出同样是影响养殖户利润的重要因素，因此，工厂化循环水养殖模式下的养殖户的收益的波动主要受到销售价格与饲料支出的影响。

8.7 存在的问题

（1）价格波动较大

石斑鱼的销量和价格是反向关系，石斑鱼价格较高时，更多的渔民选择养殖石斑鱼，导致更多的石斑鱼产量，需求不变的情况下，市场供过于求，因此价格被拉低。当价格处于低谷时，养殖户数量变少，同时现存养殖户部分选择将规格石斑鱼存塘以等待价格回升，这就造成市场供小于求，价格回升。石斑鱼的价格高峰时为 94.0 元/千克，价格低谷时则为 32.5/千克，差别较大。价格波动剧烈的背后是有待拓宽的市场，拓宽市场需求，能够在为更多石斑鱼养殖户提供就业的同时，保证他们的收益。

（2）饲料成本不断提升，导致养殖成本提高

从调研数据来看，饲料支出由 2019 年第二季度的 19.18 元/千克增加至 2021 年第二季度的 26.81 元/千克，涨幅为 39.78%。饲料支出在石斑鱼养殖单位变动成本中占比较大，达到了 73.31%，可以说饲料支出的变动决定了单位变动成本的变动趋势，尤其是对于工厂化养殖者来说，单位变动成本对饲料支出的变动较为敏感。疫情以来，饲料成本不断上升，拉高了石斑鱼养殖的单

位总成本，因此，在价格不变的情况下，养殖成本的上升压缩了养殖户的利润空间。

（3）水产养殖保险的需求

调研发现，大部分养殖户没有购买水产养殖保险，部分养殖户表示不了解有这方面的保险可以购买，部分养殖户表示水产养殖保险价格较贵，自身承担能力有限，还有部分养殖户反映，即使购买了保险，受灾后也存在获赔难度较大、索赔周期较长的问题。除此之外，石斑鱼波动较大的价格也是导致养殖户利润波动的重要因素，通过比较2019年与2021年的成本收益数据可知，价格是影响石斑鱼养殖户利润的决定性因素，尤其是工厂化养殖模式下，价格稳定在高位保证了养殖户的正收益。石斑鱼养殖尤其是工厂化养殖，前期需要投入大量的资本购买固定资产，因此养殖户后期需要稳定的收益来偿还因购买固定资产而发生的贷款及利息费用，但是受由自然灾害以及市场因素导致的价格波动的影响，部分养殖户可能会面临不可避免的损失，因此，石斑鱼养殖户需要稳定的市场价格以便对自己的生产活动做出合理的安排。当前国内较多渔民会购买渔业互助保险，但是渔业互助保险的险种有限，对于水产养殖中的自然灾害以及价格波动给养殖户带来的经济效益的损失，少有保险公司愿意以养殖户能够承担的价格承保，与此同时，部分养殖户的风险意识有待提升，对渔业风险以及相应保险的认识有待进一步加强。

8.8 对策建议

（1）重点加强国内加工消费市场培育，逐步关注国际市场

一是建议加强石斑鱼加工产品研发，加快发展石斑鱼加工产业，并以加工产品为主，培养加工消费习惯，开发内陆市场。二是建议结合融媒体技术，加大宣传力度，让消费者了解石斑鱼的营养价值，传递石斑鱼的烹调方式和食用方法。三是建议在产业集聚相对明显的区域，打造石斑鱼的区域品牌并积极宣传。四是加强对各国或地区的消费饮食爱好、消费习性的调查，拓宽国外市场。

（2）精细化投喂管理，提升饲料投喂效率

石斑鱼的饲料成本越来越高，控制饲料成本成为控制石斑鱼养殖成本的重点。一方面政府应推动饲料研究中心的建立，通过人才、技术和资金的注入，加快推进对颗粒饲料的研发，降低颗粒饲料的成本和价格；另一方面要向养殖户普及饲料精细化投喂的知识，例如如何控制投喂的时间、投喂的频率等，做到饲料的高效利用。

（3）完善水产养殖保险制度，保障养殖生产稳定

建议加大相应的水产养殖补贴力度，继续推进渔业互助保险的业务发展，开拓并推广更多种类的保险，例如水产品价格指数险、巨灾险等；通过政府引导资金的介入，改进惠农补贴方式，加大政策性保险支农支渔力度，以增强养殖户对水产养殖保险的购买能力，并鼓励商业保险机构更好地参与水产养殖保险行业；与此同时，通过基层服务组织，加大基层工作者对养殖户保险方面知识、成功的保险案例的宣传，做到宣传到户；与此同时，建议优化渔业互助组织的保险赔付流程，降低受灾养殖户获赔的难度。

⑨ 军曹鱼养殖产业经济研究①

内容提要

本研究主要反映了 2020 年第四季度以来示范区县军曹鱼养殖业的养殖面积、季末存量、季度销量、价格变化、成本收益、产业发展问题等情况，并提出了相应的对策建议。

养殖面积： 军曹鱼养殖方式主要为普通网箱养殖和深水网箱养殖，养殖地集中在广东省和海南省。2020 年第四季度至 2021 年第三季度，军曹鱼总养殖面积及普通网箱养殖面积均呈现先下降后上升再下降的趋势：2020 年第四季度，军曹鱼总养殖面积为 63 100 平方米，2021 年第一季度为最低点，下降至 37 610 平方米，下降幅度为 40.40%，2021 年第二季度总养殖面积上升至 58 810 平方米，环比上升 56.37%，而 2021 年第三季度下降至 56 810 平方米，下降幅度较小，为 3.40%，同比下降 43.81%，与 2019 年第三季度相比下降 57.94%；2020 年第四季度普通网箱养殖面积为 31 100 平方米，2021 年第一季度降至最低点，为 21 100 平方米，下降幅度为 32.15%，2021 年第二季度上升至 24 300 平方米，上升幅度为 15.17%，2021 年第三季度为 22 300 平方米，下降幅度较小，为 8.23%，同比下降 42.97%，较 2019 年第三季度下降 78.56%。深水网箱养殖面积呈现先下降后增长，并逐渐平稳的趋势：2020 年第四季度为 32 000 立方米，2021 年第一季度下跌至 16 510 立方米，为最低点，环比下降 48.41%，2021 年第二季度上升至 34 510 立方米，环比增长 109.02%，2021 年第三季度与上一季度持平，无环比变化，同比下降 44.34%，较 2019 年第三季度上涨 11.11%。

季末存量： 2020 年第四季度至 2021 年第三季度，军曹鱼季末存量呈现稳步上升的趋势：2020 年第四季度末存量为 484 吨，2021 年第一季度上升至 665 吨，上升幅度为 37.40%，2021 年第二季度为 955 吨，环比增长 43.61%，

---

① 撰写人：杨正勇、张英丽、刘昱岐。

2021年第三季度增长至1 075吨，涨幅为12.57％，同比上涨49.10％，较2019年第三季度下降45.98％。其中，普通网箱2021年第三季度末存量为565吨，占总季末存量的52.56％，主要分布在海南（500吨）和广东（65吨）；深水网箱2021年第三季度末存量为510吨，占总季末存量的47.44％，主要分布在广东（450吨）和海南（60吨）。

季度销量： 2020年第四季度至2021年第三季度，军曹鱼季度销量呈现先下降后上升的趋势：2020年第四季度销量为750吨，2021年第一季度为480吨，下降幅度为36.00％，2021年第二季度降至340吨，为最低点，环比下降29.17％，2021年第三季度增长至825吨，环比上涨142.65％，同比下降2.02％，较2019年第三季度下降46.64％。

价格变化： 2020年第四季度至2021年第三季度，军曹鱼价格先上升，后趋于平稳：2020年12月军曹鱼塘边价格为53.0元/千克，2021年2月上升至54.0元/千克，后保持在该价格至2021年8月，这期间军曹鱼塘边价均为54.0元/千克，无环比变化，较2020年8月同比上涨12.50％，较2019年8月上升17.90％。结合ARMA模型对军曹鱼价格进行预测，结果显示：2021年10月至2022年12月军曹鱼塘边价格有小幅波动，整体趋于平稳。

养殖成本收益： 结合体系调研团队2021年8月到9月线上平台的调研数据，2021年普通网箱养殖和深水网箱养殖两种模式下，普通网箱和深水网箱的单位总成本分别为26.24元/千克和24.28元/千克，深水网箱比普通网箱的单位养殖成本低1.96元/千克。在收益方面，2021年军曹鱼养殖的净利润为8.76元/千克，其中普通网箱养殖和深水网箱养殖的净利润分别为7.38元/千克和10.14元/千克。这两种养殖方式对应的成本利润率分别为28.13％和41.76％，销售利润率分别为21.95％和29.46％，表明养殖户处于盈利状态。深水网箱养殖的边际贡献率高于普通网箱养殖，深水网箱的收益率高于普通网箱。

产业发展问题及对策建议： 第一，军曹鱼养殖资金压力较大，养殖风险较高。第二，目前还没有人工配合饲料可以用于投喂军曹鱼，专用配合饲料仍需研发及推广应用。第三，军曹鱼养殖及消费地区主要集中在广东及海南等沿海地区，军曹鱼主要销售市场有限。结合当前军曹鱼养殖过程中存在的问题，提出以下三点建议：第一是提高生产者灾害防控能力；第二是加强军曹鱼的营养需求研究，研发合适的配合饲料；第三是多方协同攻关，提高养成转季成活率；第四是加大融资与水产养殖保险扶持力度，鼓励商业银行设立专门针对养殖者等小微贷款者的贷款设立特别坏账准备账户，打通小微贷款扶持政策的

"最后一公里"。

9.1　引言

本研究以国家海水鱼产业技术体系各综合试验站跟踪调查数据为基础，以农业农村部渔业渔政管理局养殖渔情监测系统调研数据为补充，结合产业经济岗位团队调研数据，梳理出体系示范区县军曹鱼产业发展动态情况，供有关各方参考。本研究描述了体系示范区县军曹鱼养殖面积变动、存量变动、销量变动、价格变动和成本收益情况，以及军曹鱼养殖过程中存在的问题和相应的对策建议。在数据采集过程中，得到了各综合试验站、相关岗位科学家的帮助与支持，在此一并表示感谢！

9.2　体系示范区县军曹鱼养殖面积变动情况

9.2.1　体系示范区县军曹鱼养殖面积情况

根据国家海水鱼产业技术体系各综合试验站跟踪调查数据，体系示范区县中，2019年第三季度军曹鱼普通网箱养殖主要集中在广东和海南，广东普通网箱养殖面积为14 000平方米，占普通网箱总养殖面积的13.46%，较2019年第二季度上涨75%，海南普通网箱养殖面积为90 000立方米，占普通网箱总养殖面积的86.54%，较2019年第二季度无变化；深水网箱养殖集中在广东和海南，广东深水网箱养殖15 000立方米，占深水网箱总养殖面积的48.29%，较2019年第二季度上涨66.67%，海南深水网箱养殖16 060立方米，占深水网箱总养殖面积的51.71%，较2019年第二季度无变化。详见表9-1。

表9-1　体系示范区县军曹鱼2019年第三季度养殖面积分布

地区	养殖面积		所占养殖模式比重	
	普通网箱（平方米）	深水网箱 *（立方米）	普通网箱（%）	深水网箱（%）
广东	14 000	15 000	13.46	48.29
海南	90 000	16 060	86.54	51.71
合计	104 000	31 060		

* 深水网箱以1∶1比例由立方米换算为平方米，下同。

体系示范区县中，2021 年第三季度军曹鱼普通网箱养殖主要集中在广东和海南，广东普通网箱养殖面积为 4 300 平方米，占普通网箱总养殖面积的 19.28%，较 2019 年第三季度下降 69.29%，海南普通网箱养殖面积为 18 000 立方米，占普通网箱总养殖面积的 80.72%，较 2019 年第三季度下降 80.00%；深水网箱养殖集中在广东和海南，广东深水网箱养殖 24 000 立方米，占深水网箱总养殖面积的 69.55%，较 2019 年第三季度上涨 60.00%，海南深水网箱养殖 10 510 立方米，占深水网箱总养殖面积的 30.45%，较 2019 年第三季度下降 34.56%。详见表 9 - 2。

表 9 - 2　体系示范区县军曹鱼 2021 年第三季度养殖面积分布

地区	养殖面积		所占养殖模式比重	
	普通网箱（平方米）	深水网箱（立方米）	普通网箱（%）	深水网箱（%）
广东	4 300	24 000	19.28	69.55
海南	18 000	10 510	80.72	30.45
合计	22 300	34 510	100.00	100.00

9.2.2　体系示范区县军曹鱼养殖面积年际变动情况

图 9 - 1 为示范区县军曹鱼总养殖面积变动情况。图 9 - 1[①] 可知，军曹鱼总养殖面积的最高值为 2019 年第三季度的 135 060 平方米，然后持续下跌至 2020 年第一季度，下降幅度为 39.66%。从 2020 年第一季度最低值开始，军曹鱼的总养殖面积开始扩大，2020 年第二季度到 2020 年第三季度养殖面积基本保持稳定。2020 年第一季度总养殖面积为 81 500 平方米，但其在第二季度上升至 97 160 平方米，环比上涨 19.21%，同比下降 21.05%。2020 年第三季度总养殖面积为 101 100 平方米，但其在第四季度为 63 100 平方米，环比下降 37.59%，同比下降 49.34%。2021 年第一季度总养殖面积跌至 37 610 平方米，环比下降 40.40%，同比下降 53.85%；2021 年第二季度总养殖面积上升至 58 810 平方米，环比上涨 56.37%，同比下降 39.47%。体系示范区县军曹鱼 2021 年第三季度养殖总面积为 56 810 平方米，环比下降 3.40%，同比下降

---

①　养殖面积为深水网箱、普通网箱面积之和；其中深水网箱以 1∶1 比例由立方米换算为平方米。

43.81%，较 2019 年第三季度下降 57.94%。

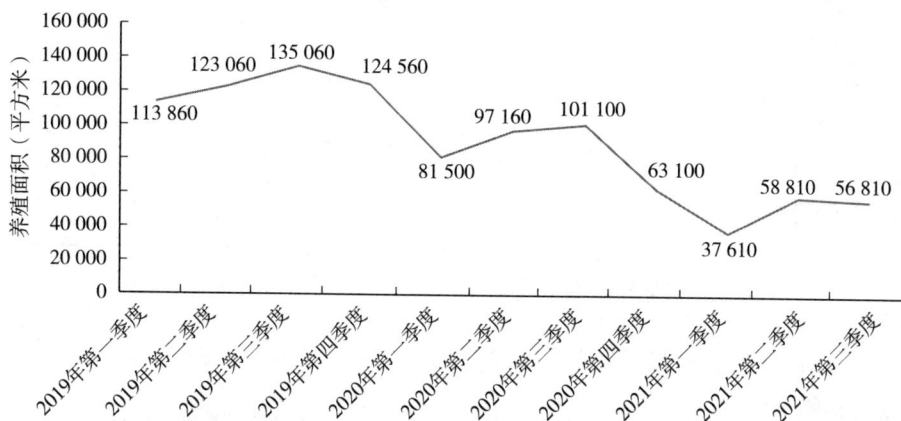

图 9-1 2019 年第一季度—2021 年第三季度体系示范区县军曹鱼养殖面积变动情况

图 9-2 为体系示范区县军曹鱼普通网箱养殖面积，从图 9-2 可知，2019 年第三季度军曹鱼普通网箱养殖面积最高，2021 年第一季度普通网箱养殖面积最低。2019 年第三季度为 104 000 平方米，2021 年第一季度为 21 100 平方米，下跌幅度为 79.71%。2019 年第四季度军曹鱼普通网箱养殖面积开始下降，2020 年第一季度普通网箱养殖面积为 49 500 平方米，环比下降 49.75%，同比下降 47.34%。2020 年第二季度普通网箱养殖面积为 49 100 平方米，环比下降 0.81%，同比下降 49.90%。2020 年第三季度普通网箱养殖面积为 39 100 平方米，环比下降 20.37%，同比下降 62.40%。2020 年第四季度普通网箱养殖面积为 31 100 平方米，环比下降 20.46%，同比下降 68.43%。2021 年第一季度军曹鱼普通网箱养殖面积为 21 100 平方米，环比下降 32.15%，同比下降 57.37%。2021 年第二季度军曹鱼普通网箱养殖面积为 24 300 平方米，环比上涨 15.17%，同比下降 50.51%。2021 年第三季度军曹鱼普通网箱养殖面积为 22 300 平方米，环比下降 8.23%，同比下降 42.97%，较 2019 年第三季度下降 78.56%。

图 9-3 为体系示范区县军曹鱼深水网箱养殖面积，从图 9-3 可知，2020 年第三季度军曹鱼深水网箱养殖面积最大，2021 年第一季度深水网箱养殖面积最小。2020 年第三季度为 62 000 立方米，2021 年第一季度为 16 510 立方米，下跌幅度为 73.37%。2019 年开始军曹鱼深水网箱养殖面积开始上升，2019 年第四季度稍有回落，之后稳步上升至 2020 年第三季度达到最大值。

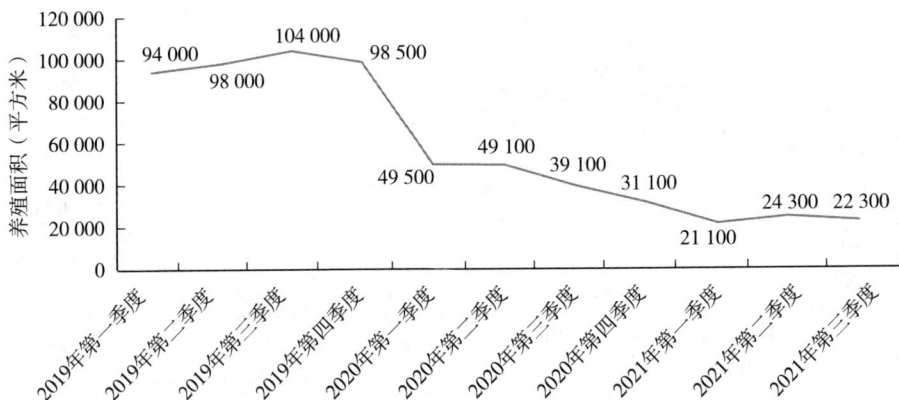

图 9 - 2 2019 年第一季度—2021 年第三季度体系示范区县军曹鱼普通网箱养殖面积变动情况

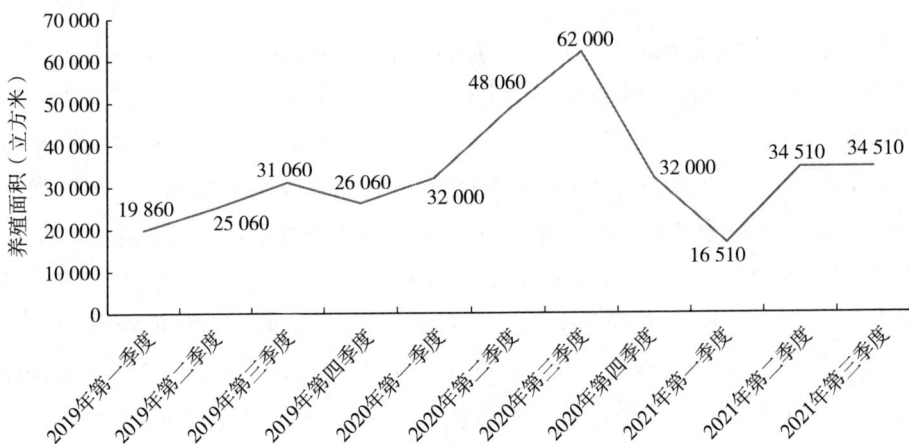

图 9 - 3 2019 年第一季度—2021 年第三季度体系示范区县军曹鱼深水网箱养殖面积变动情况

2019 年第二季度深水网箱养殖为 25 060 立方米，环比上涨 26.18%。2019 年第三季度深水网箱养殖为 31 060 立方米，环比上涨 23.94%。2019 年第四季度深水网箱养殖为 26 060 立方米，环比下降 16.10%。2020 年第一季度深水网箱养殖为 32 000 立方米，环比上涨 22.79%，同比上涨 61.13%。2020 年第二季度军曹鱼深水网箱养殖 48 060 立方米，环比上涨 50.19%，同比上涨 91.78%。2020 年第三季度军曹鱼深水网箱养殖 62 000 立方米，环比上涨 29.01%，同比上涨 99.61%。2020 年第四季度军曹鱼深水网箱养殖 32 000 立方米，环比下降 48.39%，同比上涨 22.79%。2021 年第一季度军曹鱼深水网箱养殖 16 510 立方米，环比下降 48.41%，同比下降 48.41%。2021 年第二季度军曹鱼深水网箱养殖 34 510 立方米，环比上涨 109.02%，同比下降 28.19%。2021 年第三季度军曹鱼深水网箱养殖 34 510 立方米，环比无变化，同比下降 44.34%，较 2019 年第三季度上涨 11.11%。

9.3 体系示范区县军曹鱼养殖存量变动情况

2021 年第三季度末，体系示范区县军曹鱼存量为 1 075 吨，环比上涨 12.57%，同比上涨 49.10%，较 2019 年第三季度下降 45.98%。其中，普通网箱 2021 年第三季度末存量为 565 吨，占总季末存量的 52.56%，主要分布在海南（500 吨）和广东（65 吨）；深水网箱 2021 年第三季度末存量为 510 吨，占总季末存量的 47.44%，主要分布在广东（450 吨）和海南（60 吨）。详细地区分布如表 9-3 所示。

表 9-3 体系示范区县军曹鱼 2019 年第三季度和 2021 年第三季度季末存量分布

地区	2019 年第三季度末存量（吨）		2019 年存量所占养殖模式比重（%）		2021 年第三季度末存量（吨）		2021 年存量所占养殖模式比重（%）	
	普通网箱	深水网箱	普通网箱	深水网箱	普通网箱	深水网箱	普通网箱	深水网箱
广东	600	480	41.38	88.89	65	450	11.50	88.24
海南	850	60	58.62	11.11	500	60	88.50	11.76
合计	1 450	540			565	510		

图 9-4 为体系示范区县军曹鱼存量。如图 9-4 所示，2019 年第三季度（1 990 吨）季末存量最高，然后呈下降趋势，并在 2020 年第二季度（494 吨）达到低值，之后存量上升至 2020 年第三季度（721 吨），形成小高峰；然后存量逐渐下降，至 2021 年第二季度（955 吨）有所回升。2019 年第二季度军曹鱼存量为 1 264 吨，2020 年第二季度末存量下降为 494 吨，同比下降 60.92%，环比下降 21.59%。2021 年第二季度军曹鱼存量上升为 955 吨，环比上涨 43.61%，同比上涨 93.32%。2021 年第三季度军曹鱼存量上升至 1 075 吨，环比上涨 12.57%，同比上涨 49.10%，较 2019 年第三季度下降 45.98%。

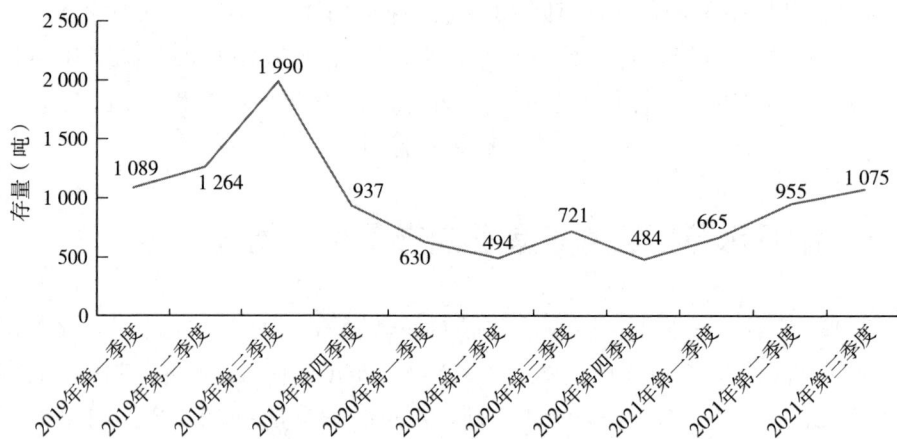

图 9 - 4　2019 第一季度—2021 年第三季度体系示范区县军曹鱼存量变动情况

9.4　体系示范区县军曹鱼养殖销量变动情况

表 9 - 4 为体系示范区县军曹鱼 2021 年第三季度销量。2021 年第三季度体系示范区县军曹鱼销量为 825 吨；普通网箱养殖销量为 375 吨，占总销量的 45.45%，环比上涨 650%，较 2019 年第三季度下降 58.33%，主要分布在海南（300 吨）；深水网箱养殖销量为 450 吨，占总销量的 54.55%，环比上涨 55.17%，较 2019 年第三季度下降 30.34%，主要分布在海南（300 吨）。详细地区分布如表 9 - 4 所示。

表 9 - 4　体系示范区县军曹鱼 2019 年第三季度和 2021 年第三季度销量分布

地区	2019 年第三季度销量（吨）		2019 年销量所占养殖模式比重（%）		2021 年第三季度销量（吨）		2021 年销量所占养殖模式比重（%）	
	普通网箱	深水网箱	普通网箱	深水网箱	普通网箱	深水网箱	普通网箱	深水网箱
广东	100	286	11.11	44.27	75	150	20.00	33.33
海南	800	360	88.89	55.73	300	300	80.00	66.67
合计	900	646			375	450		

图 9 - 5 为 2019 年第一季度至 2021 年第三季度，体系示范区县军曹鱼销量变动情况。从图 9 - 5 可知，2019 年间军曹鱼销量经历了下落到上涨，并在 2019 年第四季度（3 173 吨）达到最高值。之后军曹鱼销量呈下降趋势，2020

年第二季度销量为693吨，下跌幅度为78.16%，环比下降69.57%，同比下降42.49%，随后销量有小幅回升，2020年第三季度销量为842吨，环比上涨21.50%。自2020年第四季度，军曹鱼销量逐年下降，2021年第二季度销量为340吨。2021年第三季度销量为825吨，环比上涨142.65%，同比下降2.02%，较2019年第三季度下降46.64%。

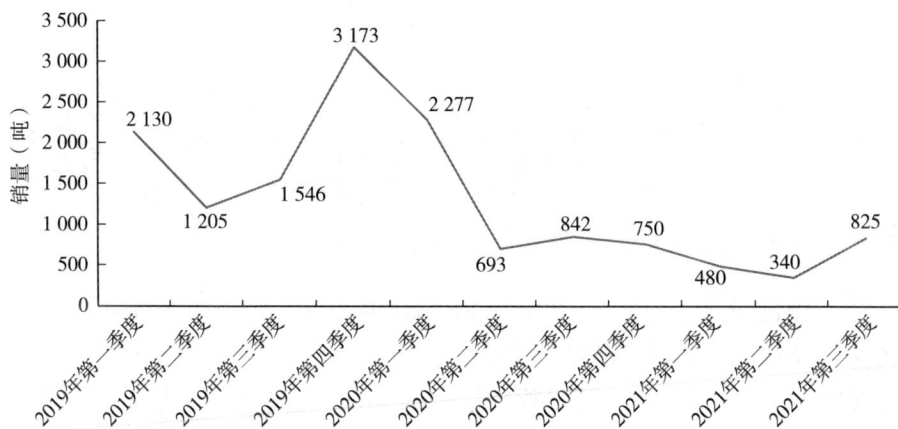

图9-5　2019第一季度—2021年第三季度体系示范区县军曹鱼销量变动情况

9.5　体系示范区县军曹鱼价格变动情况

9.5.1　体系示范区县军曹鱼价格波动趋势

军曹鱼塘边价格数据来自国家海水鱼业产业技术体系数据库。从价格数据中发现，2019年1月军曹鱼价格达到峰值（60.0元/千克），后逐步下降到2019年10月的47.0元/千克，2020年1月价格又上涨至52.0元/千克，然后下滑到2020年10月的49.0元/千克，2020年11月有所回升，上涨至53.0元/千克，并在12月稳定在53.0元/千克，2021年1月至2021年9月，军曹鱼价格基本稳定在54.0元/千克（具体见图9-6）。

2020年1—12月军曹鱼的平均塘边价格为47.8元/千克，与2019年同期平均塘边价相比，军曹鱼价格同比下降1.24%，与2018年同期相比，军曹鱼价格同比下降0.62%。2019年军曹鱼平均价格为48.4元/千克，与2018年相比，同比上升0.62%。从表9-5可知，与2018年3月相比，2020年3月军曹鱼塘边价下降幅度为17.20%。与2019年3月相比，2020年3月军曹鱼塘

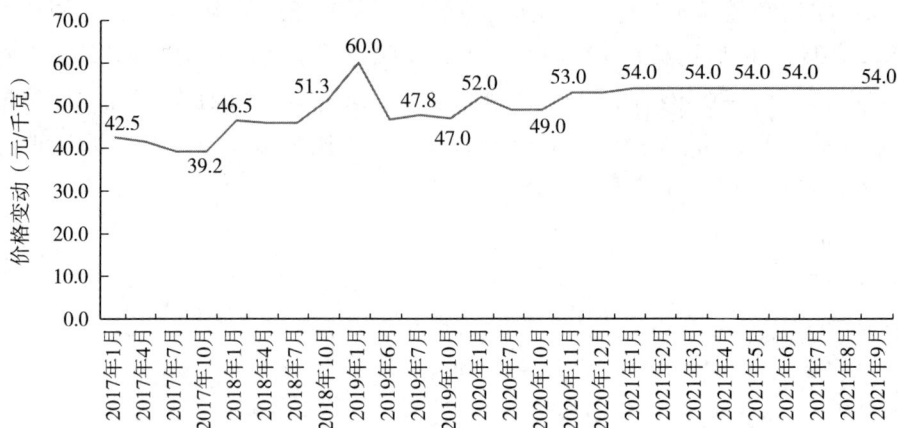

图 9-6 2017 年 1 月—2021 年 9 月体系示范区县军曹鱼价格变动情况

边价下降幅度为 22.22%。与 2019 年和 2018 年相比，2020 年军曹鱼每月的塘边价均呈下降趋势，且下降幅度较大。

2021 年 1—9 月军曹鱼的平均塘边价格为 54.0 元/千克，与 2019 年同期平均塘边价格相比，军曹鱼价格同比上涨 8.87%，与 2018 年同期相比，军曹鱼价格同比上涨 15.38%。从表 9-5 可知，与 2019 年 6 月相比，2021 年 6 月军曹鱼塘边价上涨幅度为 15.38%，与 2019 年 9 月相比，2021 年 9 月军曹鱼塘边价上涨幅度为 18.68%。与 2018 年、2019 年和 2020 年相比，2021 年 1—9 月的军曹鱼塘边价上涨，且稳定在 54.0 元/千克。

9.5.2 体系示范区县军曹鱼价格预测

结合 2017 年 1 月至 2021 年 9 月军曹鱼的平均塘边价格，采用 ARMA 模型对军曹鱼之后 15 个月（2021 年 10 月至 2022 年 12 月）塘边价格进行预测（图 9-7）。

如图所示，2021 年 10 月至 2022 年 12 月军曹鱼塘边价格有小幅波动，整体趋于平稳。预测结果显示，2021 年 10—12 月军曹鱼塘边价格依次为 54.00 元/千克、54.81 元/千克和 54.68 元/千克，上升幅度为 1.26%；2022 年 1 月军曹鱼塘边价格为 54.49 元/千克，为 2022 年最低价，2022 年 2 月至 2022 年 5 月军曹鱼塘边价格总体呈上升趋势，依次为 54.56 元/千克、54.60 元/千克、54.56 元/千克和 54.65 元/千克，上升幅度为 0.16%；2022 年 6 月至 2022 年 12 月军曹鱼塘边价格呈上升趋势，依次为 54.53 元/千克、

表 9 - 5 2018 年 1 月—2021 年 9 月体系示范区县军曹鱼价格变动

时间	2018 年（元/千克）	2019 年（元/千克）	2020 年（元/千克）	2021 年（元/千克）	2019 年与 2018 年同比增幅（%）	2020 年与 2018 年同比增幅（%）	2021 年与 2018 年同比增幅（%）	2020 年与 2019 年同比增幅（%）	2021 年与 2019 年同比增幅（%）	2021 年与 2020 年同比增幅（%）
1 月	46.5	60.0	52.0	54.0	29.03	11.83	16.13	-13.33	-10.00	3.85
2 月	46.5	51.5	45.3	54.0	10.75	-2.58	16.13	-12.04	4.85	19.21
3 月	46.5	49.5	38.5	54.0	6.45	-17.20	16.13	-22.22	9.09	40.26
4 月	46.0	49.7	42.0	54.0	8.04	-8.70	17.39	-15.49	8.65	28.57
5 月	46.0	49.5	45.5	54.0	7.61	-1.09	17.39	-8.08	9.09	18.68
6 月	46.0	46.8	49.0	54.0	1.74	6.52	17.39	4.70	15.38	10.20
7 月	46.0	47.8	49.0	54.0	3.91	6.52	17.39	2.51	12.97	10.20
8 月	46.0	45.8	48.0	54.0	-0.43	4.35	17.39	4.80	17.90	12.50
9 月	51.3	45.5	49.0	54.0	-11.31	-4.48	5.26	7.69	18.68	10.20
10 月	51.3	47.0	49.0		-8.38	-4.48		4.26		
11 月	51.3	41.5	53.0		-19.10	3.31		27.71		
12 月	53.2	46.0	53.0		-13.53	-0.38		15.22		
平均值	48.1	48.4	47.8	54.0	0.62	-0.62	12.27	-1.24	11.57	12.97

54.58 元/千克、54.57 元/千克、54.53 元/千克和 54.54 元/千克、54.76 元/千克和 54.67 元/千克，上升幅度为 0.26%。

根据军曹鱼季末存量和销量的变动情况来看（图 9-4、图 9-5），军曹鱼2021 年第一季度和第二季度的季末存量呈上升趋势，销量呈下降趋势。结合前文军曹鱼塘边价格预测结果可知，2021 年 10 月至 2022 年 12 月军曹鱼价格整体稳定在 54～55 元/千克。基于此，在这 15 个月可以适当提高产量，以维持军曹鱼养殖收益不变或增加。

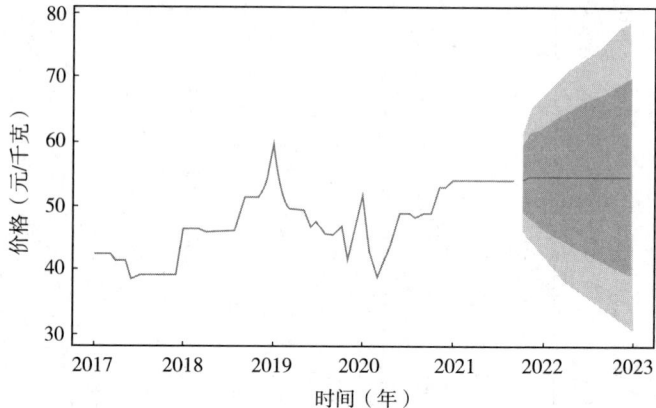

图 9-7　军曹鱼塘边价格预测

9.6　体系示范区县军曹鱼养殖收益情况

9.6.1　成本收益分析

（1）成本分析

产业经济岗位调研团队于 2021 年 8—9 月进行线上及电话访谈调研，调研品种主要是军曹鱼，养殖方式主要是普通网箱养殖和深水网箱养殖，样本来自海南和广东 2 个军曹鱼主产区，具有普遍性，可以代表军曹鱼的养殖情况。其中，普通网箱养殖 1 户，位于海南；深水网箱养殖 1 户，位于广东；普通网箱与深水网箱养殖相结合 3 户，均位于海南。调研数据核算出的军曹鱼养殖成本投入构成情况如表 9-6、表 9-7 所示。

从表 9-6 和表 9-7 可知，军曹鱼养殖成本为 25.26 元/千克，普通网箱养殖的成本为 26.24 元/千克，而深水网箱养殖的成本为 24.28 元/千克，深水网箱养殖的成本低于普通网箱养殖。

表9-6 2021年军曹鱼养殖成本分析

单位：元/千克

项目	金额（元/千克）	在各自成本中所占比例（%）	在总成本中所占比例（%）
鱼苗支出	0.76	3.68	3.01
饲料支出	19.19	92.93	75.97
渔药支出	0.41	1.99	1.62
水电煤费支出	0.08	0.39	0.32
临时员工工资	0.21	1.02	0.83
单位变动成本	20.65		81.75
固定员工工资	2.72	59.00	10.77
固定资产折旧	0.68	14.75	2.69
设备维修费	0.79	17.14	3.13
利息费用	0.10	2.17	0.40
其他固定费用	0.12	2.60	0.48
水域租金	0.20	4.34	0.79
单位固定成本	4.61		18.25
单位总成本	25.26		

从表9-7成本构成中，2021年普通网箱养殖和深水网箱养殖两种模式下，普通网箱和深水网箱的单位总成本分别为26.24元/千克和24.28元/千克，深水网箱比普通网箱的单位养殖成本低1.96元/千克。饲料支出在单位变动成本中所占比例最高，分别为91.28%和92.83%，其次鱼苗支出的占比分别为4.21%和3.53%，其在两种模式中占比相对较大，因此军曹鱼养殖变动成本的变动特点主要取决于饲料和苗种的变动情况。两种养殖模式下，单位固定成本在总成本中所占的比例均明显低于单位变动成本。两种养殖模式的单位固定成本构成有较大差异，普通网箱养殖和深水网箱养殖下，固定资产折旧在总成本中占比分别为6.21%和0.08%。通过以上统计分析可知，军曹鱼的深水网箱养殖存在一定的成本优势。

此外，在2019年，不同模式下的军曹鱼养殖成本存在一定差异。其中深水网箱和普通网箱的单位总成本分别为25.41元/千克和26.13元/千克，深水网箱比普通网箱的单位养殖成本低0.72元/千克。深水网箱和普通网箱的单位固定成

· 173 ·

表9-7 2019年和2021年军曹鱼不同养殖模式的成本构成

项目	普通网箱养殖 金额 (元/千克)		在各自成本中所占比例 (%)		在总成本中所占比例 (%)		深水网箱养殖 金额 (元/千克)		在各自成本中所占比例 (%)		在总成本中所占比例 (%)	
	2019年	2021年	2019年	2021年	2019年	2021年	2019年	2021年	2019年	2021年	2019年	2021年
鱼苗支出	1.02	0.72	4.30	3.53	3.90	2.74	1.00	0.83	4.43	4.21	3.94	3.42
饲料支出	22.22	18.91	93.60	92.83	85.04	72.07	20.00	18	88.61	91.28	78.71	74.14
渔药支出	0.33	0.54	1.39	2.65	1.26	2.06	0.00	0.37	0.00	1.88	0.00	1.52
水电煤费支出	0.17	0.05	0.72	0.25	0.65	0.19	0.40	0.2	1.77	1.01	0.57	0.82
临时员工工资	0.00	0.15	0.00	0.74	0.00	0.57	1.17	0.32	5.18	1.62	4.60	1.32
单位变动成本	23.74	20.37			90.85	77.63	22.57	19.72			88.82	81.22
固定员工工资	1.89	2.98	79.08	50.77	7.23	11.36	1.67	2.6	58.80	57.02	6.57	10.71
固定资产折旧	0.43	1.63	17.99	27.77	1.65	6.21	0.80	0.02	28.17	0.44	3.15	0.08
设备维修费	0.07	1.03	2.93	17.55	0.27	3.93	0.17	0.75	5.99	16.45	0.67	3.09
利息费用	0.00	0.11	0.00	1.87	0.00	0.42	0.17	0.09	5.99	1.97	0.67	0.37
其他固定费用	0.00	0.12	0.00	2.04	0.00	0.46	0.00	0.1	0.00	2.19	0.00	0.41
水域租金	0.00	0	0.00	0.00	0.00	0.00	0.03	1	1.06	21.93	0.12	4.12
单位固定成本	2.39	5.87			9.15	22.37	2.84	4.56			11.14	18.78
单位总成本	26.13	26.24					25.41	24.28				

本分别为2.84元/千克和2.39元/千克，深水网箱比普通网箱的单位固定成本高0.45元/千克。深水网箱和普通网箱的单位变动成本分别为22.57元/千克和23.74元/千克，两者差异较小。从成本构成可知，普通网箱和深水网箱养殖的饲料成本分别为20.00元/千克和22.22元/千克，其所占比重最大，分别为总成本的78.71%和85.04%，饲料成本对养殖成本及产出有着关键影响。

（2）收益分析

表9-8为军曹鱼养殖的收益分析。2021年，军曹鱼养殖的净利润为8.76元/千克，其中普通网箱养殖和深水网箱养殖的净利润分别为7.38元/千克和10.14元/千克。这两种养殖方式对应的成本利润率分别为28.13%和41.76%，销售利润率分别为21.95%和29.46%，表明养殖户处于盈利状态。深水网箱养殖的边际贡献率高于普通网箱养殖，深水网箱的收益率高于普通网箱。

此外，2019年军曹鱼普通网箱养殖和深水网箱养殖的净利润分别为13.20元/千克和18.59元/千克。这两种养殖方式对应的成本利润率分别为50.52%和73.16%，销售利润率分别为33.56%和42.25%，表明养殖户处于盈利状态，边际贡献率分别为39.64%和48.70%，显示出深水网箱军曹鱼养殖中边际贡献占销售收入的比率不足一半，深水网箱的养殖收益高于普通网箱。

表9-8 2019年和2021年军曹鱼不同养殖模式的收益分析

养殖模式	总成本（元/千克）		销售收入（元/千克）		净利润（元/千克）		成本利润率（%）		销售利润率（%）		边际贡献率（%）	
	2019年	2021年	2019年	2021年	2019年	2021年	2019年	2021年	2019年	2021年	2019年	2021年
普通网箱	26.13	26.24	39.33	33.62	13.20	7.38	50.52	28.13	33.56	21.95	39.64	39.41
深水网箱	25.41	24.28	44.00	34.42	18.59	10.14	73.16	41.76	42.25	29.46	48.70	42.71
总体	25.78	25.26	41.67	34.02	15.89	8.76	61.64	34.68	38.13	25.75	44.16	39.68

9.6.2 不确定性分析

（1）盈亏平衡分析

从表9-9可知，2021年军曹鱼普通网箱和深水网箱销售价格与盈亏平衡价格之差分别为7.38元/千克和10.14元/千克，可知深水网箱养殖军曹鱼的市场销售价格比盈亏平衡价格高出2.76元/千克，深水网箱养殖户的盈利空间要比普通网箱养殖户的盈利空间更大。

普通网箱养殖和深水网箱养殖的安全边际率分别为 81.24% 和 83.61%，安全边际率较高，说明在目前的养殖模式下，养殖户对于固定成本收回的能力较强，能较快地收回当年的固定成本，在价格等要素保持稳定的情况下，经营的财务风险处于较为安全的状况。盈亏平衡作业率反映的是生产周期内产业的盈亏平衡产量与实际销售产量的比率，该比率越低对养殖个体越有利，普通网箱养殖模式和深水网箱养殖模式的盈亏作业率分别为 18.76% 和 16.39%。

此外，2019 年军曹鱼深水网箱和普通网箱的盈亏平衡产量分别为 3.97 万千克和 2.07 万千克。盈亏平衡作业率反映的是生产周期内产业的盈亏平衡产量与实际销售产量的比率，该比率越低对养殖个体越有利，深水网箱和普通网箱的盈亏作业率分别为 13.22% 和 15.36%，表明深水网箱的经营风险低于普通网箱。

表 9-9   2019 年和 2021 年军曹鱼不同养殖模式的盈亏平衡分析

项目	总体		普通网箱养殖		深水网箱养殖	
	2019 年	2021 年	2019 年	2021 年	2019 年	2021 年
盈亏平衡产量（千克）	60 394	96 706	20 736	40 763	39 658	55 943
实际销售产量（千克）	435 000	558 500	135 000	217 250	300 000	341 250
安全边际量（千克）	374 606	461 794	114 264	176 487	260 342	285 307
安全边际率（%）	86.12	82.68	84.64	81.24	86.78	83.61
盈亏平衡作业率（%）	13.88	17.32	15.36	18.76	13.22	16.39
盈亏平衡价格（元/千克）	25.78	25.26	26.13	26.24	25.41	24.28
销售价格（元/千克）	41.67	34.02	39.33	33.62	44.00	34.42
销售价格与盈亏平衡价格之差（元/千克）	15.89	8.76	13.20	7.38	18.59	10.14

（2）敏感性分析

表 9-10 为两种养殖模式下军曹鱼的敏感性分析，表明了不同影响因素对净利润的敏感系数以及以 1% 影响程度为例的具体变化分析。变化方向方面，普通网箱销售价格与净利润变化方向相同，成本因素与净利润的变化方向相反。2021 年普通网箱军曹鱼销售价格的敏感系数为 7.53，表明销售价格每上涨 1%，养殖者的利润上涨 7.53%，说明在保持其他影响因素不变的情况下，

销售价格的变动引起普通网箱养殖模式的净利润变动程度是最大的。

2021年深水网箱军曹鱼销售价格的敏感系数为4.42，表明销售价格每上涨1%，养殖者的利润上涨4.42%，说明在保持其他影响因素不变的情况下，销售价格的变动引起深水网箱养殖模式的净利润变动程度是最大的。

此外，2019年军曹鱼深水网箱与普通网箱的饲料支出的敏感系数分别为－1.69和－1.08，说明深水网箱饲料支出的敏感性低于普通网箱。当网箱养殖军曹鱼的饲料成本每上升1%，深水网箱与普通网箱养殖军曹鱼的利润分别下降1.69%和1.08%。相较于2019年，2021年军曹鱼深水网箱与普通网箱的饲料支出的敏感系数分别为－0.39和－1.43，说明深水网箱饲料支出的敏感性低于普通网箱。当网箱养殖军曹鱼的饲料成本每上升1%，普通网箱与普通深水养殖军曹鱼的利润分别下降1.43%和0.39%。

表9－10　2019年和2021年军曹鱼不同养殖模式的敏感系数（变动1%）

项目	普通网箱		深水网箱	
	2019年	2021年	2019年	2021年
销售价格	3.83	7.53	2.79	4.42
鱼苗支出	−0.05	−0.04	−0.08	−0.06
饲料支出	−1.08	−1.43	−1.69	−0.39
渔药支出	0.00	−0.05	−0.03	−0.03
水电煤费支出	0.00	−0.01	−0.01	−0.01
临时员工工资	−0.06	−0.01	0.00	−0.02
单位变动成本	−1.21	−1.52	−1.80	−0.49
员工工资	−0.09	−0.39	−0.14	−0.98
固定资产折旧	−0.04	−0.14	−0.03	0.00
设备维修	−0.01	−0.10	−0.01	−0.06
利息费用	0.00	−0.01		−0.01
其他固定费用	0.00	−0.01	0.00	−0.01
水域租金	−0.15	0.00	0.00	−0.07
单位固定成本	−0.15	−0.37	−0.18	−0.46
单位总成本	−1.37	−1.96	−1.98	−1.48

9.7 存在的问题

（1）养殖周期长，投资风险较大

军曹鱼养殖周期长且投资门槛高（一口周长 70 米、深度达 7~8 米的大型深水网箱一般需要 20 万元左右），养殖运营过程中资金压力比较大。此外，调研过程中养殖者反映，养成过程中的存活率还需大幅提升。这些因素与台风等自然风险的叠加，使得产业发展过程中风险比较大。

（2）适用高效的专用配合饲料仍需研发推广

调研过程中养殖者反映，目前军曹鱼养殖过程中还没有合适的高效人工配合饲料，仍以鲜杂鱼进行投喂。在伏季休渔季节，鲜杂鱼饵料供应比较紧缺，投入成本的季节性波动比较大。而且军曹鱼口大，抢食凶猛，养一千克军曹鱼要消耗七千克左右的鲜杂鱼。这不仅浪费渔业资源，而且存在养殖水体污染和病害流行的风险。配方饲料的缺乏是制约其养殖业的健康可持续发展的重要瓶颈之一。

（3）市场有待开发

军曹鱼多由巴拿马等国出口，售至越南、韩国等地，中国国内消费较少，且大多集中于主产区即华南沿海，内陆消费非常少。虽然军曹鱼肉质可以与三文鱼相媲美，是做生鱼片的上好材料，且含有丰富的多不饱和脂肪酸，被认为是我国南方沿海极具养殖潜力的海水鱼之一，但总体看当前军曹鱼消费市场仍较为有限，仍需进一步开发。

9.8 对策建议

（1）发展养殖保险，提高灾害防控能力

无论是普通网箱养殖还是深水网箱养殖，都面临着台风灾害问题。自然风险与投入要素价格波动、养殖周期长、存活率低等因素的叠加效应严重阻碍着产业的稳定发展。建议加大水产养殖政策性保险力度，加快发展水产养殖保险与再保险，为产业提供风险防范的制度保障。

（2）加强全价配方饲料及病害防控技术研发推广

建议多方协同攻关，关注该品种病害防控、产品价格等全产业链技术研发，提高养成转季成活率。同时，建议优先重点加强军曹鱼对于营养和微量营

养的需求，研发适合不同养殖规格的军曹鱼生长需要的配合饲料及相应的饲料加工设备及工艺，生产全价配方饲料并加以推广应用，以提高配合饲料的使用率，减少冰鲜杂鱼的使用量。

（3）加大融资扶持力度

为养殖军曹鱼，养殖户多借助银行贷款或向亲戚借钱来购置网箱及购买鱼苗，当发生自然灾害时，遭受损失的渔民大多损失近百万元，给渔民及当地政府都带来较大的资金压力。建议出台政策，鼓励商业银行专门针对养殖者等小微贷款者的贷款设立特别坏账准备账户，打通小微贷款扶持政策的"最后一公里"。

下篇：
2021 年海水鱼专题研究

⑩ 海水鱼全球贸易及我国进出口专题研究①

内容提要

本研究主要以 2021 年最新进出口数据为基础②，对包括大黄鱼、石斑鱼、军曹鱼等在内的中国九大主要养殖海水鱼的贸易情况进行研究。分析不同品种不同产品形态的海水鱼在全球贸易大国及我国的进出口中的变化，并试图找出其贸易表象背后的原因和特点，为养殖企业、养殖户、管理部门及研究人员提供参考。

1. 2021 年海水鱼全球贸易及我国进出口研究的主要结论

黄鱼： ①中国大黄鱼生产外部规模经济效应明显，呈产业集聚现象，具有成本优势，中国是全球最重要的大黄鱼养殖大国。②中国是大黄鱼最大出口国，总体出口规模已基本恢复到疫情③前的 2019 年水平。冻品出口受疫情影响较大，而鲜冷黄鱼出口反而出现较大幅度增长，2021 年同比增加 60% 左右，以中国台湾地区和中国香港地区为主。③中国台湾地区对黄鱼的价格需求弹性较低，近年价格逐年上升，未受疫情影响。④中国香港地区转口贸易特征明显，转口贸易比重达 90% 以上。

石斑鱼： ①美国是全球石斑鱼最大进口国，占全球石斑鱼进口的一半以上，2020 年受疫情影响较大，2021 年迅速恢复对石斑鱼的进口。②美国消费的主要是鲜冷石斑鱼，占石斑鱼进口额的 90% 以上。③我国离石斑鱼主要消费市场美国较远，目前无法同主要出口国墨西哥的出口能力相竞争。

海鲈： ①美国是海鲈全球最大消费市场和最大进口国，其进口额占全球总进口额的 50% 左右。其次是俄罗斯，其进口额占比为 16% 左右。第三大进口国是加拿大，占比约为 10%。美国海鲈消费以冰鲜为主，大约占进口量的 90%，与此同时，海鲈进口受疫情影响非常大，当疫情得到有效控制时，进口

---

① 撰写人：杨卫、杨正勇、王梦然、王雪珂、周丹丹、赵丹、张贻福、何璐瑶。
② 本章所有中国进出口数据均不含港、澳、台地区。
③ 指 2020 年暴发的全球新型冠状病毒疫情。——编者注

反弹较明显。②土耳其的海鲈出口占有绝对优势地位，其出口额占比占全球出口额的97%左右。③中国海鲈出口能力较弱，且目前受疫情影响较大，出口量额持续下降。

军曹鱼：①军曹鱼的主要进口国家（地区）在亚洲，沙特阿拉伯占进口量的65%左右，中国台湾地区占20%左右的进口量，美国也有少量进口，美国主要从巴拿马进口冰鲜品。②全球军曹鱼的总体贸易规模不大，全球出口额在1 000万美元左右。巴拿马是最大出口国，中国是第二大出口国，略低于巴拿马，出口份额大约有45%。③中国军曹鱼冰鲜品出口近两年增幅较大，但是冷冻品受疫情影响较大，出口量很低。

卵形鲳鲹：①卵形鲳鲹的全球进出口交易较为活跃，2021年同比增长较多，产业内贸易现象比较常见。②卵形鲳鲹的进出口主要在亚洲国家之间进行。鲜冷卵形鲳鲹的出口主要是亚洲国家，出口量排第一的是印度尼西亚，出口额排第一的是印度，中国出口量额皆居第二位。冷冻卵形鲳鲹的出口也主要是亚洲国家，中国出口量居第一，印度出口额居第一，印度尼西亚居第三。鲜冷卵形鲳鲹最大进口国为马来西亚，中国冷冻卵形鲳鲹进口单价高，虽然进口量排第五，但是进口额排第二。冷冻卵形鲳鲹最大的进口国为中国，但中国冷冻卵形鲳鲹的进口单价远低于出口单价。

河鲀：①中国是河鲀最大出口国，日本和韩国是主要进口国。②河鲀全球贸易量呈下降趋势。中国河鲀出口量下降较多，受疫情持续影响较大。

鲆鲽类：①美国是鲆鲽类第一大出口国，2021年1—8月出口规模同比下降20%左右，但鲜冷鳎鱼出口量、出口额同比增加588.89%和320.63%，冻鱼片出口量、出口额也少量增长。2021年，美国鲆鲽类向中国出口的量额下降了35%左右，但中国依然是美国第一大海外市场，占其出口额的55%左右。②中国是鲆鲽类第一大进口国，美国是我国鲆鲽类进口第一大来源国，占我国鲆鲽类总进口量的45%左右，但是2021年1—8月，中国从美国进口的鲆鲽类下降较多，降幅约为33%。③我国大菱鲆在国外市场的竞争力较弱，在内外两个市场中，国内市场占据主导地位。从短期来看，我国大菱鲆进军国外市场存在较大困难。主要原因一是大菱鲆传统消费市场欧洲偏好冰鲜产品，而目前我国主要出口的是冷冻品；二是和冷冻品出口强国加拿大比起来，我们没有任何价格优势；三是从养殖产品单位成本看，我国虽比欧洲主产国西班牙的略低，但也并无显著优势。

2. 基于主要结论的对策建议

①要维护好美国市场。数据显示，美国是多种海水鱼的重要消费市场和进

口大国，且市场复苏能力较快。中美两国又具有传统的互补性贸易联结，因此要特别重视美国市场的维护。

②要重视中国香港市场的转口功能。香港是重要的转口港，要充分发挥香港的转口贸易能力，利用好海水鱼产能，促进海水鱼产业发展。

③要重视本国和其他亚洲市场的开发。从目前消费习惯来看，美国和欧洲市场多偏好冰鲜海水鱼的消费，使得中国产品在成本上无法和其邻近出口国相竞争，因此，中国要重视东南亚和中东市场的开发。石斑鱼出口应主攻亚洲市场，如中东市场、中国台湾市场以及东南亚市场。海鲈未来可瞄准亚洲的新加坡和卡塔尔市场。短期内我国大菱鲆生产应立足国内市场，瞄准周边较近国家的市场（譬如越南和阿曼等国），同时着重培育大菱鲆生产者的内部规模经济效应，降低生产成本，提升国际竞争力。

10.1 引言

中国是水产养殖大国，水产养殖为中国乃至世界人民获得价格适中的动物蛋白提供了更多可能。海水鱼是人们日常消费的重要水产品种，中国大力发展海水鱼养殖以补充捕捞的消费缺口，成为海水鱼供给的重要补充。养殖海水鱼品种中既有中国本土品种，也有外来引进品种。现代农业产业技术体系重点关注大黄鱼、石斑鱼、海鲈、河鲀、卵形鲳鲹、大菱鲆、军曹鱼、半滑舌鳎、牙鲆九种海水鱼的遗传、育种、饲料、病害和产业运行情况。在国内外经济紧密联结，同时又存在贸易摩擦和新冠疫情等不确定因素影响的情况下，应该实现国内国外双循环，保证国内海产品供给安全和高质量发展，同时大力发展对外贸易，让贸易成为海水鱼产业发展的引擎。

10.2 国内外研究文献述评

10.2.1 国外研究现状

国外学者对海产品贸易的研究主要集中在海产品贸易的影响因素、海产品贸易关系和海产品贸易竞争力三个方面。

10.2.1.1 海产品贸易的影响因素研究

Fabrizio Natale 建立了一个引力模型，探讨海产品贸易的影响因素，并且与肉类产品进行比较。海产品贸易会受到海产品偏好国家的吸引，也会受到进一步加工的劳动力成本低的国家的吸引，而高人均收入和高初级生产量会吸引肉类出口。收入的增加和城市化可能会导致鱼类进口的扩大，主要是在人均海产品消费水平已经很高的国家；海产品与初级生产的联系较少，与出口国国内生产总值的相关性较高。Zhang Dengjun 分析欧盟给予发展中国家的普惠制（GSP）对海产品贸易的影响，结果表明，普惠制对发展中国家海产品贸易持续时间有显著影响，在不同优惠地区，发达国家的海产品的生存概率高于发展中国家的海产品，关税优惠地区产品的生存概率与不同加工水平产品的生存概率存在较大差异。普惠制延长了加工产品的贸易期限，但没有延长未加工产品的贸易期限，这表明普惠制和日益全球化改善了发展中国家增值海产品的贸易绩效。

Oleksandr Shepotylo 分析了非关税措施（NTM）对全球海产品出口的影响。结果表明卫生和植物检疫措施在很大程度上提高了广泛出口利润率，降低了密集出口利润率，但技术性贸易壁垒主要减少了广泛出口利润率，增加了密集出口利润率。P. Guillotreau 表明贸易壁垒对海产品进口的影响根据加工水平而定，由于贸易壁垒较高，因此对加工后的产品比初级产品更有利，但贸易壁垒对进口水平的总体影响是有限的。Xie Jinghua 对欧盟普惠制下欧盟海产品进口情况进行研究，结果表明在有利的情况下，关税的降低是否会提高对高价值海产品的相对需求，取决于高价值产品与低价值产品之间的可替代性，以及这些类似产品与其较弱替代品之间的可替代性。实证结果普遍支持欧盟普惠制导致了"运出好货"现象的假设。

Ping Wang 以东盟为例对海产品贸易期限进行分析，结果表明东盟海产品贸易持续时间均值为 4.42 年，因产品和贸易伙伴不同而结束。经常交易的海鲜产品有明显更高的存活率和更长的贸易持续时间。增加海产品产量有助于延长贸易持续时间。撒哈拉以南非洲国家与东盟国家的海产品贸易持续时间的平均值和中值最小。Zhang Yanxuedan 分析了新冠肺炎大流行对鱼类贸易的影响，结果表明在疫情暴发后，政府发挥了至关重要的作用，适应新需求和发展替代市场来减轻风险的能力对出口至关重要，但管理鱼类市场的一些长期监管问题可能会在危机中损害鱼类贸易。

10.2.1.2 海产品贸易关系研究

Frank Asche 借助随机前沿模型，分析了发展中国家和发达国家之间的食品安全与国际鱼类和海产品贸易之间的关系。结果表明尽管发展中国家出口到发达国家的海产品总价值（即价格乘以数量）增加了，但这并不一定会对发展中国家的粮食安全产生不良影响，发展中国家向发达国家出口高价值的海产品，并从发展中国家进口低价值的海产品。Beatrice I. Crona 分析全球海产品贸易与海产品市场动态关系，"市场出口"动态表明，价格有可能上涨，出口力度加大，对库存可能产生负面影响，这取决于国家、产权的执行和渔业管理效力，而"市场竞争"则表明，应该发生相反的情况，因为人们的竞争力被超越，渔业缺乏降低成本的缓解因素，如增加对更具成本竞争力的船只的投资补贴。Jessica A. Gephart 分析全球海产品贸易网络的结构和演变，表明从 1994年到 2012 年，海产品贸易总额（按实际价值计算）几乎翻了一番。这些贸易增长与泰国和中国在贸易网络中的影响力大幅增加同时发生。与此同时，海产品整体全球化趋势增强，贸易伙伴的平均数量增加，贸易伙伴数量分布发生变化，网络聚集度增加。

Jessica A. Gephart 还分析全球海产品贸易网络受冲击的脆弱性，研究了全球海产品贸易网络受潜在的环境和政策影响，模拟负面的局部影响如何通过贸易网络传播，以及贸易流量如何重新分配。通过将国家鱼类供应的变化与各国营养海鲜依赖指数进行比较，评估了网络受冲击的脆弱性。进口较高的区域，特别是西非、东亚、南欧和西欧，往往在网络内受到的影响最大。北欧、东亚和东南亚作为主要出口国，在网络冲击中具有最显著的影响力。对比敏感度，发现西非和中非面对网络内的冲击相对脆弱，而如果将 GDP 效应包括在内，西非会变得越来越脆弱。Zhang Dengjun 分析中国对全球海产品市场的影响，表明中国海产品出口与发达国家之间存在互补关系。发展中国家倾向于专门生产劳动密集型产品，并将这些产品出口到资本丰富的国家。这导致中国出口的水产品在出口组合和出口价格上与其他发展中国家存在高度重叠。中国海产品出口持续增长，导致其他发展中国家海产品价格下降，进一步调整难度加大。考虑到发展中国家的海产品整体上非常相似，其他发展中国家可能会通过改变产出结构来逃避中国的竞争。这也是发达国家长期满足各类海鲜产品需求的途径。

Reg A. Watson 介绍了一个新的渔业活动和贸易数据库的研究结果，该数据库包括海产品着陆、进口和出口数据库，并追踪海产品从其来源（无论是水产养殖还是野生捕获）通过贸易网络流向进口和消费国家的流动路线。除亚洲国家外，大多数国家已从国际水域捕鱼转向国内水域捕鱼。渔业活动的这种变化与各国之间海产品贸易的增加同时发生，无论在上岸重量还是价值上都是如此。发展中沿海国家倾向于出口高价值的海产品以获取收入，进口低价值的海产品以消费。Julia Bronnmann 分析全球化海产品贸易一体化对小规模渔民和当地鱼类贸易商的影响，表明全球市场一体化的机制是复杂和间接的，发展中国家的内陆海鲜市场正在与全球海鲜市场整合，并且随着时间的推移，当地贸易商获得的鱼的实际价格越来越高，原因在于需求方和市场一体化特征最终主导了供给的增长，并对价格构成上行压力。

10.2.1.3　海产品贸易竞争力研究

Randall Bess 分析新西兰海产品企业在出口市场的竞争力，新西兰的质量管理体系具有可分割性、可转移性和持久性等特点，新西兰海产品公司拥有大多数海外竞争对手无法获得的资源供应安全水平。其水产养殖立法为海洋农民提供了充分的权属保障，以利用增长机会并投资于技术改进。

10.2.2　国内研究现状

国内关于水产品贸易的研究主要集中在水产品对外出口贸易及其影响因素、中国对外水产品贸易关系、水产品贸易结构特征及比较优势和具体水产品贸易四个方面。

10.2.2.1　水产品对外出口贸易及其影响因素研究

例如周井娟借助恒定市场份额分析模型对我国水产品竞争力及增长源泉进行分析，对比其他占有较大份额的泰国、印度尼西亚等国，根据分析结果表明，就中国而言，竞争作用占主要地位，但其地位正在逐年下降。泰国水产品出口额的增加源于市场规模的扩大，与中国不同。而越南水产品出口额的增加源于竞争力的提高。陈伟表明人民币汇率的变化会影响我国水产品的贸易情况，该影响与贸易品种和需求弹性相关，并且人民币升值有利于提高社会福利，改善贸易条件，扩大贸易规模。

杜军基于引力模型测度基础设施建设的贸易效应，结果表明港口基础设施建设会影响我国水产品的贸易情况，港口基础设施建设对水产品贸易有着重要的促进作用。张瑛利用引力模型对中国-东盟水产品贸易影响因素进行分析，选择 2000—2017 年中国与东盟国家的面板数据，东盟各国总人口、中国与东盟各国的距离，以及双边 GDP 对水产品贸易的影响最大，交通和能源基础设施建设质量也起着重要作用。中国与东盟国家贸易潜力只有小幅度波动，未来有望继续扩大。

翟羽帆分析中美贸易摩擦对水产品出口贸易的影响。表明由于中美贸易摩擦中加征水产品关税，从而对双方贸易产生负面影响，使得两国贸易规模都受到不同程度的冲击，顺差收窄。卢昆利用 2002—2017 年中国水产品贸易统计数据，借助 MGM（1，3）模型对未来两年的贸易数据进行预测，来分析中美贸易摩擦对我国水产品贸易的影响。结果表明，总体上中美贸易摩擦不仅未导致负面影响，反而一定程度上促进了贸易的增长，展示了我国水产品进口具有多元化渠道保障能力，从而抵消了负面影响，但此轮中美贸易摩擦对我国水产品出口产生了负面影响。胡求光利用行业贸易引力模型，选取中国 32 个最大的水产品出口国，研究我国水产品出口的影响因素。结果表明我国水产品出口国的 GDP 增加会促进我国水产品出口，且中国具有出口资源禀赋优势，其次空间距离也是重要的影响因素。

武玉英分析技术性贸易壁垒对我国水产品出口的影响，表明水产品法规标准阻碍我国水产品出口，我国的无公害水产品标准能够促进水产品出口。侯晓笛借助引力模型，研究环境规制对我国水产品出口的影响，表明提升内生环境规制水平有利于增加我国水产品贸易的比较优势；而严格的外生环境规制在短期内会抑制我国的水产品出口。

10.2.2.2　中国对外水产品贸易关系研究

此处研究对象主要包括东盟国家、韩国、美国等。

（1）中国与东盟国家

韩杨针对我国与一带一路沿线国家的水产品贸易情况进行研究，表明从贸易总量来看，沿线国与中国贸易总量呈现稳定增长，为贸易顺差格局；从贸易国别来看，沿线国中的东盟 10 国是中国主要贸易伙伴国；从贸易品种来看，沿线东盟 10 国出口以鱼类与贝类为主，进口以饲料用鱼粉和虾类为主，且贸易区域主要集中于沿海主产区。

孙琛对中国与东盟国家的贸易状况进行分析，表明与中国发生水产品贸易往来规模较大的是印度尼西亚、泰国、马来西亚，东盟水产品贸易关系的变化主要表现在中国与印度尼西亚、泰国、马来西亚、越南、菲律宾、缅甸和新加坡之间的贸易规模和流向上。就贸易总水平来看，加入自由贸易区后，除越南外，中国对东盟各成员进口门槛的降低幅度均大于对方对中国的降低幅度，而且中国与东盟各成员之间水产品贸易的互补程度很高。刘志雄用 2013—2017年水产品贸易进出口数据分析，结果表明中国的水产品贸易竞争力有所上升，但相较于东盟竞争力仍然不足。

（2）中国与韩国

徐春祥等利用贸易互补性对中韩水产品贸易关系进行研究，表明中国水产品出口结构与韩国水产品进口结构相匹配，不过互补性逐渐下降。中韩对于互补性较高的产品贸易联系密切，但扩展空间较小。韩国具有技术、人才优势，而中国在劳动力、市场、资源方面具有优势，存在较强互补性。

（3）中国与美国

郭淼对中美水产品贸易的基本情况进行分析，表明中美水产品贸易呈现不断增长的趋势，贸易价格仍有上升空间。中国对美国出口以一般贸易为主，进口以进料加工贸易为主，沿海地区是进出口重点地区。中美贸易中，中国具有人力资源和生物资源禀赋相对优势。唐连生表明中国出口美国的产品多为价值较高的成品或半成品，而从美国进口的多为原材料或初级产品。贸易不平衡对水产品贸易起负向作用，人均 GDP 差异和贸易开放度对产业内贸易起正向作用。

（4）中国与日本

王伟娇针对水产品对日出口的贸易进行分析，结果表明我国产品种类较为单一，缺乏多样性，生产成本逐渐提高，且出口检测水平较低。日本是中国水产品的主要出口地。邵桂兰对中日水产品贸易竞争力指数进行测算，分析中日水产品产业内贸易的程度及水平，并比较两国水产品的竞争力。表明中日水产品整体产业内贸易水平较低，以占有低质量产品的垂直性产业内贸易为主，中国以资源禀赋和劳动力价格获取市场优势。

（5）中国与 21 世纪海上丝绸之路沿线国家

彭飞利用水产品贸易数据分析"21 世纪海上丝绸之路"沿线国家水产品贸易网络特征，表明水产品贸易的两极分化现象显著，贸易网络的复杂性增强，国家间贸易地理辐射范围覆盖面逐渐变广，贸易流逐渐增大，核心国家的水产品贸易总额在"21 世纪海上丝绸之路"沿线国家中占比达到一半以上，整体市场结构较为稳定；中国水产品进出口品种结构比较单一，进口和出口产品分别主要集中在冻鱼和水产品制品。陈旭对中国与"一路"沿线国家水产品贸易概况进行分析，表明从整体上看中国与"一路"沿线国家的水产品贸易呈现相对顺差态势；中国、东盟地区、红海湾、印度洋西岸地区的水产品产业链加工水平较南亚地区有优势；中国与波斯湾地区的水产品贸易中，双方更加注重产品的新鲜程度。

（6）中国与俄罗斯

贺梅英从种类、价格和数量三个方面来探讨中俄水产品出口贸易的增长模式，结果表明中俄水产品出口贸易总额增长较快，但两者之间一直处于贸易逆差状态；随着"一带一路"建设的加快推进，中俄两国之间的水产品贸易差额将会不断缩小。两国水产品出口种类有所差异；2016 年后中国水产品出口的扩展边际超过俄罗斯的扩展边际水平。说明中国水产品出口俄罗斯的种类在不断丰富，出口产品多样性在不断提升。俄罗斯水产品出口中国的集约边际变动幅度大于中国水产品出口俄罗斯的集约边际水平。

刘晓莉对中国与金砖国家水产品产业内贸易进行实证分析，结果表明中国与金砖国家水产品产业内贸易潜力巨大。中国与其他金砖国家在 2010—2018 年间边际产业内贸易指数波动较大，表明产业内贸易与产业间贸易交替影响贸易量的变化，且以产业内贸易为主；中国水产品在生产与贸易方面在金砖国家中存在一定的优势，但贸易结构不尽合理。

（7）中国与挪威

邵桂兰以 RSCA 指数为基础，采用马尔科夫链和非参数条件密度估计法对中国和挪威的水产品贸易动态比较优势进行对比分析，结果表明中国的整体水产品贸易比较优势与挪威相比，处于劣势地位，中国与挪威的整体水产品贸易比较优势存在显著差距，并且差距在逐渐增大。

10.2.2.3　水产品贸易结构特征及比较优势研究

张玫对中国水产品出口贸易结构性风险进行实证分析。表明中国水产品市场集中于日本、韩国、美国、欧盟，并且对水产品品种进行市场集中度和风险度划分类别。胡求光实证分析水产品的商品结构、方式结构和区域结构的特征及动态变化。结果表明我国水产品出口市场都比较集中，近几年虽然有所改善，但这一现象并没有得到根本改变，这样的一种市场分布对我国水产品出口的影响已经由正变为负，逐步开始对水产品出口产生了抑制作用，遭遇各种贸易壁垒的制约；我国水产品出口的多样化开发不足；深加工层次不高；内部区域结构不够合理。

山世英采用资源禀赋系数分析我国水产品生产的比较优势。结果表明我国水产品在世界范围内具有很强的资源禀赋优势和较强的出口能力，我国水产资源显示比较优势很低，国际贸易并未完全显现我国资源禀赋优势。张玫对世界水产品生产发展的趋势及地域分布进行比较分析，表明养殖水产品在国际贸易中的地位逐年提高；进口市场主要集中在日本、美国与欧盟市场，出口市场较为分散，亚洲主要水产品出口国产业内贸易呈增长趋势。何一鸣运用贸易竞争力指数、国际市场占有率指数以及显性竞争优势指数对中国水产品贸易竞争力进行分析，表明中国水产品虽然进出口额居于世界前列，但是国际竞争力在全球居于中间位置，并且近年来有所下降；中国水产品国际市场占有率逐年增加，显示竞争优势指数逐年下降。

孙文远从竞争优势理论的角度分析中国水产品产业比较优势，表明中国水产品出口市场结构单一，组织化程度低，个体规模小，并提出获得竞争优势的路径。吴迪说明我国虽然在水产品生产上具有比较优势，但是这种比较优势并没有转化为竞争优势，因此，我国虽然是水产品生产大国，但却不是水产品贸易强国。程宪强表明中国水产品在国际市场上所占份额不断增加，贸易额逐年增长，且增幅巨大，一直呈现顺差，并有扩大趋势，存在较大的竞争优势，但中国的水产品贸易仍然存在质量不稳定、出口贸易产品结构不合理、出口市场单一、贸易技术壁垒、国际市场竞争激烈的问题。

邵桂兰使用 2000—2016 年 SITC 编码 5 位数的世界水产品出口贸易数据进行对外贸易比较优势研究，表明中国水产品对外贸易比较优势在总体上呈现下降趋势；中国水产品对外贸易比较优势存在较强的流动性。具体来说，中国水产品在国际贸易中具有比较优势，但比较优势在减弱；水产品分布在比较劣势的数目大于分布在比较优势的数目，比较优势具有较强的内部流动性；中国比较优势水产品主要集中于低技术型和中等技术型水产品，高技术型水产品较少，中、低技术型水产品并未向高技术型水产品升级。

10.2.2.4　具体水产品贸易研究

李旭君表明大黄鱼出口市场的经济规模、中国大黄鱼养殖产量、出口市场华人数量都对中国大黄鱼出口规模有正向的影响，而贸易双方的距离是阻碍中国大黄鱼出口规模扩大的因素。李旭君表明我国大黄鱼的出口市场集中在亚洲国家和地区；我国大黄鱼的比较优势极强但正在减弱，以出口价格反映的产品质量偶有下降但总体提升，相对于国际市场同种产品的竞争优势较强，总体来看国际竞争力较高，但仍有提升的空间；影响我国大黄鱼出口贸易结构和国际竞争力的因素主要包括地区饮食习惯、相关行业发展、国际贸易壁垒和产业发展空间。

杨卫针对大黄鱼出口贸易存在问题进行分析，表明我国大黄鱼价格国际竞争优势逐渐丧失，国内行业规模效益低，产品质量标准落后，出口市场相对集中，国际市场贸易壁垒增多。陈博欧表示中国养殖大黄鱼在国际市场中具有较强的竞争力，但整体上呈现出减弱趋势。高滢表示我国大黄鱼养殖产地集中，进口量较少，进口多来自东南亚国家；出口市场居多，同时面临着较严峻的出口壁垒情况。张云霞以中国 9 种主养海水鱼为研究对象，分析了其国际消费市场状况、行情走势及全球进出口贸易形势，以把握海水鱼受新冠肺炎影响的产业链动态变化。

10.3 研究方法与数据来源

本研究主要运用文献调研法和比较研究法来研究海水鱼的贸易情况。数据来源主要是联合国粮农组织数据库和中国海关数据库。

10.4 研究结果与讨论

10.4.1 黄鱼

10.4.1.1 中国是全球黄鱼①的最大出口国

2021 年 1—10 月，中国黄鱼出口规模比较稳定，出口量为 2.86 万吨，出口额达 2.21 亿美元，同比分别增加 16.34% 和 16.58%。

由图 10-1 可看出，受新冠肺炎疫情影响，中国黄鱼出口 2020 年同比数据出现量额双降，但在 2021 年出现反弹，表明已基本消化了疫情及与疫情相关的因素对黄鱼出口的不利影响，出口已经基本恢复。

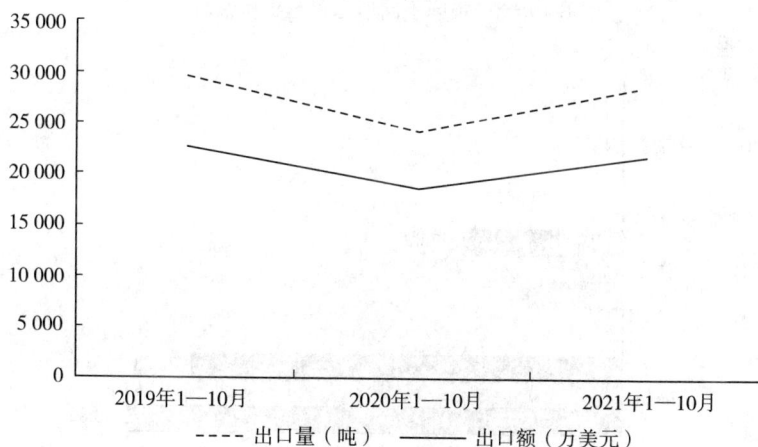

图 10-1 中国黄鱼出口量和出口额

（资料来源：联合国粮农组织）

---

① 根据我国海关统计口径，此处"黄鱼"不仅是指大黄鱼，而是 HS 编码为 03028920、03038920 和 03056920 的商品（英文名为 yellow croaker）。

10.4.1.2 中国黄鱼出口以冻品为主

中国黄鱼出口主要是三种产品形态，即鲜冷黄鱼、冻黄鱼及盐腌和盐渍黄鱼。由图 10-2 和图 10-3 可看出，近三年来，冻黄鱼出口量先降后升，疫情影响逐渐减少，冻黄鱼出口额在总出口额中的比重却呈现持续下降的趋势，2021 年已经下降到 72.83%，降低了超过 10 个百分点。而鲜冷黄鱼的出口近三年来一直在上升，其出口额相对比例也上升了超过 10 个百分点。盐腌和盐渍黄鱼总体所占比例较低。

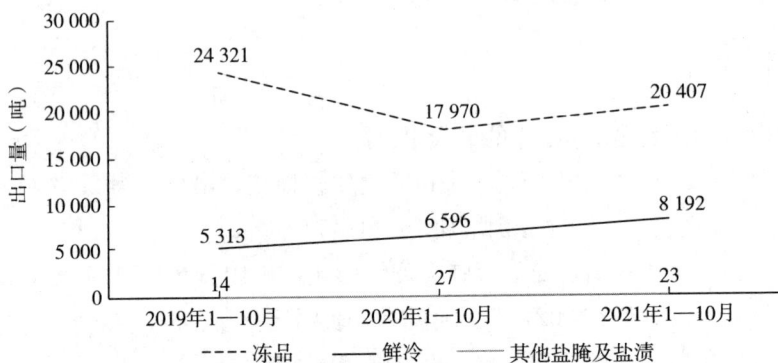

图 10-2 中国不同形态黄鱼出口情况

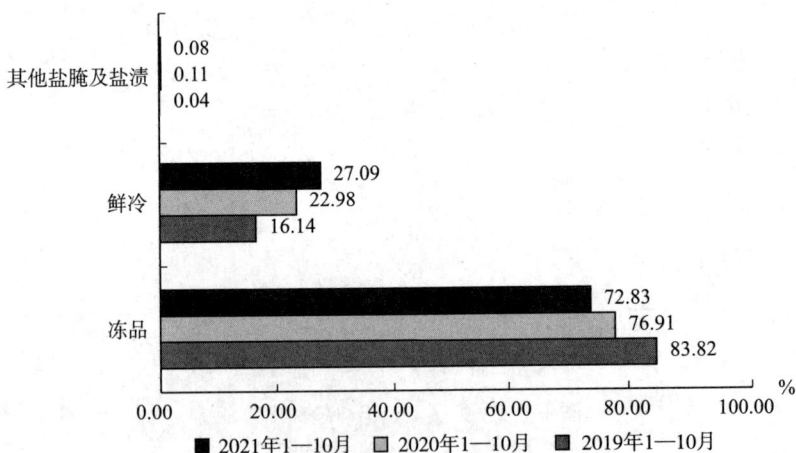

图 10-3 中国不同形态黄鱼出口额相对比例

冻品是中国黄鱼出口的主要形态，2021 年 1—10 月冻品出口量、出口额分别为 2.04 万吨和 1.61 亿美元，占黄鱼出口总量和总额的比重分别为 71.33% 和

72.83%，同比分别增加 13.56% 和 10.43%。2021 年，中国冻品黄鱼出口到 22 个国家（地区），但市场份额占比 10% 以上的只有中国香港及韩国和美国，且这三个国家（地区）占中国冻品全部出口量的 90% 以上，详见图 10-4。

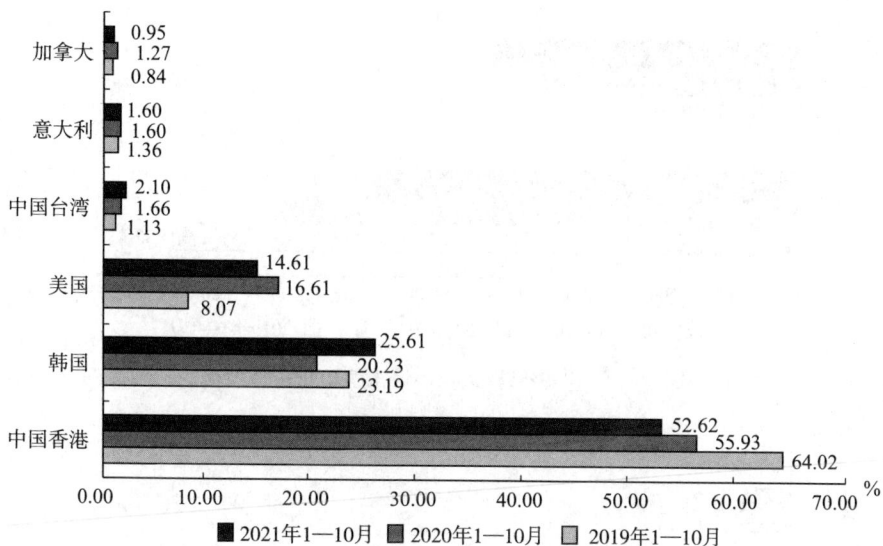

图 10-4　中国冻黄鱼出口主要市场份额情况

鲜冷黄鱼是中国黄鱼出口的第二大类产品，2021 年 1—10 月鲜冷黄鱼的出口量、出口额分别为 8 192 吨和 5 997.00 万美元，占黄鱼出口总量和总额的比重分别为 28.64% 和 27.09%，同比分别增加 24.20% 和 37.47%。从近三年鲜冷黄鱼出口增长数据可以看出，疫情对鲜冷黄鱼的出口没有产生负面影响。鲜冷黄鱼的出口目的地很集中，主要是中国台湾、中国香港以及新加坡，市场占有率接近 100%。出口到中国台湾的鲜冷黄鱼量额虽然近三年都在增长，但相对比例却在下降，而出口到中国香港的鲜冷黄鱼的绝对量额和相对比例都增加较多，如图 10-5 所示。

中国还少量出口盐腌和盐渍黄鱼，这部分比重较低，2021 年 1—10 月其出口量、出口额分别为 23 吨、17.07 万美元，占黄鱼出口总量和总额的比重均为 0.08%，同比分别下降了 14.81% 和 18.65%。由图 10-6 可看出，对中国台湾的盐腌和盐渍黄鱼出口近三年来不减反增，2021 年占该类别出口量比例已经由 2019 年的 50.57% 上升到 77.40%，而对新加坡的出口总量虽然较低，但增长也很快。对美国该类产品出口量受贸易摩擦和疫情双重影响，持续下降，出口量占比已经由 2019 年的 35.33% 减少到 19.31%。

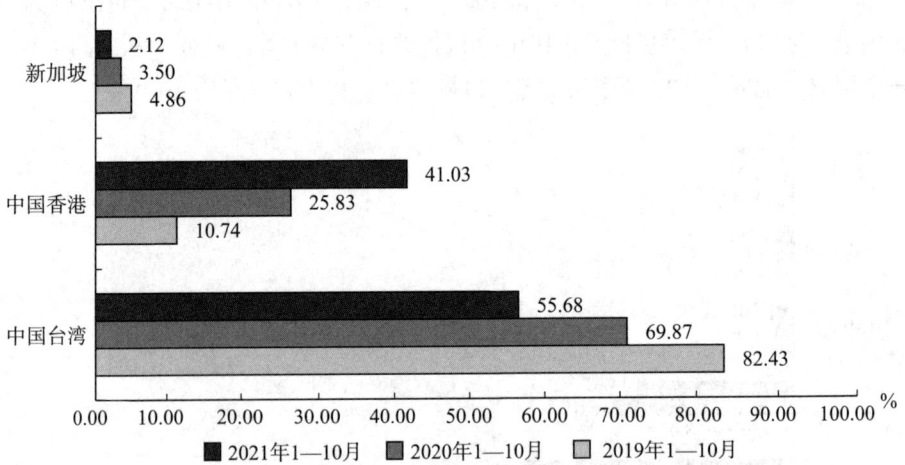

图 10-5　中国鲜冷黄鱼出口主要市场份额情况

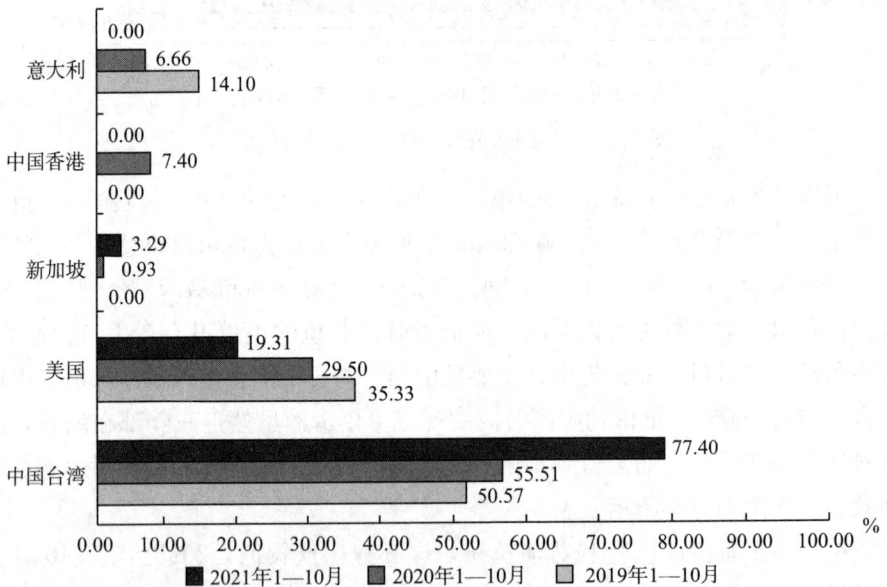

图 10-6　中国盐腌和盐渍黄鱼出口主要市场份额情况

10.4.1.3　中国黄鱼出口市场分布集中

（1）中国黄鱼出口国家（地区）较多

数据表明，中国黄鱼常年出口到几十个国家（地区）。2019 年中国黄鱼出口到 21 个国家（地区），2020 年出口国家（地区）数量不变，但是具体国家分布有所变化。2020 年，中国对马来西亚、葡萄牙和捷克的黄鱼出口从无到有，而对奥地利、爱尔兰和越南的出口从有到无。2021 年，中国黄鱼的出口国家（地区）增至 22 个，对南非、阿联酋和奥地利的出口从无到有，而对捷克和我国澳门地区的出口从有到无。

（2）中国黄鱼出口市场集中度高

中国出口到中国香港、韩国、中国台湾、美国、新加坡、加拿大、意大利和澳大利亚这八个国家（地区）的黄鱼市场份额达 99% 左右。其中对前五个国家（地区）的出口占比高达 97% 左右，如图 10-7 所示。

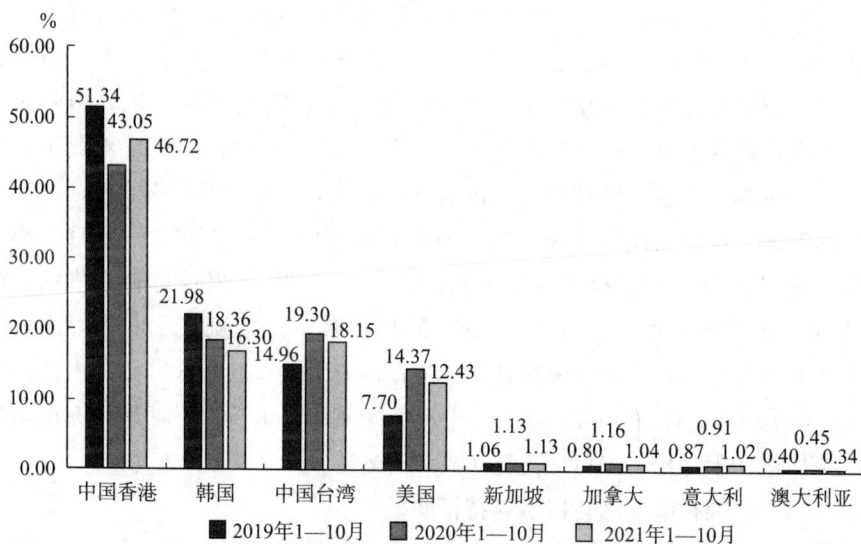

图 10-7　中国黄鱼出口集中度分布占比

中国最大的黄鱼出口市场是中国香港，出口额占比一度高达 51.34%，在疫情最严重的 2020 年下降到 43.05%，到 2021 年又回升到 46.72%。对香港黄鱼出口冷冻黄鱼和鲜冷黄鱼，偶尔有零星盐腌和盐渍品出口。其中以冻品为主，冻品出口额占比在 2019 年曾经高达 98.17%，但在 2020 年这一数据同期下降到 90.03%，到 2021 年进一步下降到 78.64%，而鲜冷黄鱼出口从 2019 年的 1.83% 上升到 2020 年的 9.94%，2021 年这一数据上升到 21.36%。

中国黄鱼第二大出口贸易伙伴是韩国，数据显示，中国对韩国的出口受疫情影响较大，2020 年 1—10 月同比下降较多，1—10 月出口额从 2019 年 4 991.21 万美元下降到了 2020 年的 3 484.20 万美元，到 2021 年 1—10 月这一出口额又有所上升，提高到了 4 050.95 万美元，出口额占比近两年在

18.30％左右，全部是以冷冻产品形态出口。

中国黄鱼第三大出口贸易伙伴是中国台湾地区，出口额占比近两年反而比疫情前的 2019 年要高，2021 年 1—10 月的数据已经很接近对韩国的出口水平，出口额占比为 18.15％，仅略低于对韩国的出口。而在对台湾地区的出口中，虽然鲜冷黄鱼出口占比有绝对优势，2021 年 1—10 月的数据为 91.10％，但是近两年来也出现了下降的趋势，冷冻黄鱼出口近两年来有所上升，从2020 年的 6.07％增长到了 2021 年的 8.55％。

第四大出口贸易伙伴是美国，出口额近三年来一直呈上升趋势，1—10 月的出口额从 2019 年的 1 747.35 万美元上升到 2001 年 2 751.29 万美元，出口占比 2020 年是 2019 年的两倍，到 2021 年又略有下降，达 12.43％。对美国出口的主要是冷冻黄鱼，出口额占当年对美出口总额的 97％左右，近年来鲜冷黄鱼出口略有上升，出口额占比从 2.43％下降到 1.73％，2021 年又上升到3.49％。仅零星少量盐腌和盐渍黄鱼出口。

第五大出口贸易伙伴是新加坡，通过对比 2019—2021 年 1—10 月的出口数据，我们发现，中国对新加坡黄鱼的出口在 2020 年出现短暂下降后，到2021 年再次攀升，并且超过了 2019 年的出口额，增加到了 250.53 万美元。对新加坡的黄鱼出口主要以鲜冷黄鱼为主，2019 和 2020 年这一出口占比高达96.58％和 94.37％，但 2021 年这一比例下降到 70.48％，而对其冷冻黄鱼的出口额却增加了 5 倍，出口额占比达到 29.28％。

10.4.1.4 中国香港地区转口贸易特征明显

通过对比中国香港地区黄鱼的进出口数据，我们发现，中国香港地区转口贸易特征明显。中国香港地区黄鱼出口占进口的比率由表 10-1 可以看出，近三年来 1—9 月，这一比率分为高达 92.91％、95.88％和 93.57％。而冻黄鱼的出口占进口的比率更高，同期数据分别为 95.59％、95.95％和 93.57％。中国香港地区的黄鱼 95％以上都出口到韩国，其余出口到加拿大和美国。

表 10-1 中国香港地区黄鱼进出口情况

项目	2019 年 1—9 月	2020 年 1—9 月	2021 年 1—9 月
中国内地对中国香港地区黄鱼出口量（吨）	11 660.29	9 516.29	10 766.06
中国香港地区黄鱼进口量（吨）	12 948.11	8 774.44	9 366.72
中国香港地区对外黄鱼出口量（吨）	12 029.87	8 412.83	8 764.03
中国香港地区黄鱼出口量占进口量的比率（%）	92.91	95.88	93.57

（续）

项目	2019 年 1—9 月	2020 年 1—9 月	2021 年 1—9 月
中国内地对中国香港地区冻黄鱼出口量（吨）	11 181.303	8 275.798	7 772.45
中国香港地区冻黄鱼进口量（吨）	12 584.39	8 767.98	9 357.08
中国香港地区冻黄鱼对外出口量（吨）	12 029.87	8 412.84	8 755.04
中国香港地区冻黄鱼出口量占进口量的比率（%）	95.59	95.95	93.57

资料来源：联合国粮农组织数据库，下同。

10.4.1.5 黄鱼出口平均价格较为稳定

从图 10-8 可以看出，中国冻黄鱼的平均出口价格在疫情最紧张的 2020 年有小幅上涨，升至 8 123.54 美元/吨，2021 年 1—10 月的平均价格高于疫情前 2019 年的同期水平。在所有贸易伙伴中，对中国台湾地区和加拿大的出口价格居前二，且逐年升高，2021 年 1—10 月的平均价格分别达到 12 096.97 美元/吨和 10 761.17 美元/吨。

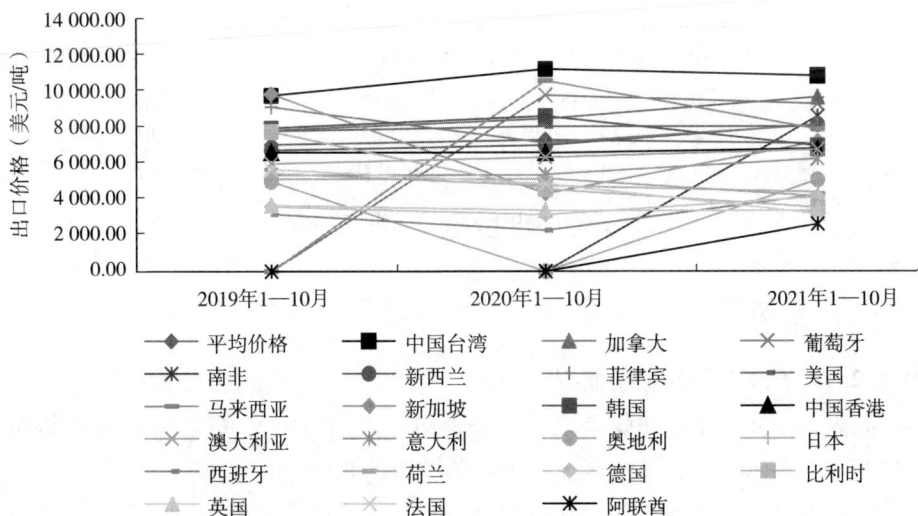

图 10-8 中国冻黄鱼出口价格

从图 10-9 可以看出，中国鲜冷黄鱼的平均出口价格在疫情最严重的 2020 年有小幅下降，但在今年 1—10 月上涨超过了 2019 年的同期水平，达 7 320.37 美元/吨。出口到加拿大的鲜冷黄鱼虽然在所有贸易伙伴中价格最高，但近三年却呈逐年下降趋势，比 2019 年 2—10 月的 23 751.98 美元/吨同期下降了大约 41.37%，2021 年 1—10 月的价格是 13 926.21 美元/吨，出口到美国的价格变化和加拿大较类似，价格略低于加拿大，为 13 692.21 美元/吨。出口新加坡的鲜冷黄鱼，2021 年 1—10 月价格上涨，目前已超过 2019 年同期水平，同比增长 12.79％左右。出口到中国台湾的鲜冷黄鱼总体价格较低，但是近三年的价格逐年上升，似乎未受疫情影响，2021 年 1—10 月的平均价格水平是 7 645.44 美元/吨，比 2019 年同期上涨 8.23％。而出口到中国香港地区的鲜冷黄鱼近三年上涨幅度较大，2021 年 1—10 月比疫情前的 2019 年同期上涨了 75.66％

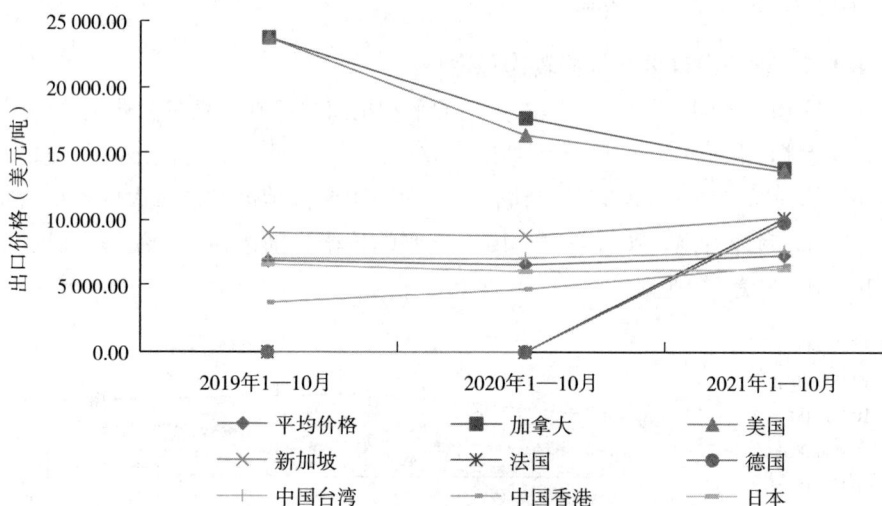

图 10 - 9　中国鲜冷黄鱼出口价格

10.4.2　石斑鱼

10.4.2.1　石斑鱼国际贸易概况

如表 10 - 2 所示，阿曼是全球石斑鱼第一大出口国家（地区），其次是印度尼西亚、马尔代夫、马来西亚和阿拉伯联合酋长国。

全球石斑鱼主要的消费市场有美国、沙特阿拉伯、中国台湾、马来西亚和泰国。美国是全球石斑鱼第一大进口国家（地区），2018 年石斑鱼的进口量为 7 740 吨，进口额为 0.652 亿美元，占全球石斑鱼总进口额的 59.13％；沙特阿拉伯为第二大进口国家（地区），石斑鱼的进口量为 5 972 吨，进口额为 0.19 亿美元，占全球石斑鱼总进口额的 17.54％；中国台湾为第三大进口地区，2018 年石斑鱼的进口量为 1 741 吨，进口额 930.3 万美元，占全球石斑鱼总进口额的 8.44％。

表 10-2　2018 年全球石斑鱼进出口前五位贸易状况

类型	国家（地区）	进（出）口量（吨）	进（出）口额（万美元）	进（出）口额全球占比（%）
进口	进口量前五位 美国	7 740	6 518.5	59.13
	沙特阿拉伯	5 972	1 934.0	17.54
	中国台湾	1 741	930.3	8.44
	马来西亚	1 573	650.8	5.90
	泰国	1 159	436.7	3.96
	全球	20 288	11 024.7	
出口	出口量前五位 阿曼	4 708	309.7	13.52
	印度尼西亚	3 302	1 173.6	51.23
	马尔代夫	870	69.8	3.05
	马来西亚	280	275.0	12.00
	阿拉伯联合酋长国	245	29.2	1.27
	全球	10 372	2 290.9	

10.4.2.2　美国是全球石斑鱼最大进口国

美国是全球最大的石斑鱼进口国，但在疫情严重的 2020 年 1—9 月，石斑鱼进口同比减少了 29.68%，2021 年 1—9 月，石斑鱼进口额同比增长了 54.32%，达到 4 543.52 万美元。如图 10-10 所示。

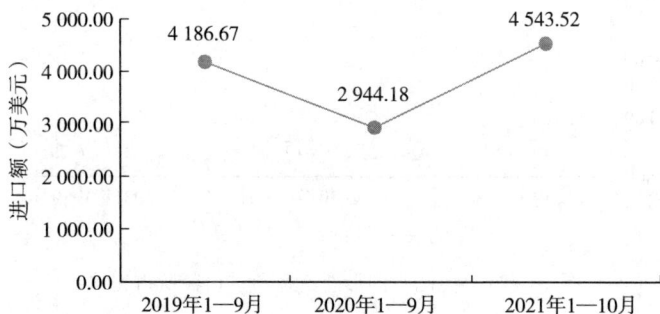

图 10-10　美国石斑鱼进口额

图 10-11 显示，墨西哥是美国最大的石斑鱼进口来源国，近三年来均占其进口额的 50% 以上，其主要贸易伙伴主要是中南美洲国家，亚洲仅有印度、泰国和中国台湾地区，非洲仅有几内亚一个国家。

鲜冷产品是美国石斑鱼进口主要形态。鲜冷品进口在美国石斑鱼进口中的

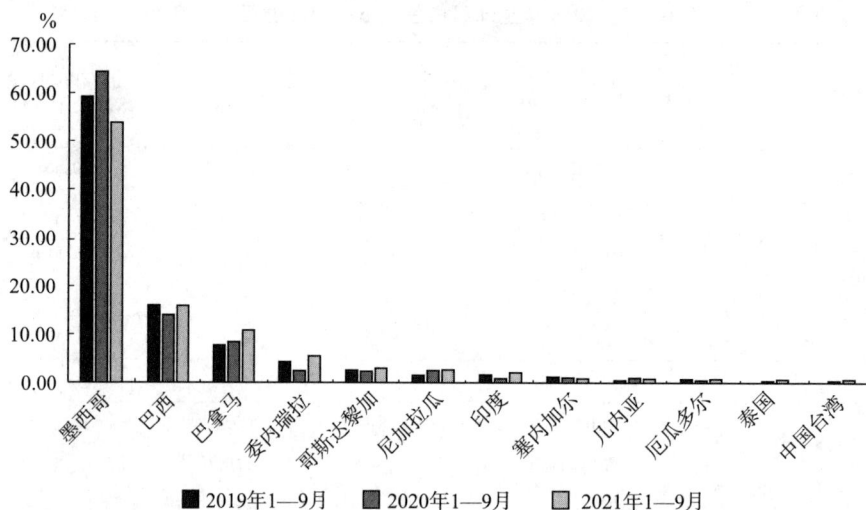

图 10-11　美国石斑鱼主要来源国家（地区）

占比较高，如图 10-12 所示，2020 年 1—9 月最高，达 95.85%，最低的 2019 年，同期占比也有 89.66%。

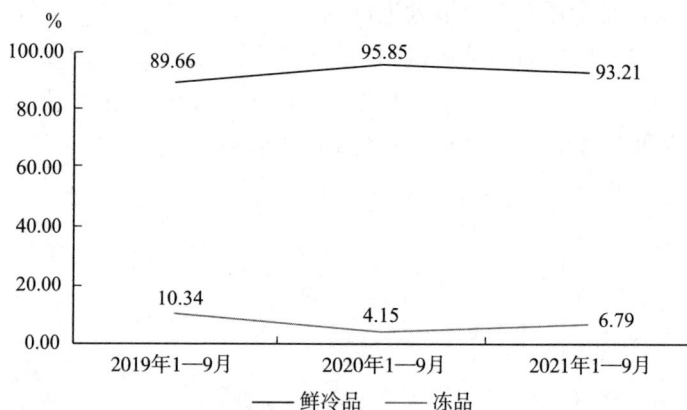

图 10-12　美国不同形态石斑鱼进口额所占比重

　　美国鲜冷石斑鱼主要从邻近的墨西哥进口，2020 年 1—9 月从墨西哥进口的鲜冷石斑鱼为 2 443.56 吨，占比最高，达到 68.67%，其余年份也均在 55% 以上。其余占比较高的国家也是同在中南美洲国家，如图 10-13 所示。

　　美国冷冻石斑鱼的进口来源国家（地区）近年来有较大变化。如图 10-14 所示，2019 年 1—9 月冷冻石斑鱼从墨西哥进口的比例高达 79.50%，但之

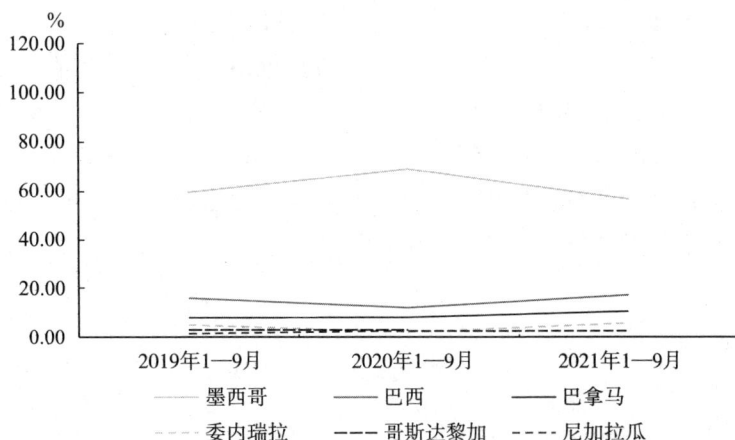

图 10-13　美国鲜冷石斑鱼进口量不同来源占比

后这一比例逐年下降，到 2021 年，从印度进口的冷冻石斑鱼已经超过了从墨西哥的进口，比重达 46.08％，从其他亚洲国家（地区）譬如泰国和中国台湾的进口比重也在增加，而从巴西的进口比重在减少。

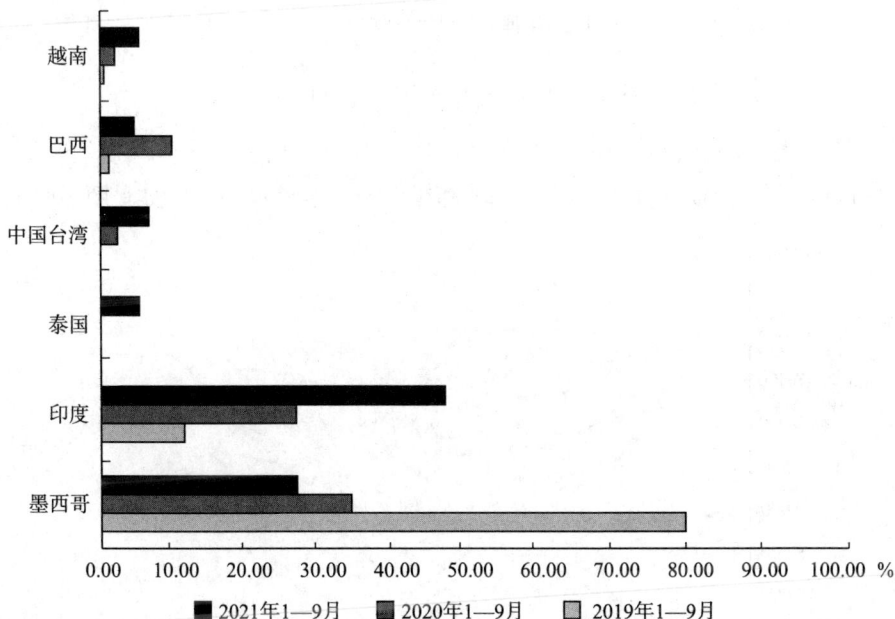

图 10-14　美国冷冻石斑鱼进口量不同来源占比

近年来，美国进口冷冻石斑鱼平均价格增加较多，2020 年 1—9 月和 2021年同期同比分别增加了 42.35％和 25.26％，从墨西哥的进口冷冻石斑鱼的价格同比分别增加了80.59%和51.41%。不同进口来源国家（地区）之间价格差别也较大，来自泰国的产品价格最高，每吨价格9 700.48美元，其他亚洲国家（地区）如越南和印度的价格则最低。而从中国台湾地区和越南进口的产品价格变化非常大，中国台湾地区的进口价格2021年1—9月同比增加253.97%，越南的进口价格同比减少62.05%。而巴西的进口价格则先升后降，价格水平和墨西哥基本齐平。详见图10-15。

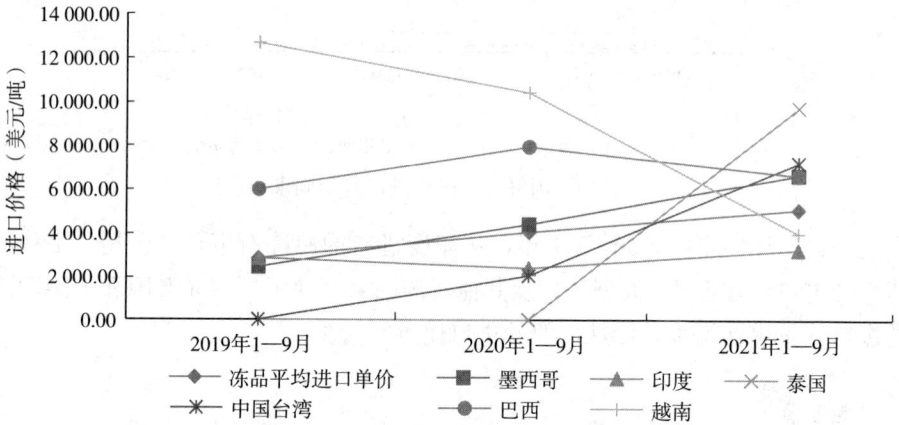

图10-15 美国冷冻石斑鱼进口价格

美国鲜冷黄鱼进口价格从2019年到2021年，价格呈现先下降后上升的趋势，进口价格的国别差异也不大，基本都在1 000美元/吨左右。详见图10-16。

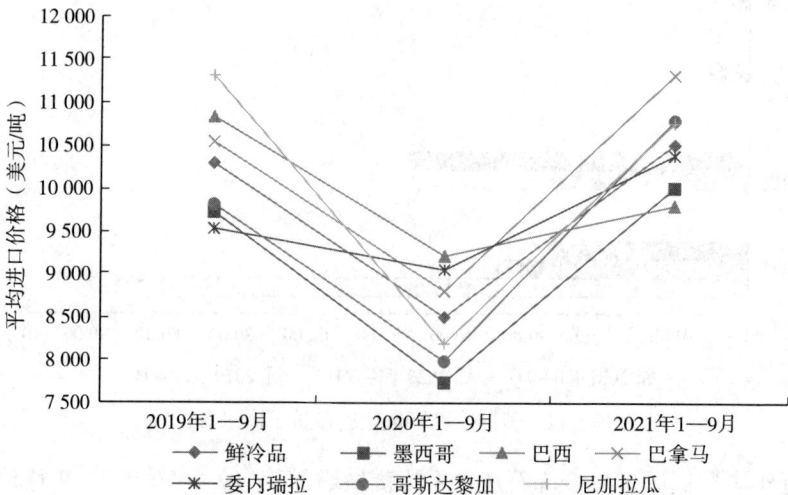

图10-16 美国鲜冷石斑鱼进口价格

10.4.3　海鲈

10.4.3.1　舌齿鲈国际贸易概况

舌齿鲈（*Dicentrarchus labrax*）是全球市场上贸易和流通量较大的海鲈鱼品种，且出口贸易规模逐年扩大。2012—2020 年全球舌齿鲈出口规模呈现增长趋势，2012 年出口量为 6 783.37 吨，增加至 2020 年 60 407.51 吨，年平均增长率为 31.43%（图 10 - 17）。

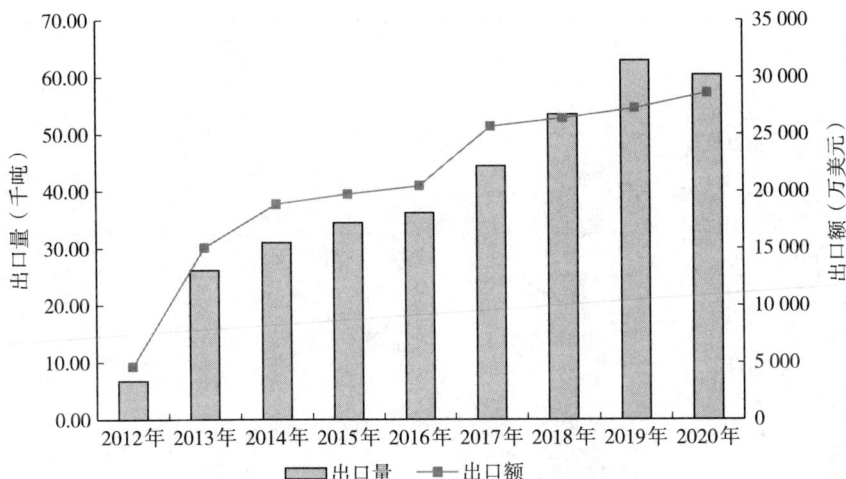

图 10 - 17　全球舌齿鲈出口量历年变化情况

全球舌齿鲈的主要供应国为土耳其和中国，其中土耳其是最大的供应国。2021 年 1—8 月，土耳其舌齿鲈的出口量为 33 332.48 吨，出口额为 17 314.76 万美元，占舌齿鲈总出口额的 97.56%；中国舌齿鲈的出口量为 375.57 吨，出口额为 226.51 万美元，占舌齿鲈总出口额的 1.28%；美国舌齿鲈的出口量为 105.42 吨，出口额为 117.43 万美元，占舌齿鲈总出口额的 0.66%。此外，伊朗虽为舌齿鲈出口量第三的国家，但其出口额的市场份额为 0.31%，次于美国。韩国、印度尼西亚、新加坡和日本等也是全球舌齿鲈的供应国。2021年上半年，土耳其舌齿鲈出口量、出口额均有所增长，出口量 3.3 万吨，出口额 1.7 亿美元，同比分别增长 6.22% 和 26.30%。

如表 10 - 3 所示，全球舌齿鲈进口量排名前 5 位的国家有：美国、俄罗斯、新加坡、卡塔尔和加拿大。其中美国是舌齿鲈最主要的消费市场，2021 年 1—8 月，美国舌齿鲈进口量 6 854.7 吨，进口额 5 518.57 万美元，占舌齿鲈总进口额的 57.07%；俄罗斯是舌齿鲈的第二大进口国，进口量 3 418.63 吨，进口额为 1 850.31 万美元，占舌齿鲈总进口额的 19.14%；加拿大为第三大进口国，进口额占舌齿鲈总进口额的 10.75%。卡塔尔和新加坡的进口额分别占舌齿鲈总进口额的 7.11% 和 5.93%。

表 10 - 3 　 2021 年 1—8 月全球舌齿鲈进出口前五位贸易状况

类型	国家		进（出）口量（吨）	进（出）口额（万美元）	进（出）口额全球占比（%）
进口	进口量前五位	美国	6 854.70	5 518.57	57.07
		俄罗斯	3 418.63	1 850.31	19.14
		新加坡	1 910.61	573.56	5.93
		卡塔尔	1 061.14	687.43	7.11
		加拿大	1 003.82	1 039.79	10.75
	全球		14 248.90	9 669.66	
出口	出口量前五位	土耳其	33 332.48	17 314.76	97.56
		中国	375.57	226.51	1.28
		伊朗	220.69	55.36	0.31
		美国	105.42	117.43	0.66
		俄罗斯	55.40	34.15	0.19
	全球		34 089.56	17 748.21	

10.4.3.2　全球舌齿鲈进口贸易

美国是舌齿鲈第一大进口国。美国海鲈的进口量从 2012 年开始剧增，从 2012 年的 3 005 吨增加至 2019 年的 9 667 吨。2020 年相较于 2019 年的进口量有所下降，为 7 185 吨，进口额为 5 087.83 万美元（图 10 - 18）。

2021 年 1—8 月，美国舌齿鲈的进口量增额增，进口量 6 855 吨，同比增加 42.57%；进口额 5 518.57 万美元，同比增加 72.64%（表 10 - 4）。其中，冰鲜进口量占 90.18%。与 2020 年同期相比，美国大幅增加了从土耳其的进口，进口量为 3 780 吨，同比增加 65%。

10.4.3.3　中国舌齿鲈出口贸易

我国鲈鱼出口的品种为尖吻鲈鱼（舌齿鲈属），出口量较少。如表 10 - 5 所示，2021 年 1—8 月我国尖吻鲈鱼共出口 376 吨，出口额 226.51 万美元，同比量减额减，分别下降 14.35% 和 23.25%。冻尖吻鲈鱼为主要出口产品类型，占我国鲈鱼总出口量的99.73%，主要出口至马来西亚、约旦、澳大利亚等国家。我国还出口鲈鱼苗，主要出口至中国香港和中国澳门。

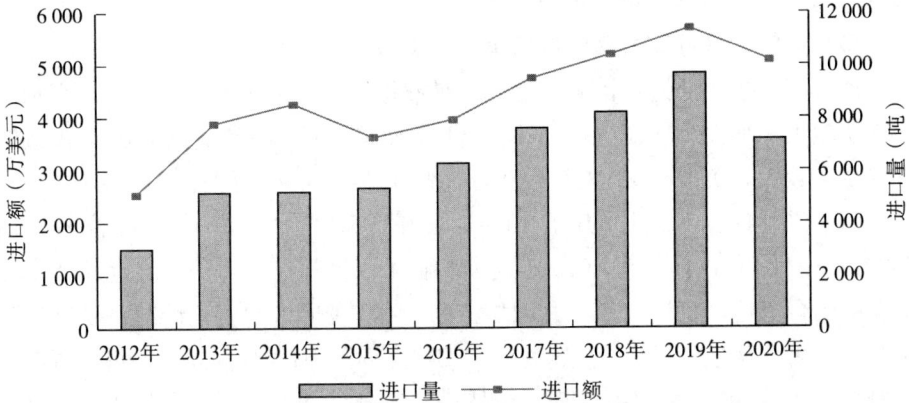

图 10 - 18　2012 年—2020 年美国舌齿鲈进口贸易变化情况

（资料来源：NOAA）

表 10 - 4　2020 年和 2021 年 1—8 月美国舌齿鲈进口贸易状况

品种	2020 年 1—8 月		2021 年 1—8 月		进口量同比变化（%）	进口额同比变化（%）
	进口量（吨）	进口额（万美元）	进口量（吨）	进口额（万美元）		
冰鲜舌齿鲈	4 278	2 890.05	6 119	4 976.74	43.03	72.20
冻舌齿鲈	530	306.54	736	541.83	38.87	76.76
合计	4 808	3 196.59	6 855	5 518.57	42.57	72.64

表 10 - 5　2020 年和 2021 年 1—8 月中国尖吻鲈鱼出口贸易状况

品种	2020 年 1—8 月		2021 年 1—8 月		出口量同比变化（%）	出口额同比变化（%）
	出口量（吨）	出口额（万美元）	出口量（吨）	出口额（万美元）		
鲈鱼苗	4	1.94	1	0.32	−75.00	−83.48
冻尖吻鲈鱼（舌齿鲈属）	435	293.19	375	226.19	−13.79	−22.85
合计	439	295.13	376	226.51	−14.35	−23.25

　　鲈鱼苗的主要出口省份是福建，浙江和广东也出口少量鲈鱼苗。广东是冻尖吻鲈鱼的主要出口省份，海南和福建也有少量出口。

10.4.4 军曹鱼

10.4.4.1 军曹鱼全球贸易集中度高

（1）冰鲜和冷冻军曹鱼的进口集中于少数几个国家（地区）

冰鲜军曹鱼主要进口国家（地区）是沙特阿拉、美国和中国台湾，个别年份起伏较大。如图 10 - 19 所示，近三年来沙特阿拉伯[①]和美国冰鲜军曹鱼的进口变化较大，美国 2021 年 1—10 月进口额为 175.90 万美元，与 2020 年和 2019 年同期相比，分别上升了 136.12% 和下降了 23.07%，而沙特阿拉伯 2020 年 1—10 月进口额与 2019 年同期相比，下降了 71.45%，但也远高于美国和中国台湾地区的进口额。3 个国家（地区）在进口中占比情况，受进口单价影响较大。从进口量看，因为 2021 年沙特阿拉伯的数据尚未取得，所以我们研究 2020 年进口量数据发现，沙特进口占比为 80.53%，为进口第一大国（图 10 - 20）。而如果考虑价格因素，2021 年美国进口额占比则大大超过了中国台湾进口占比，如图 10 - 21 所示。

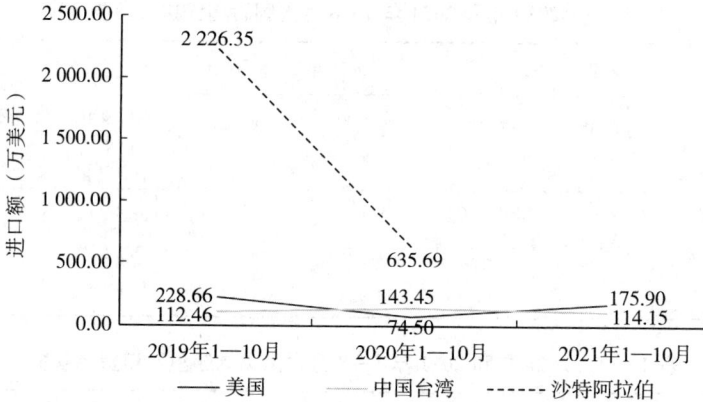

图 10 - 19 全球冰鲜军曹鱼进口额

冷冻军曹鱼总体进口规模很小，2021 年 1—10 月进口量最多的中国台湾也仅有 74.94 吨，而同期进口额最多的美国也仅进口了 15.15 万美元。主要进口国家（地区）是中国台湾、美国和泰国以及加拿大，如图 10 - 22 所示。

（2）冰鲜和冷冻军曹鱼的出口集中于少数国家（地区）

冰鲜军曹鱼的出口国主要是中国和巴拿马。2021 年 1—10 月中国冰鲜军

---

① 沙特阿拉伯 2021 年军曹鱼进口数据尚未获得，下同。

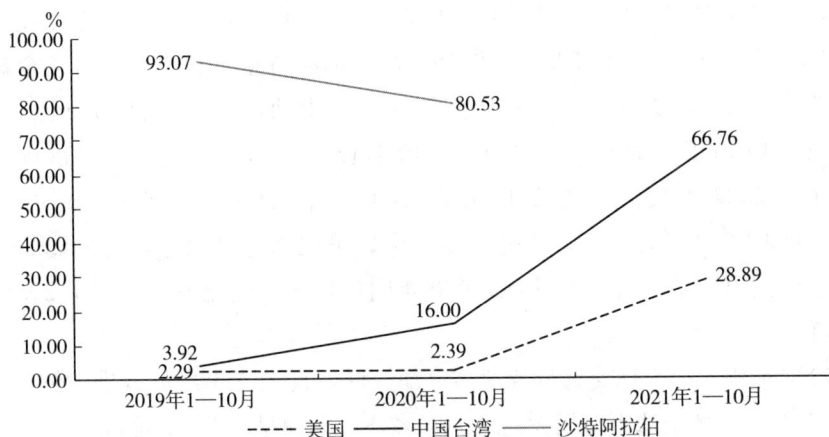

图 10-20 主要进口国家（地区）冰鲜军曹鱼进口量占比

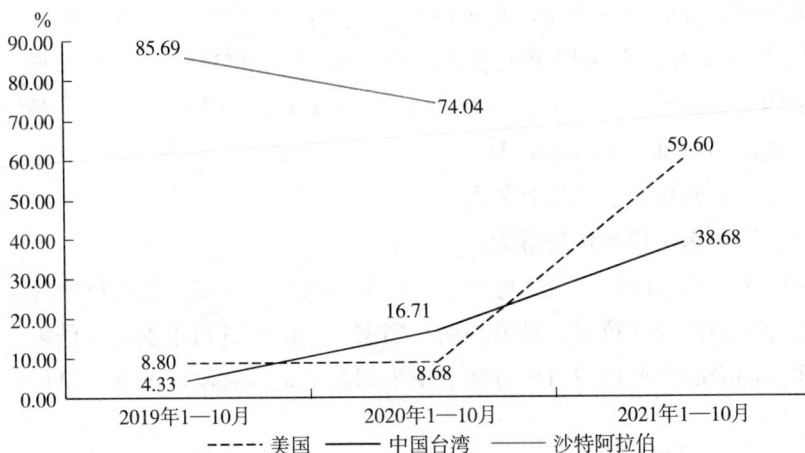

图 10-21 主要进口国家（地区）冰鲜军曹鱼进口额占比

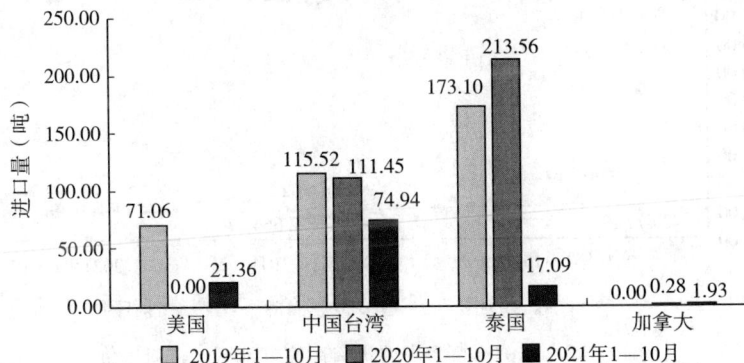

图 10-22 主要进口国家（地区）冷冻曹鱼进口量

曹鱼出口量排名世界第一，为 392.19 吨，与 2019 年和 2020 年同期相比，同比分别上涨了 94.47％和下降了 16.56％，中国冰鲜军曹鱼出口额位居全球第二，为 275.56 万美元，与 2019 年和 2020 年同期相比，同比分别上升了 98.71％和下降了 9.76％。2021 年 1—10 月巴拿马冰鲜军曹鱼出口额排名第一，为 415.36 万美元，与 2019 年和 2020 年同期相比，同比分别上涨了 50.88％和 10.46％，巴拿马冰鲜军曹鱼出口量位居全球第二，为 302.83 吨，略低于中国出口量，与 2019 年和 2020 年同期相比，同比分别上涨了 20.43％和下降了 11.96％。

冷冻军曹鱼的全球交易量持续多年都较低，且近三年出口量呈现倒 V 形，2021 年 1—10 月全球出口量大约在 200 多吨，大约是 2020 年同期的 56.98％。全球出口规模第一的印度尼西亚，占全球出口额 86.11％，2021 年 1—10 月的出口额也仅为 30.58 万美元，南非在 2021 年的出口额中占比约 6.38％，出口额为 2.26 万美元，美国居第三名，占比 3.89％，出口额为 1.38 万美元，印度居第四名，占比 3.01％，出口额为 1.07 万美元。如果仅仅考虑出口量，美国和印度的出口基本可以忽略不计。

10.4.4.2　军曹鱼贸易单价差异大

（1）军曹鱼进口单价差异大

由图 10-23 和图 10-24 可以看出，美国冰鲜进口军曹鱼的单价远高于中国台湾地区和沙特阿拉伯，是另外两个国家（地区）进口单价的 3 倍多。美国和加拿大的冷冻军曹鱼进口单价远高于中国台湾地区和泰国的进口单价，是其 4 倍左右。

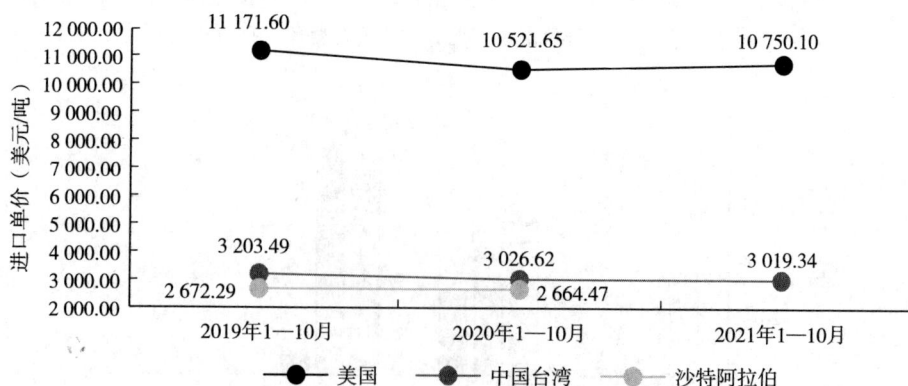

图 10-23　冰鲜军曹鱼主要进口国家（地区）进口单价

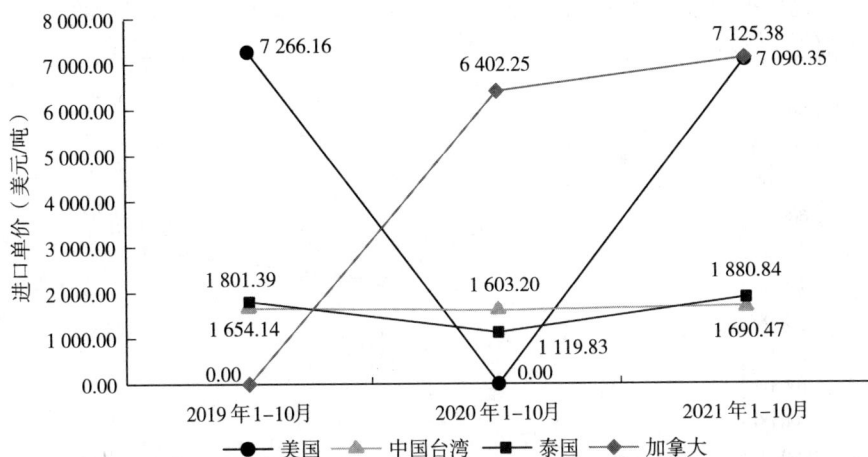

图 10 - 24 冷冻军曹鱼主要进口国家（地区）进口单价

（2）军曹鱼出口单价差异大

由图 10 - 25 可看出，冰鲜军曹鱼的出口单价远高于冷冻军曹鱼出口单价，且各自呈现出较大的差异。冰鲜军曹鱼的出口单价几乎没有受到疫情影响，2021 年 1—10 月的平均出口单价均高于 2019 年同期水平，中国军曹鱼的出口单价不仅低于巴拿马的出口单价，且增长速度也低于巴拿马的出口单价增长速度。

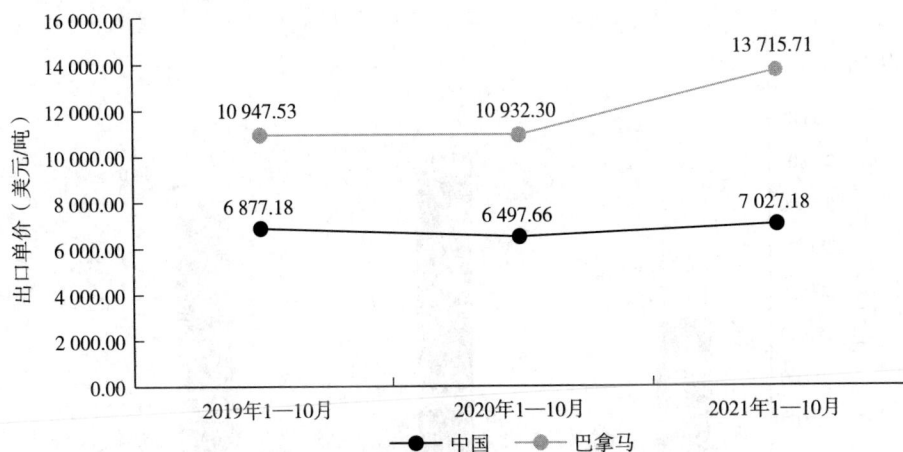

图 10 - 25 冰鲜军曹鱼全球出口单价

由图 10 - 26 可看出，印度尼西亚出口冷冻军曹鱼的单价虽然正在逐渐恢复，但仍比疫情前的 2019 年同期减少了 14.71％，而南非的出口价格呈现反常的倒 V 形变化。

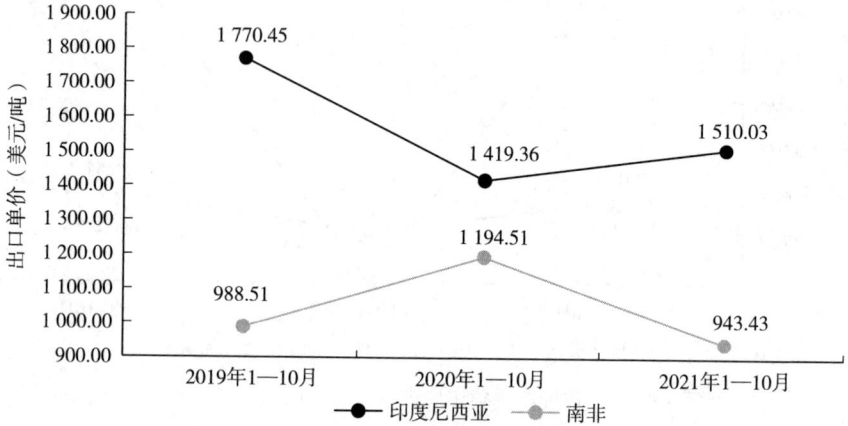

图 10-26　冷冻军曹鱼全球出口单价

10.4.4.3　中国是军曹鱼重要出口国

（1）中国军曹鱼出口以冰鲜品为主且呈倒 V 形

由图 10-27、图 10-28 可知，中国军曹鱼出口近三年表现较好，呈倒 V 形。冷冻军曹鱼出口总体规模非常小，但冰鲜品出口在疫情最严重的 2020 年 1—11 月却逆势增长，出口量、出口额比 2019 年同期增长 114.80％和 101.82％。2021 年同期也仅仅比 2020 年下降了 17.11％和 9.71％，远高于 2019 年同期水平。

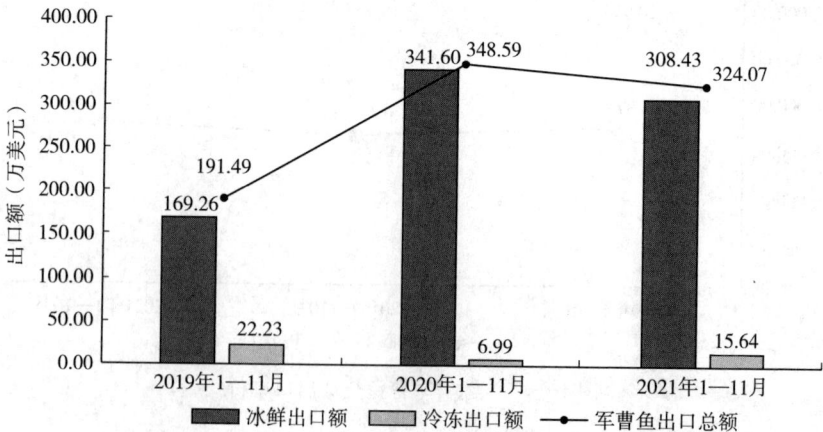

图 10-27　中国军曹鱼出口额

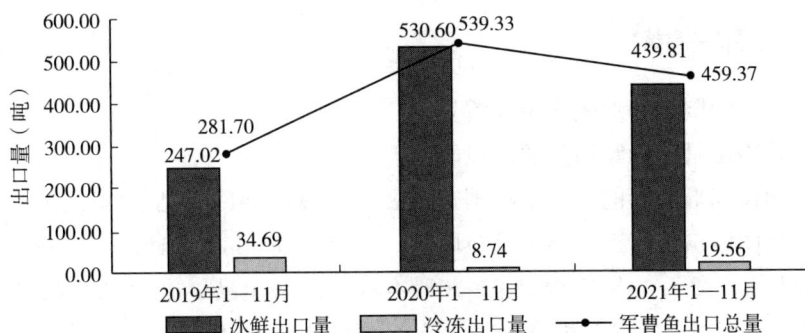

图 10 - 28　中国军曹鱼出口量

（2）中国军曹鱼出口地较为单一

中国军曹鱼冰鲜品主要出口到中国台湾地区，2019 年 1—11 月占出口量的 100%，2020 年和 2021 年同期略有下降，占比为 97.73% 和 95.52%，另外，近两年也向中国香港地区和越南有少量出口。冻品的出口地数量近三年在减少，2019 年 1—11 月，主要出口到美国和泰国，占比分别为 65.71% 和 34.29%，但 2020 年开始，只出口到美国。

（3）中国军曹鱼平均出口单价较为稳定

由图 10 - 29 可看出，中国出口到主要国家（地区）的冰鲜品和冻品的单价较为稳定，且价格差别较小，而出口到美国的冻品价格略高于出口到中国台湾的冰鲜品价格。

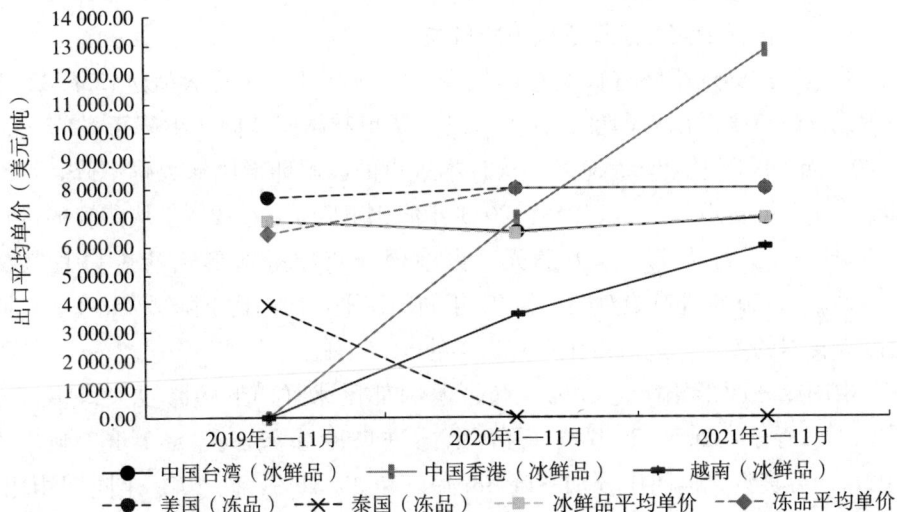

图 10 - 29　中国军曹鱼出口平均单价

10.4.5 卵形鲳鲹

10.4.5.1 中国是卵形鲳鲹重要贸易国

（1）中国是卵形鲳鲹重要出口国

中国是卵形鲳鲹的重要出口国，主要出口冰鲜和冷冻品，以冷冻品为主。冰鲜卵形鲳鲹出口量近三年来日渐增多，2021 年 1—11 月出口达 2 086.91 吨，同比增长 42.32%。冷冻卵形鲳鲹 2021 年 1—11 月出品量达 11 222.92 吨，同比增长 62.06%，已略超过疫情前规模，如图 10-30 所示。

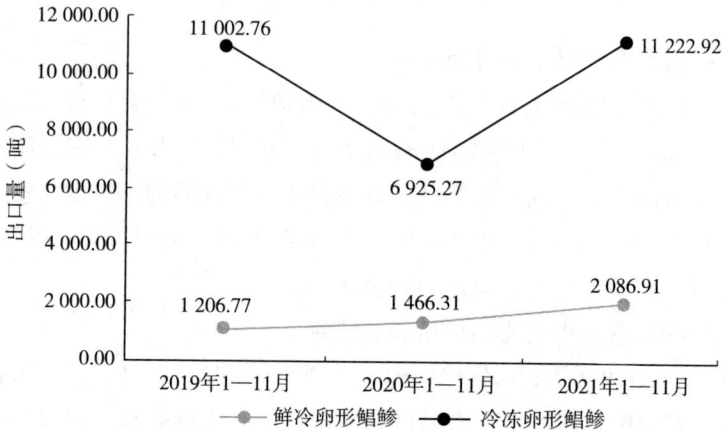

图 10-30　中国卵形鲳鲹出口量

（2）中国卵形鲳鲹进口规模下降较快

中国冰鲜卵形鲳鲹进口额总体较少，2021 年 1—11 月大概进口了 88.25 万美元，进口来源国有印度、日本、巴基斯坦和越南，同比下降了 32.59%，比 2019 年同期下降了 62.31%。从日本进口的冰鲜卵形鲳鲹大幅下降，2020 年 1—11 月同比下降了 44.19%，2021 年同比下降了 77.72%。从印度的进口 2021 年 1—11 月为 80.05 万美元，占中国当年冰鲜卵形鲳鲹进口总额的 90.71%，2020 年进口绝对额和 2021 年同期持平，但同比下降了 48.79%，同时因为日本的关系，进口占比只有当年的 61.55%。

中国冷冻卵形鲳鲹进口规模和来源国都比冰鲜卵形鲳鲹要大得多，如图 10-31所示，2021 年 1—11 月，中国进口冷冻卵形鲳鲹 4 457 吨，达 1 027.14万美元，但同比分别下降 38.49%和 35.31%，同 2019 年同期相比，分别下降了 57.37%和 56.55%。

中国冷冻卵形鲳鲹的最大进口来源国是厄瓜多尔，2021 年 1—11 月从其进口占比为 44.47%，比 2020 年同期的 68.77% 有所下降，因为 2021 年增加了从印度尼西亚和印度的进口，从印度尼西亚的进口近三年一直在增加，2021 年 1—11 月为 706 吨，同比上升了 129.97%，从印度的进口也同比上升了 12.82%，但是从最大进口来源国厄瓜多尔的进口却大幅减少。

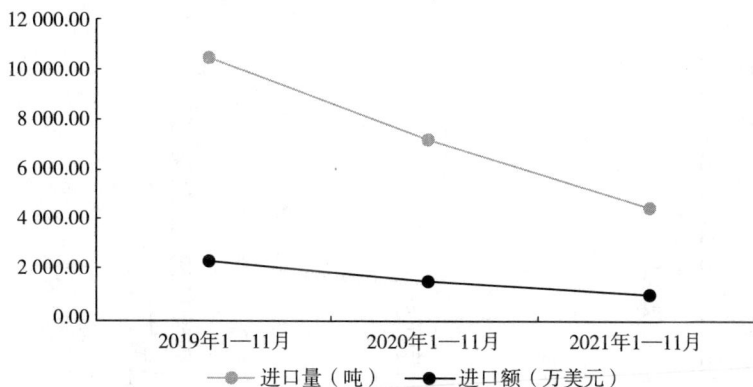

图 10-31　中国冷冻卵形鲳鲹进口规模

（3）中国冷冻卵形鲳鲹进口平均单价地区差异较大

从图 10-32 可看出，中国冷冻卵形鲳鲹进口平均单价差异较大，其中来自印度的冷冻卵形鲳鲹单价最高，且价格较为稳定，来自印度尼西亚的价格近三年逐年下降较多，2021 年 1—11 月的平均进口单价和 2019 年同期相比下降了 47.59%，而来自厄瓜多尔的冷冻卵形鲳鲹单价近三年来都处于最低水平。

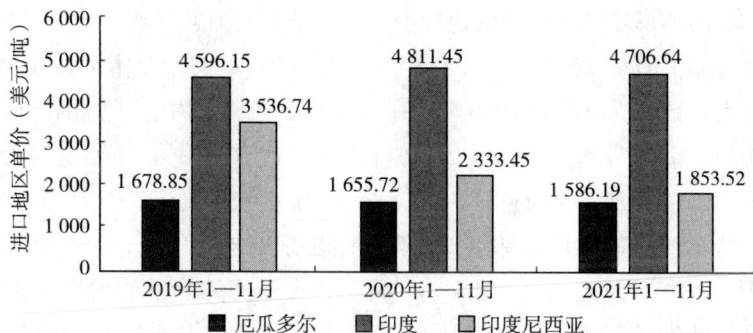

图 10-32　中国冷冻卵形鲳鲹进口地区单价

（4）菲律宾成为中国冷冻卵形鲳鲹的最主要出口目的地

中国冷冻卵形鲳鲹出口额 2021 年 1—11 月已达 10 682.92 万美元，同比增长了 91.07％，比疫情前的 2019 年同期也增长了 59.37％。而近三年数据显示，对中国香港地区和中国台湾地区的出口下降较多，而对东南亚国家和部分非洲国家的出口增长很快。中国冷冻卵形鲳鲹的最大出口地已从中国香港地区变更为菲律宾，对其出口占比已从 2019 年的 7.62％变成 2021 年的 42.54％，而对中国香港地区的出口占比已从 31.82％变为 14.30％，如图 10-33 所示。

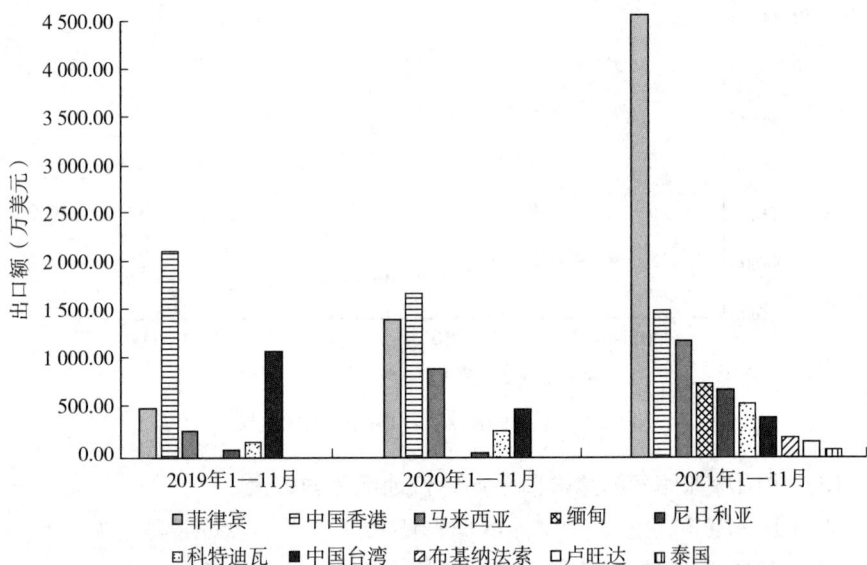

图 10-33　中国冷冻卵形鲳鲹出口目的地金额

（5）中国鲜冷卵形鲳鲹出口地集中度高

中国鲜冷卵形鲳鲹出口目的地较少，多数是亚洲国家（地区），2019 年的出口目的地有 6 个国家（地区），到 2021 年下降为 3 个，分别是中国香港、中国台湾和加拿大，具体出口额如图 10-34 所示。而 2021 年对中国香港的出口比例占到出口额的 90.40％，这一比例在 2020 年一度高达 96.06％，主要是因为对中国澳门地区的出口从 2019 年 1—11 月的 137.41 万美元骤降到 7.39 万美元引起的。

（6）冷冻和冰鲜卵形鲳鲹平均出口单价出现倒挂

由图 10-35 可知，2019 年 1—11 月鲜冷卵形鲳鲹的平均出口单价高于同期冷冻卵形鲳鲹的出口单价，但从 2020 年开始发生变化，冻品出口价格高于冰鲜品价格，且到了 2021 年，这一价差仍在扩大，价差达 2 470.92 美元/吨。

（7）中国冷冻卵形鲳鲹贸易条件持续改善

中国冷冻卵形鲳鲹出口平均单价近三年来持续走高，2021 年 1—11 月平

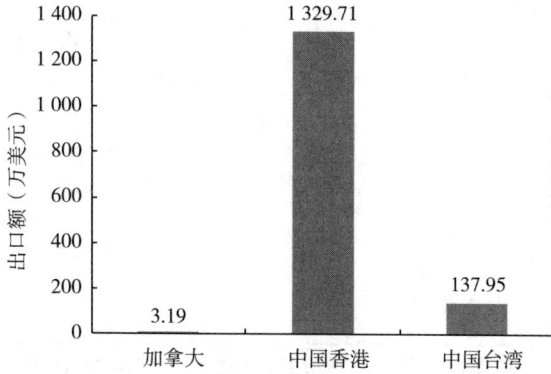

图 10-34　2021 年中国鲜冷卵形鲳鲹出口目的地金额

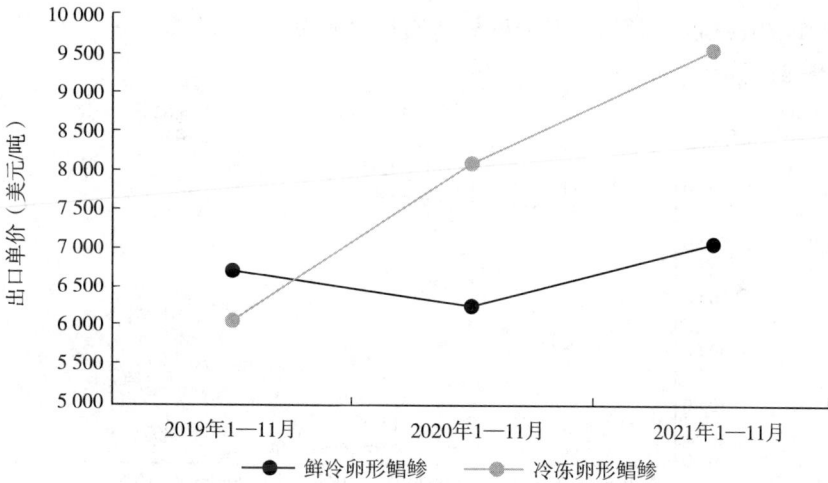

图 10-35　中国冷冻卵形鲳鲹出口单价

均单价达 9 518.84 美元/吨，与 2019 年同期相比增长了 56.24%，与 2020 年同期相比增长了 17.90%，而冷冻卵形鲳鲹进口平均单价 2021 年 1—11 月为 2 304.43 美元/吨，与 2019 年同期相比仅增加了 1.92%，与 2020 年同期相比增加了 5.18%。如图 10-36 所示，中国冷冻卵形鲳鲹贸易条件均高于 1，且近三年来贸易条件逐年改善。

10.4.5.2　美国是冷冻卵形鲳鲹重要进口国

（1）美国冷冻卵形鲳鲹进口量增额降

美国 2021 年 1—10 月年从 10 个国家进口冷冻卵形鲳鲹，进口量和进口额分别为 1 557 吨和 364.80 万美元。与 2020 年和 2019 年同期相比，进口量分别

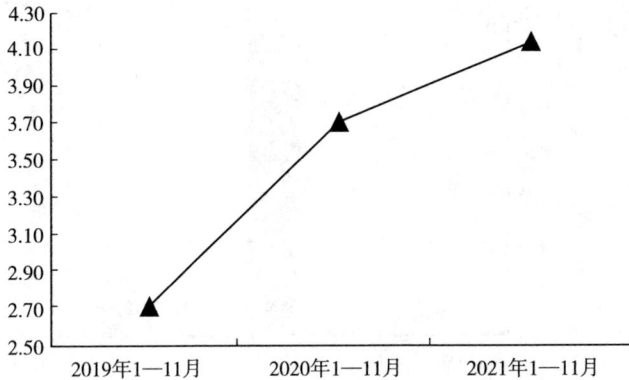

图 10 - 36　中国冷冻卵形鲳鲹贸易条件

增加 15.76％和 21.26％，但进口额却同比分别减少了 12.29％和 6.66％，如图 10 - 37所示。

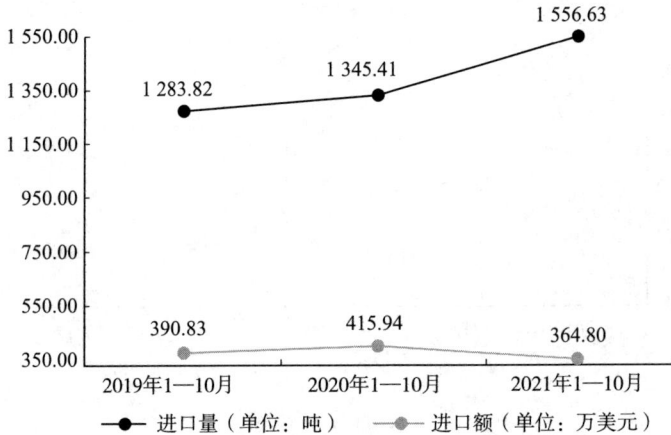

图 10 - 37　美国冷冻卵形鲳鲹进口情况

（2）中国成为美国主要进口来源地

近三年数据显示，美国冷冻卵形鲳鲹进口来源国发生较大变化，2019 年和 2020 年主要进口来自中南美洲国家如厄瓜多尔和巴西的冷冻卵形鲳鲹，而 2021 年 1—10 月的数据显示，来自中国的冷冻卵形鲳鲹量额分别占美国进口的 52.63％和 41.16％，详见图 10 - 38 和图 10 - 39 所示。

（3）美国进口冷冻卵形鲳鲹平均单价在下降

由图 10 - 40 可看出，美国进口冻卵形鲳鲹的平均单价 2021 年 1—10 月同比下降了 24.19％。来自印度的冻品价格最高，而来自中国的价格最低。

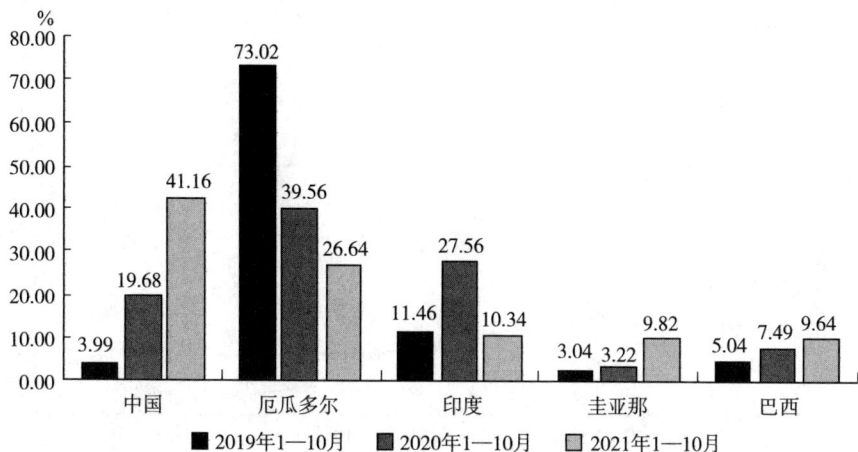

图 10-38　美国冷冻卵形鲳鲹进口额地区集中度

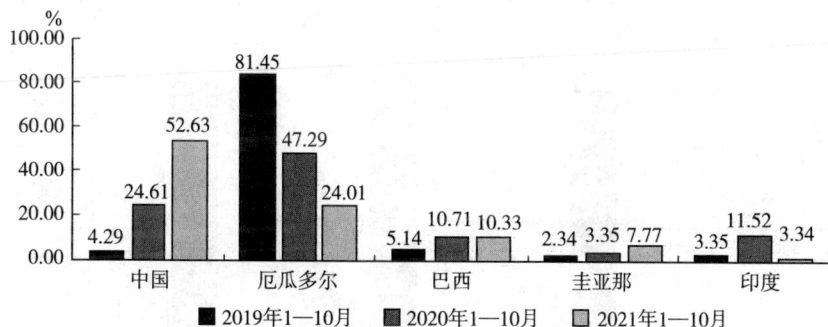

图 10-39　美国冷冻卵形鲳鲹进口量地区集中度

10.4.6　河鲀

10.4.6.1　中国是全球河鲀最大出口国

中国是全球河鲀最大生产国和出口国，主要出口到韩国和日本，以活鲀为主，少量鲜冷鲀。近三年出口数据显示，疫情对鲜冷鲀和活鲀的影响已被市场消化，2021年1—10月出口量已高于2019年同期水平，鲜冷鲀虽然总出口量较少，但如图 10-41 所示，2021年1—10月出口量同比增加了 314.31%。

10.4.6.2　中国河鲀出口目的地单一

多年来，中国河鲀主要出口到韩国和日本两国，未有其他国家（地区），中国出口到韩国的鲜冷河鲀波动较大。从图 10-42 可看出，活鲀出口目的地

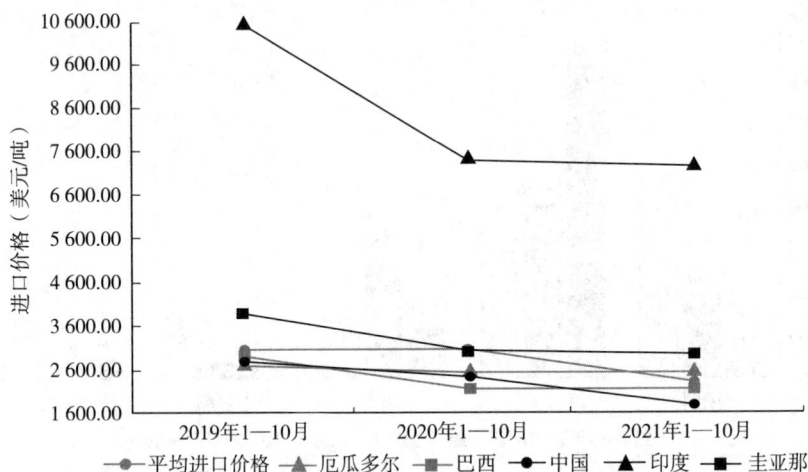

图 10 - 40　美国冷冻卵形鲳鲹进口价格

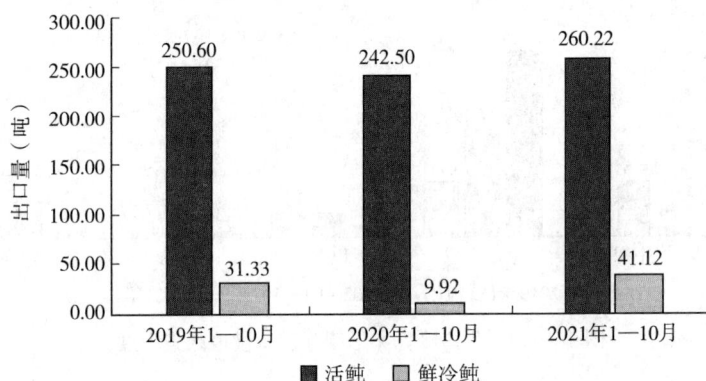

图 10 - 41　中国河鲀出口量

以韩国为主，且出口量占比有扩大趋势。图 10 - 43 表明，冰鲜河鲀总量较少，出口目的地以日本为主，出口到韩国的鲜冷河鲀在 2020 年 1—10 月曾降为零，2021 年同期恢复并略高于疫情前出口规模。

10.4.6.3　中国活鲀出口单价呈下降趋势

由图 10 - 44 可知，活鲀单价远高于鲜冷鲀，两者价格基本变化趋势相同。2021 年 1—10 月鲜冷鲀平均出口单价和疫情初期的 2020 年同期相比，上涨了 5.60%，但仍未恢复到疫情前水平。而活鲀的出口单价近三年呈逐年缓慢下降趋势，和 2019 年同期相比，已经下降了 4.62%。

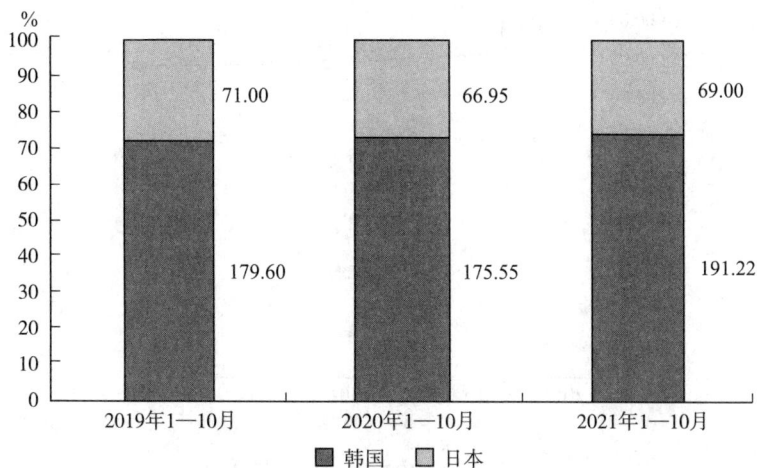

图 10-42　中国活鲀出口到日本和韩国情况

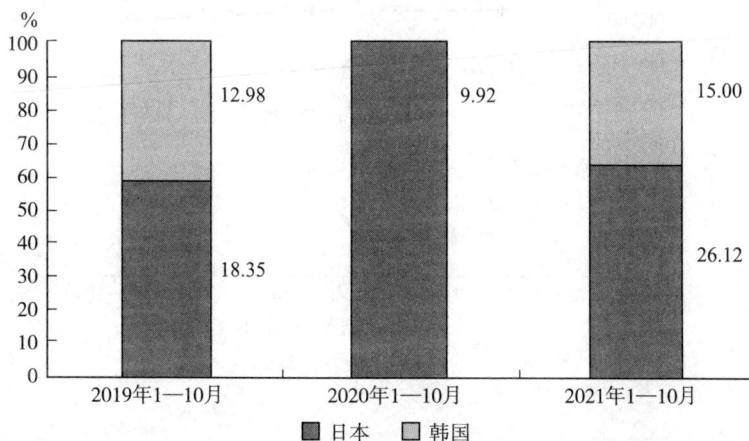

图 10-43　中国鲜冷鲀出口到日本和韩国情况

由图 10-45 可知，出口到韩国的活鲀单价远高于出口到日本的价格，2020 年 1—10 月，两者价差拉大到 6 298.18 美元/吨，出口到韩国的单价比疫情前还高，2021 年同期略降，而 2020 年 1—10 月出口到日本的活鲀量价齐跌，价格同比下降了 18.26%，出口量下降了 5.70%，2021 年同期略有反弹。

由图 10-46 可知，与活鲀出口单价相反，鲜冷鲀出口到日本的单价高于出口到韩国的单价，2019 年 1—10 月鲜冷鲀的平均出口单价价差高达 4 779.48美元/吨，疫情开始的 2020 年 1—10 月出口到日本的单价下降了 27.09%，韩国没有从中国进口鲜冷品，2021 年 1—10 月同比回弹了 21.00%。

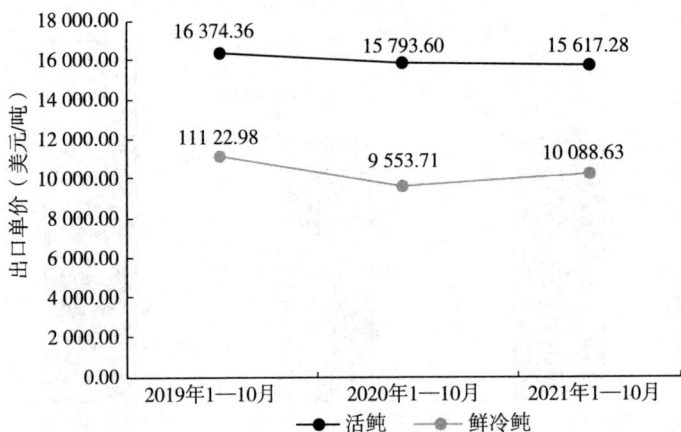

图 10-44 中国河鲀出口单价

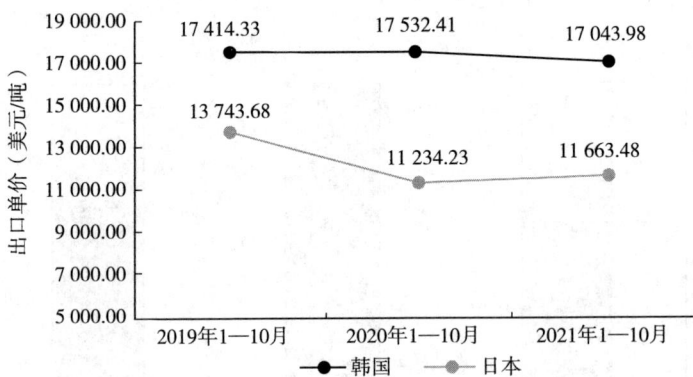

图 10-45 中国活鲀出口单价

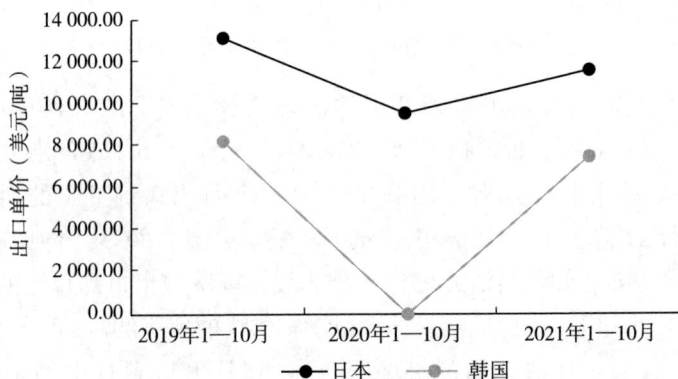

图 10-46 中国鲜冷鲀出口单价

10.4.7　鲆鲽类

10.4.7.1　全球鲆鲽类出口贸易状况

（1）丹麦

2020年丹麦鲆鲽类出口量增额减：出口量6.05万吨，同比增加3.93%；出口额3.09亿美元，同比减少12.18%。从出口品种上看，丹麦出口的主要品种是冻庸鲽鱼和鲜冷鲽鱼，二者分别占鲆鲽类总出口量的70.60%和13.34%，2020年，冻大菱鲆的出口贸易大幅下降，出口量和出口额同比分别下降86.96%和77.12%。但其他品种如冻鲽鱼和其他冻比目鱼的出口贸易大幅度增加；鲜冷鲽鱼和冻鲽鱼的出口量分别增加39.22%和20.60倍；其他鲜冷比目鱼和冻比目鱼的出口贸易量分别增加24.92%和1.54倍。鲜冷鳎鱼和鲜冷大菱鲆出口量分别增加29.84%和17.48%，而冻鳎鱼出口量减少13.36%。（表10-6）。

表10-6　2019年和2020年丹麦鲆鲽类出口贸易状况

品种	2019年		2020年		量同比变化（%）	额同比变化（%）
	出口量（吨）	出口额（万美元）	出口量（吨）	出口额（万美元）		
鲜冷庸鲽鱼	1 713.91	1 579.19	1 625.59	1 236.28	−5.15	−21.71
鲜冷鲽鱼	5 799.85	1 844.25	8 074.59	2 250.39	39.22	22.02
鲜冷鳎鱼	637.96	873.36	828.33	855.45	29.84	−2.05
鲜冷大菱鲆	440.85	507.31	517.92	485.01	17.48	−4.40
其他鲜冷比目鱼	2 812.58	838.62	3 513.43	992.57	24.92	18.36
冻庸鲽鱼	43 659.35	26 714.29	42 740.11	22 552.65	−2.11	−15.58
冻鲽鱼	12.63	6.53	272.86	104.51	2 060.41	1 500.46
冻鳎鱼	20.51	32.54	17.77	27.15	−13.36	−16.56
冻大菱鲆	2.99	3.89	0.39	0.89	−86.96	−77.12
其他冻比目鱼	86.07	17.27	218.69	37.52	154.08	117.26
鲜冷比目鱼的鱼片	563.86	579.09	472.09	477.45	−16.28	−17.55
冻比目鱼的鱼片	2 498.3	2 170.17	2 254.6	1 863.68	−9.75	−14.12
合计	58 248.86	35 166.51	60 536.37	30 883.55	3.93	−12.18

（2）美国

美国是鲆鲽类第一大出口国。如表10-7所示，2021年1—8月，美国的鲆鲽类出口规模有所萎缩，1—8月美国出口鲆鲽类6.43万吨，出口额1.19亿美元，同比数量和金额分别减少了26.02%和19.60%。鲆鲽类多数品种出口均有不同程度下降，但是鲜冷鳎鱼的出口规模显著增加，出口量、出口额同比增加量588.89%和320.63%。冻比目鱼片出口规模也有所增加，出口量、出口额同比增加25.91%和26.57%。

总体看，美国鲆鲽类出口均价同比上涨8.68%，其中鲜冷鲽鱼价格上涨幅度巨大，同比上涨522.06%。其他冻比目鱼是美国向中国出口的主要品种，出口价格为1 472美元/吨，价格下降了2.65%。

表10-7 2020年和2021年1—8月美国鲆鲽类出口情况

品种	2020年1—8月		2021年1—8月		量同比变化（%）	额同比变化（%）	出口均价（美元/千克）
	出口量（吨）	出口额（万美元）	出口量（吨）	出口额（万美元）			
鲜冷庸鲽鱼	859	938.340 0	1 352	1 892.801 2	57.39	101.72	14.00
鲜冷鲽鱼	59	11.952 9	9	11.500 0	−84.75	−3.79	12.60
鲜冷鳎鱼	9	10.347 7	62	43.525 8	588.89	320.63	7.03
鲜冷大菱鲆	5	4.192 4	0	0.000 0	−100.00	−100.00	0.00
其他鲜冷比目鱼	43	19.828 0	14	10.586 6	−67.44	−46.61	7.37
冻庸鲽鱼	924	445.599 5	1 108	478.857 8	19.91	7.46	4.32
冻鲽鱼	5 139	685.007 7	3 787	453.694 3	−26.31	−33.77	1.20
冻鳎鱼	2 228	463.555 7	1 457	297.101 3	−34.61	−35.91	2.04
冻大菱鲆	322	115.117 7	0	0.000 0	−100.00	−100.00	0.00
其他冻比目鱼	76 661	11 627.630 0	55 693	8 133.319 5	−27.35	−30.05	1.46
鲜冷比目鱼的鱼片	147	127.564 6	139	119.080 0	−5.44	−6.65	8.58
冻比目鱼的鱼片	575	383.028 1	724	484.804 7	25.91	26.57	6.69
合计	86 971	14 832.160 0	64 345	11 925.270 0	−26.02	−19.60	1.85

2021年1—8月，除韩国和加拿大之外，美国向各大主要出口市场出口鲆鲽类规模均缩小（表10-8）。中国依然是美国鲆鲽类最大的出口市场，出口至中国的鲆鲽类占美国鲆鲽类总出口量67.96%，总出口额的54.64%。2021年1—8月，美国鲆鲽类向中国出口量、出口额分别同比下降了36.13%和37.92%。韩国是美国鲆鲽类第二大出口市场，占总出口量的15.06%，以其他冻比目鱼为主，1—8月美国鲆鲽类向韩国出口量下降幅度较小，出口额同比增长63.92%。日本是美国鲆鲽类第三大出口市场，出口量占4.12%，2021

年 1—8 月，美国鲆鲽类向日本出口有所增加，出口量增长 31.29%，但是出口额只增加 19.90%。加拿大和墨西哥占美国鲆鲽类出口市场份额的 3.91% 和 2.41%。

表 10-8　2020 年和 2021 年 1—8 月美国鲆鲽类出口市场情况

美国出口市场	2020 年 1—8 月		2021 年 1—8 月		量同比变化（%）	额同比变化（%）
	出口量（吨）	出口额（万美元）	出口量（吨）	出口额（万美元）		
中国	68 461.68	10 495.33	43 729.33	6 515.49	−36.13	−37.92
韩国	10 445.10	1 652.00	9 687.91	1 245.74	−7.25	−24.59
日本	2 020.17	409.80	2 652.20	491.34	31.29	19.90
加拿大	1 752.76	1 653.23	2 517.09	2 714.23	43.61	64.18
墨西哥	2 401.62	306.34	1 553.73	283.79	−35.30	−7.36
全部市场	86 971.08	14 832.05	64 344.95	11 924.48	−26.02	−19.60

（3）加拿大

加拿大是全球鲆鲽类第四大出口国。2021 年 1—8 月，加拿大鲆鲽类出口量增额增；出口量 2.26 万吨，出口额 1.64 亿美元，同比分别增加了 8.56% 和 23.52%（表 10-9）。从出口品种上看，加拿大出口的主要品种是鲜冷庸鲽鱼和冻庸鲽鱼，分别占鲆鲽类总出口额的 55.91% 和 27.37%。2021 年上半年，鲜冷庸鲽鱼和冻庸鲽鱼的出口量均增长，同比分别增加了 20.98% 和 119.58%；而冻鱼片的出口量有所减少，同比减少了 58.34%。出口贸易量减少最大的就是鲜冷鳎鱼，但其占总出口量的比例较低。

表 10-9　2020 年和 2021 年 1—8 月加拿大出口贸易状况

品种	2020 年 1—8 月		2021 年 1—8 月		量同比变化（%）	额同比变化（%）
	出口量（吨）	出口额（万美元）	出口量（吨）	出口额（万美元）		
鲜冷庸鲽鱼	4 524	6 587.64	5 473	9 147.10	20.98	38.85
鲜冷鳎鱼	12	5.19	0	0.00	−100.00	−100.00
鲜冷大菱鲆	0	0.00	17	11.86		
其他鲜冷比目鱼	109	37.83	69	27.16	−36.70	−28.21
冻庸鲽鱼	3 988	1 989.78	8 757	4 477.71	119.58	125.04

（续）

品种	2020 年 1—8 月		2021 年 1—8 月		量同比变化（%）	额同比变化（%）
	出口量（吨）	出口额（万美元）	出口量（吨）	出口额（万美元）		
冻鲽鱼	240	40.95	323	54.01	34.58	31.89
冻鳎鱼	1 520	285.95	218	52.89	−85.66	−81.50
冻大菱鲆	3 043	1 075.31	661	276.29	−78.28	−74.31
其他冻比目鱼	3 051	646.06	5 074	931.26	66.31	44.14
鲜冷比目鱼的鱼片	294	712.37	313	680.67	6.46	−4.45
冻比目鱼的鱼片	4 016	1 863.17	1 673	700.37	−58.34	−62.41
合计	20 797	13 244.25	22 578	16 359.32	8.56	23.52

美国和中国是加拿大鲆鲽类的主要出口市场，二者分别占总出口额的66.13%和21.70%。2021 年上半年，加拿大对美国和中国的鲆鲽类出口贸易量增加不大，出口量分别是 8 141 吨和 8 611 吨，同比增加了 18.94%和0.91%，出口额分别是 1.1 亿美元和 0.35 亿美元，分别增加 30.21%和34.48%。2021 年上半年，加拿大鲆鲽类的出口市场更加多样化，与上年同期相比，增加了向荷兰、印度尼西亚、西班牙等国家的出口，出口规模也因此增加。

（4）冰岛

冰岛是全球鲆鲽类第七大出口国。2021 年 1—8 月，冰岛的鲆鲽类产品出口规模有所增加。2021 年 1—8 月冰岛出口鲆鲽类 1.31 万吨，出口金额 0.70亿美元，与 2020 年同期相比，出口数量和金额分别增加了 39.21%和31.16%。冻庸鲽鱼和鲜冷鲽鱼是冰岛主要出口品种，而出口增加显著的是鲜冷鲽鱼和冻鲽鱼，出口量同比分别增加了 119.44%和128.57%（表 10 - 10）。

表 10 - 10　2020 年和 2021 年 1—8 月冰岛鲆鲽类出口情况

品种	2020 年 1—8 月		2021 年 1—8 月		量同比变化（%）	额同比变化（%）
	出口量（吨）	出口额（万美元）	出口量（吨）	出口额（万美元）		
鲜冷庸鲽鱼	125	51.53	203	94.73	62.40	83.83
鲜冷鲽鱼	1 759	431.17	3 860	1 282.56	119.44	197.46
鲜冷鳎鱼	14	7.23	12	7.14	−14.29	−1.24

（续）

品种	2020 年 1—8 月		2021 年 1—8 月		量同比变化（%）	额同比变化（%）
	出口量（吨）	出口额（万美元）	出口量（吨）	出口额（万美元）		
鲜冷大菱鲆	0.00	0.00	0	0.00		
其他鲜冷比目鱼	915	445.63	1 142	697.36	24.81	56.49
冻庸鲽鱼	5 266	3 481.47	6 507	3 879.73	23.57	11.44
冻鲽鱼	14	1.86	32	5.86	128.57	215.05
冻鳎鱼	1	0.06	0	0.00	−100.00	−100.00
其他冻比目鱼	387	126.99	386	110.38	−0.26	−13.08
鲜冷比目鱼的鱼片	259	319.13	365	462.70	40.93	44.99
冻比目鱼的鱼片	645	490.97	558	484.72	−13.49	−1.27
合计	9 385	5 356.04	13 065	7 025.18	39.21	31.16

鲜冷鲽鱼和冻庸鲽鱼作为冰岛出口的主要种类，冻庸鲽鱼的出口均价呈现持续下降的趋势，而鲜冷鲽鱼的出口均价在 3 美元/千克之间波动，在 2020 年第二季度的时候达到历年最低价格，之后鲜冷鲽鱼的均价出现持续上升（图 10 - 47）。

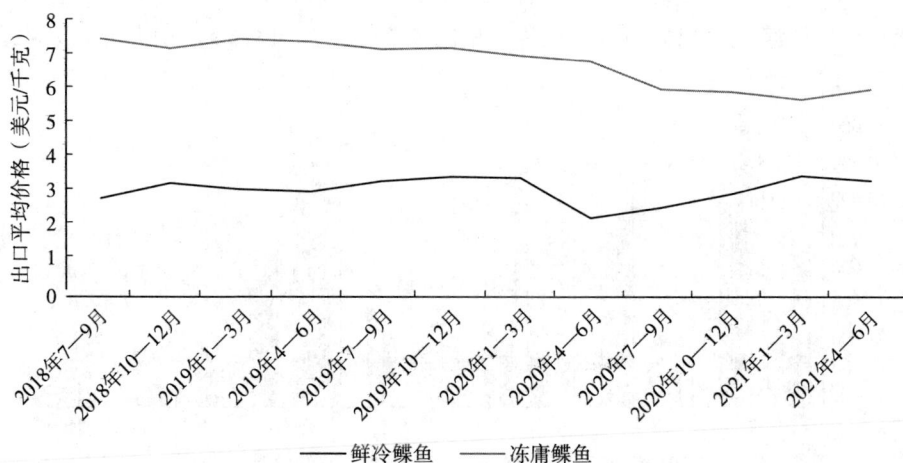

图 10 - 47　冰岛鲜冷鲽鱼和冻庸鲽鱼的出口均价变动情况

2021 年 1—8 月，冰岛出口的鲆鲽类产品结构变化不大。冻庸鲽鱼为主要，鲜冷鲽鱼次之，二者合计占总出口量的 79.46%（图 10 - 48）。

鲜冷鱼片，2.82%

其他冻比目鱼，2.80%

冻鱼片，4.31%

鲜冷庸鲽鱼，1.57%

鲜冷鲽鱼，29.78%

其他鲜冷比目鱼，8.77%

冻庸鲽鱼，49.68%

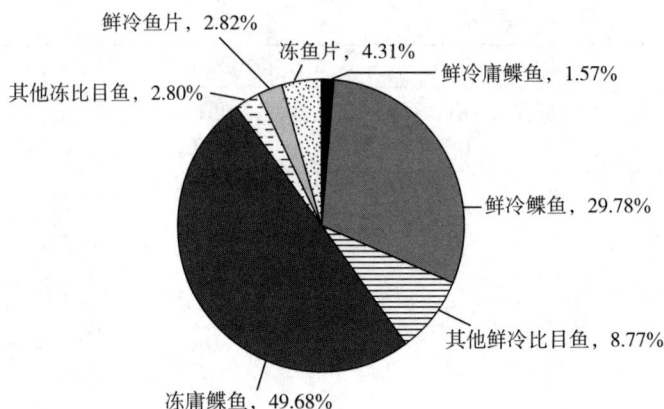

图 10-48　2021 年 1—8 月冰岛出口鲆鲽类种类构成情况

　　如图 10-49 所示，冰岛出口的鲆鲽类产品主要销往欧洲和亚洲。2009 年以前主要是以欧洲经济体为主，2009—2011 年，欧洲受金融危机的影响，民众的水产品消费能力减弱，日本逐渐成为冰岛的鲆鲽类产品的主要出口方向。2012 年，随着欧盟经济的复苏，欧盟圈的水产品消费能力逐渐恢复，又成为冰岛的鲆鲽类产品最大消费市场。2015 年，中国超过欧洲经济区成为冰岛鲆鲽类出口的最大消费市场。

　　冰岛向中国出口的鲆鲽类产品是冻庸鲽鱼，2021 年 1—8 月冰岛向中国大量出口冻庸鲽鱼，出口量 3 135 吨，相比 2020 年的 1 179 吨，增大了 56.5%。

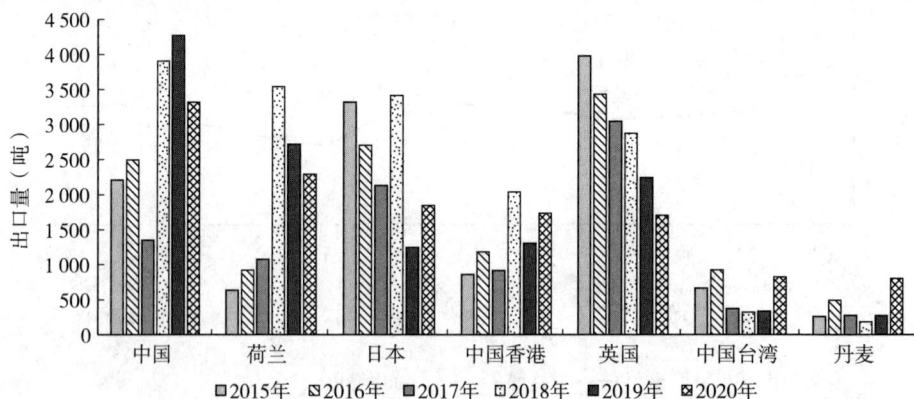

图 10-49　冰岛鲆鲽类出口国家（地区）市场结构

（5）韩国

　　2021 年 1—8 月，韩国鲆鲽类出口量减额增。1—8 月，韩国鲆鲽类共出口

1 353 吨，出口额 771.61 万美元，同比分别减少 34.57% 和增加 20.45%。韩国出口的鲆鲽类产品以其他冻比目鱼为主，与 2020 年同期相比，2021 年 1—8 月其他冻比目鱼出口量 972 吨，减少了 271 吨；出口额同比增加 20.14%。2021 年韩国鲆鲽类多个品种出口量和出口额齐减，其中鲜冷鲽鱼减少幅度最大，出口额减少 87.50%；而冻比目鱼片和鲜冷大菱鲆的出口量均有增加，分别增加了 25.00% 和 85.71%（表 10 - 11）。

表 10 - 11　2020 年和 2021 年 1—8 月年韩国鲆鲽类出口情况

品种	2020 年 1—8 月		2021 年 1—8 月		量同比变化（%）	额同比变化（%）	出口均价（美元/千克）
	出口量（吨）	出口额（万美元）	出口量（吨）	出口额（万美元）			
鲜冷庸鲽鱼	195	136.00	104	218.75	−46.67	60.85	21.09
鲜冷鲽鱼	1	0.48	0	0.06	−100.00	−87.50	5.19
鲜冷鳎鱼	0	0.00	0	0.00			
鲜冷大菱鲆	7	16.47	13	41.81	85.71	153.86	32.26
其他鲜冷比目鱼	501	100.15	168	48.51	−66.47	−51.56	2.88
冻庸鲽鱼	66	36.16	31	17.03	−53.03	−52.90	5.53
冻鲽鱼	8	6.41	5	4.79	−37.50	−25.27	10.07
冻鳎鱼	3	4.73	4	6.13	33.33	29.60	16.61
冻大菱鲆	0	0.00	0	0.00			
其他冻比目鱼	1 243	313.16	972	376.22	−21.80	20.14	3.87
鲜冷比目鱼的鱼片	0	0.00	1	2.65			41.41
冻比目鱼的鱼片	44	27.01	55	55.66	25.00	106.07	10.20
合计	2 068	640.59	1 353	771.61	−34.57	20.45	5.71

韩国鲆鲽类的出口市场非常集中。中国是韩国鲆鲽类出口的第一大市场，占 56.64%；越南为第二大市场占 20.89%；二者共占 77.53%；其他的出口国家还有：美国、泰国、新加坡和加拿大等（图 10 - 50）。

（6）英国

英国是全球鲆鲽类第六大出口国。如表 10 - 12 所示，2020 年，英国鲆鲽类出口量增额增：出口量 1.12 万吨，出口额 0.57 亿美元，同比分别增加 20.12% 和 2.32%。从出口品种上看，英国出口的主要品种是其他鲜冷比目鱼、鲜冷鲽鱼和鲜冷鳎鱼，三者分别占其鲆鲽类总出口量的 46.15%、28.76% 和 13.51%；2020 年，鲜冷鲽鱼和鲜冷鳎鱼的出口贸易量均有所增长，

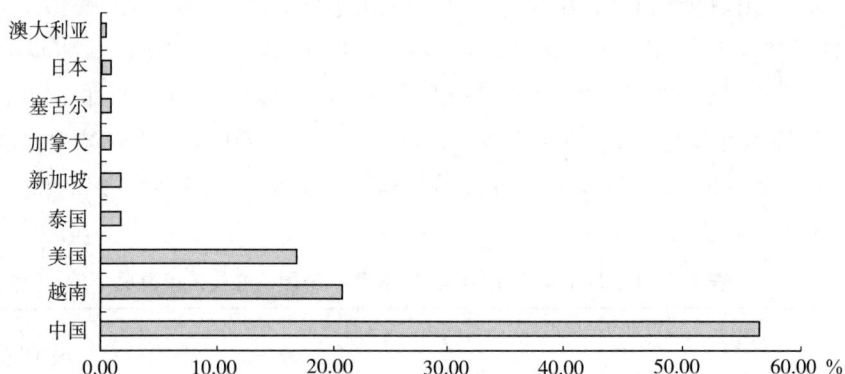

图 10-50　2021 年韩国鲆鲽类出口国家市场结构

同比分别增长 87.36％和 37.09％。出口贸易量增长幅度最大的是鲜冷庸鲽鱼，同比增长 7 倍以上，但占总出口量的比例较低。冻鲽鱼的出口贸易大幅下降，出口量、出口额同比分别下降 96.47％和 97.95％。出口贸易量下降的品种有鲜冷大菱鲆、其他鲜冷比目鱼、冻鲽鱼、冻鳎鱼和鲜冷比目鱼片等。

表 10-12　2019 年和 2020 年英国鲆鲽类出口贸易状况

品种	2019 年		2020 年		量同比变化（％）	额同比变化（％）
	出口量（吨）	出口额（万美元）	出口量（吨）	出口额（万美元）		
鲜冷庸鲽鱼	41.745	36.530 1	334.500	190.590 9	701.29	421.74
鲜冷鲽鱼	1 716.267	451.773 5	3 215.563	628.865 2	87.36	39.20
鲜冷鳎鱼	1 102.342	1 445.014 0	1 511.160	1 371.800 3	37.09	−5.07
鲜冷大菱鲆	289.085	282.595 8	199.359	163.260 0	−31.04	−42.23
其他鲜冷比目鱼	5 277.706	2 804.898 8	5 195.903	2 891.541 7	−1.55	3.09
冻庸鲽鱼	224.946	57.540 5	468.626	287.441 6	108.33	399.55
冻鲽鱼	15.152	6.708 2	0.535	0.137 5	−96.47	−97.95
冻鳎鱼	20.428	19.034 2	11.415	9.083 7	−44.12	−52.28
冻大菱鲆	71.888	28.453 5	44.411	15.693 7	−38.22	−44.84
其他冻比目鱼	56.021	15.468 1	58.910	23.763 4	5.16	53.63
鲜冷比目鱼的鱼片	256.434	311.705 8	46.880	75.770 9	−81.72	−75.69
冻比目鱼的鱼片	236.328	138.415 2	94.105	70.033 6	−60.18	−49.40
合计	9 308.342	5 598.137 7	11 181.367	5 727.982 5	20.12	2.32

10.4.7.2 全球鲆鲽类进口贸易

（1）美国

2021 年 1—8 月，美国的鲆鲽类产品进口量减额增。1—8 月，美国共进口鲆鲽类产品 2.07 万吨，同比减少了 2.96%，进口额 1.86 亿美元，同比增加了 14.21%。冻比目鱼片和鲜冷庸鲽鱼仍是美国进口的主要品种，冻比目鱼片的进口量和进口额同比减少了 18.61%% 和 16.34%，鲜冷庸鲽鱼的进口量同比增加了 25.40% 和 41.71%。进口小品种鲜冷鲽鱼进口量和进口额大幅度减少，同比减少了 85.71% 和 91.22%（表 10-13）。

总体来看，2021 年美国鲆鲽类主要进口品种的进口均价上升，鲜冷庸鲽鱼和冻比目鱼片的进口均价分别为 15.79 美元/千克和 5.42 美元/千克，鲜冷庸鲽鱼价格比 2020 年上涨了 2 美元/千克，而冻鱼片价格只上涨了 0.15 美元/千克。

表 10-13　2020 年和 2021 年 1—8 月美国鲆鲽类进口情况

品种	2020 年 1—8 月		2021 年 1—8 月		量同比变化（%）	额同比变化（%）
	进口量（吨）	进口额（万美元）	进口量（吨）	进口额（万美元）		
鲜冷庸鲽鱼	4 996	6 982.90	6 265	9 895.14	25.40	41.71
鲜冷鲽鱼	7	12.42	1	1.09	−85.71	−91.22
鲜冷鲽鱼	72	130.11	130	243.34	80.56	87.03
鲜冷大菱鲆	29	49.16	51	47.16	75.86	−4.07
其他鲜冷比目鱼	376	237.89	640	429.43	70.21	80.52
冻庸鲽鱼	886	704.56	874	724.85	−1.35	2.88
冻鲽鱼	14	5.21	32	9.41	128.57	80.61
冻鲽鱼	863	388.01	544	443.40	−36.96	14.28
冻大菱鲆	40	19.10	12	5.10	−70.00	−73.30
其他冻比目鱼	1 572	489.69	1 865	547.11	18.64	11.73
鲜冷比目鱼的鱼片	512	965.06	551	985.18	7.62	2.08
冻比目鱼的鱼片	11 988	6 311.82	9 757	5 280.41	−18.61	−16.34
合计	21 355	16 295.93	20 722	18 611.62	−2.96	14.21

如图 10-51 所示，进口产品结构变化不大。从进口量看，冻比目鱼片和鲜冷庸鲽鱼是主要进口品种，冻鱼片占 47.26%，鲜冷庸鲽鱼占比 30.34%；进口价格也有所上涨，分别为 5.42 美元/千克和 15.79 美元/千克，同比上涨了 2.85% 和 12.95%。从进口额看，鲜冷庸鲽鱼占总进口额 53.17%，冻鱼片

占 28.37%。

A

B

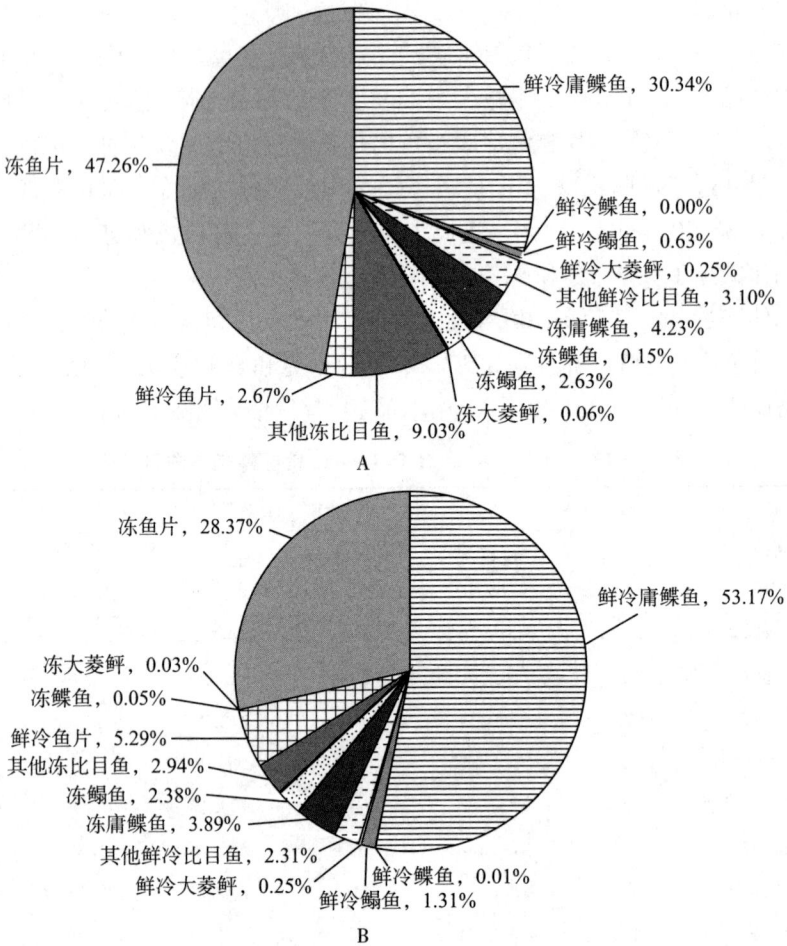

图 10-51　2021 年 1—8 月美国鲆鲽类进口产品构成

A.2021 年 1—8 月美国鲆鲽类产品进口量构成　B.2021 年 1—8 月美国鲆鲽类产品进口额构成

　　2021 年 1—8 月，美国鲆鲽类产品进口市场结构稳定。加拿大和中国是两个最重要的进口市场，其中加拿大为美国鲆鲽类的第一大进口市场，市场份额为 57.32%，产品以鲜冷品为主，主要是鲜冷庸鲽鱼；中国为第二大进口市场，市场份额为 17.22%，主要供应冻比目鱼片（图 10-52）。与 2020 年同期相比，美国从加拿大进口鲆鲽类的金额增加，从中国进口鲆鲽类的金额减少，同比增加了 31.96% 和减少了 30.97%。此外，从阿根廷、冰岛和墨西哥进口鲆鲽类的金额同比均增加，增加了 84.35%、25.61% 和 82.27%。

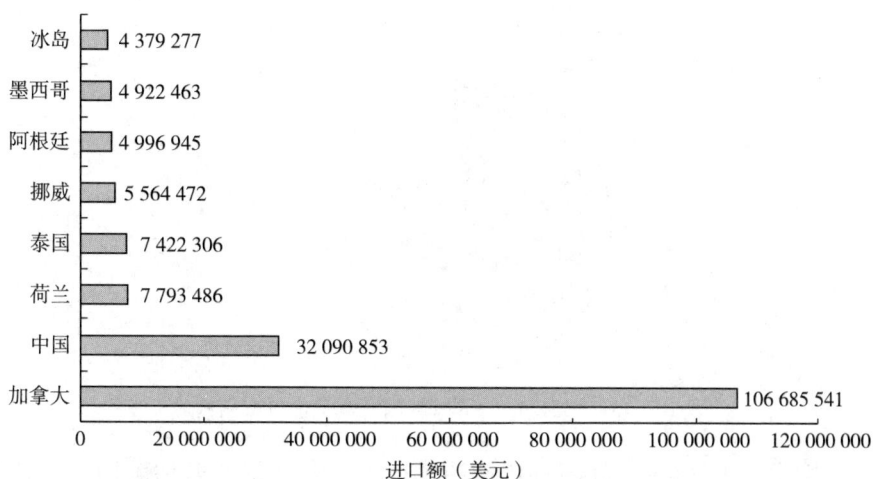

图 10-52　2021 年 1—8 月美国鲆鲽类进口的主要来源地

（2）韩国

2021 年 1—8 月，韩国鲆鲽类进口规模变化不大，进口量和进口额均有所增加。鲆鲽类共进口量 2.01 万吨，进口额 0.48 亿美元，同比增加了 0.83% 和 2.52%，进口的其他冻比目鱼占总进口额的 87.67%（表 10-14）。

韩国鲆鲽类的进口均价有增有减，冻鲽鱼的进口均价为 2.04 美元/千克，同比上涨了 68.6%；冻庸鲽鱼的进口均价为 4.88 美元/千克，同比下降了 12.54%。

表 10-14　2020 年和 2021 年 1—8 月韩国鲆鲽类进口情况

品种	2020 年 1—8 月		2021 年 1—8 月		量同比变化（%）	额同比变化（%）	出口均价（美元/千克）
	进口量（吨）	进口额（万美元）	进口量（吨）	进口额（万美元）			
冻庸鲽鱼	12	6.86	47	22.69	291.67	230.76	4.88
冻鲽鱼	75	9.08	74	15.16	-1.33	66.96	2.04
冻鳎鱼	181	51.42	358	117.23	97.79	127.99	3.27
其他冻比目鱼	18 561	4 148.28	18 507	4 189.62	-0.29	1.00	2.26
冻比目鱼的鱼片	1 058	445.67	1 066	433.95	0.76	-2.63	4.07
合计	19 887	4 661.31	20 052	4 778.65	0.83	2.52	2.38

韩国进口的鲆鲽类产品结构发生了少许改变。其他冻比目鱼在鲆鲽类产品进口量中的比例由 93.33% 降至 92.30%，冻鳎鱼由 0.91% 增至 1.79%（图 10-53）。

冻庸鲽鱼，0.23% 冻鲽鱼，0.37%

冻比目鱼的鱼片，5.32% 冻鳎鱼，1.79%

其他冻比目鱼，92.30%

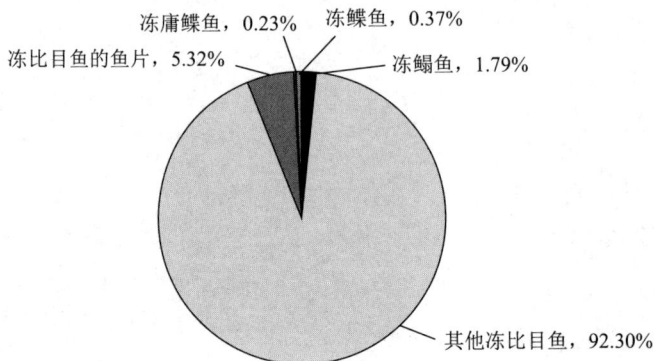

图 10 - 53　2021 年 1—8 月韩国鲆鲽类进口产品构成

如图 10 - 54 所示，韩国鲆鲽类的供应国主要是俄罗斯和美国。2021 年 1—8 月，来自美国的份额占 31.75%，主要进口其他冻比目鱼和冻比目鱼片；俄罗斯占 52.48%，进口其他冻比目鱼和冻比目鱼片；中国占 5.52%，进口其他冷冻鲆鲽类产品。

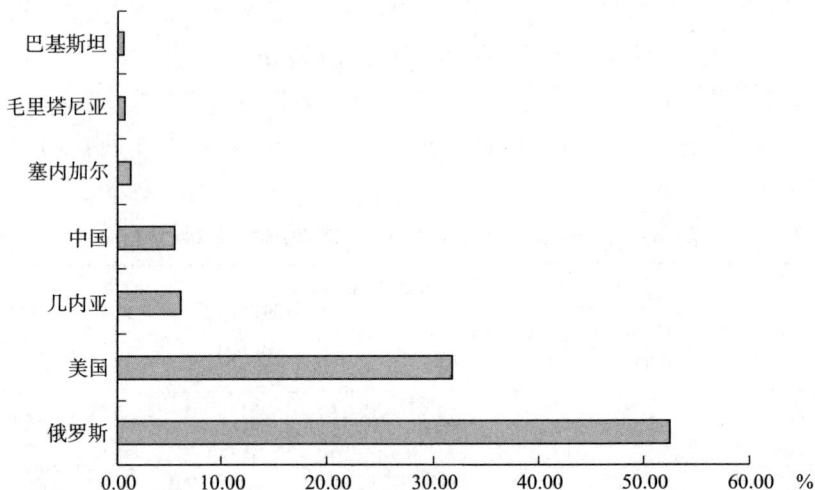

巴基斯坦

毛里塔尼亚

塞内加尔

中国

几内亚

美国

俄罗斯

0.00　　10.00　　20.00　　30.00　　40.00　　50.00　　60.00　　%

图 10 - 54　2021 年韩国鲆鲽类产品供应市场构成

（3）日本

2021 年 1—8 月，日本的鲆鲽类产品进口量增额减。1—8 月，日本共进口鲆鲽类产品 2.2 万吨，同比增加了 1.06%，进口额为 1.14 亿美元，同比下降了 6.69%（图 10 - 55）。

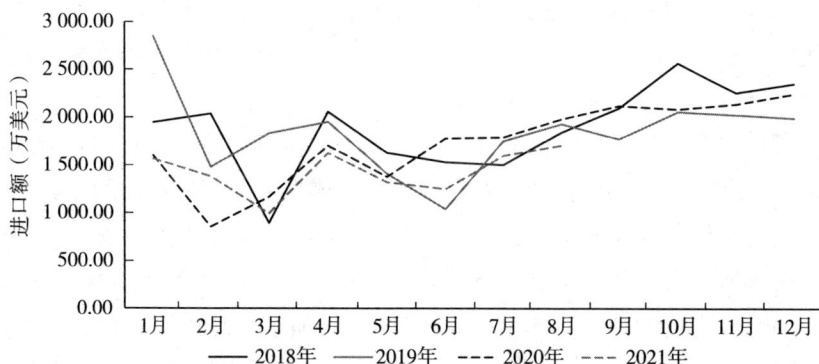

图 10 - 55　2018—2021 年日本鲆鲽类进口情况

　　如表 10 - 15 所示，日本鲆鲽类主要供应国家（地区）为美国、加拿大和格陵兰。1—8 月年，日本减少了从美国和俄罗斯进口鲆鲽类，增加了从格陵兰进口。美国为日本鲆鲽类的第一进口市场，2021 年，日本减少了从美国进口鲆鲽类，进口量 9 262 吨，同比下降 9.1%，进口额 3 602.7 万美元，同比下降 11.19%，美国进口市场份额较上年变化不大。格陵兰是第二进口市场，与上年同期相比，日本增加了从格陵兰的进口，进口量和进口额分别增加 49.31% 和 35.18%，格陵兰市场从上年的 8.8% 减少至 2021 年的 5.96%。加拿大是第三进口市场。

表 10 - 15　2021 年 1—8 月日本鲆鲽类进口贸易状况

国家（地区）	进口量（吨）	进口额（万美元）	量同比变化（%）	额同比变化（%）
美国	9 262	3 602.70	−9.10	−11.19
格陵兰	2 600	1 856.77	49.31	35.18
加拿大	2 511	1 469.09	36.06	19.76
挪威	2 052	1 175.13	22.88	1.01
德国	1 769	964.74	33.28	1.14
俄罗斯	1 320	923.03	−31.54	−35.80
合计	22 155	11 445.32	1.06	−6.69

（4）加拿大

　　加拿大是全球鲆鲽类第六大进口国，2021 年上半年进口量额齐增，进口量 5 536 吨，进口额 4 600.37 万美元，同比分别增加 20.87% 和 31.80%

（表 10-16）。加拿大进口的主要品种是冻鱼片、鲜冷庸鲽鱼，二者分别占鲆鲽类进口总量的 54.34%、22.27%。2021 年 1—8 月，加拿大鲜冷大菱鲆的进口规模显著减小，进口额减少了 95.75%。

从进口国家结构看，中国和美国是加拿大鲆鲽类的两大进口国，分别占总进口额 48.5% 和 28.26%，加拿大与美国的鲆鲽类贸易以鲜冷品为主，与中国的鲆鲽类贸易以冷冻鱼片为主。2021 年上半年，加拿大从美国进口鲆鲽类的贸易规模有所扩大，从美国进口鲆鲽类贸易量为 1 565 吨，进口额为 2.38 亿美元，同比分别增加了 28.26% 和 61.37%；而加拿大从中国进口鲆鲽类的贸易规模有所降低，进口量为 2 685 吨，进口额为 1.32 亿美元，同比分别下降 0.34% 和 19.88%。

表 10-16   2020 年和 2021 年 1—8 月加拿大鲆鲽类进口贸易状况

品种	2020 年 1—8 月		2021 年 1—8 月		量同比变化（%）	额同比变化（%）
	进口量（吨）	进口额（万美元）	进口量（吨）	进口额（万美元）		
鲜冷庸鲽鱼	797	946.75	1 233	1 984.50	54.71	109.61
鲜冷鲽鱼	3	0.62	4	1.04	33.33	67.74
鲜冷鲽鱼	8	10.98	22	25.55	175.00	132.70
鲜冷大菱鲆	103	33.16	1	1.41	−99.03	−95.75
其他鲜冷比目鱼	261	173.16	294	205.87	12.64	18.89
冻庸鲽鱼	183	237.62	495	411.17	170.49	73.04
冻鲽鱼	0	0.00	15	2.92		
冻鲽鱼	141	67.65	44	20.81	−68.79	−69.24
冻大菱鲆	35	11.07	25	12.26	−28.57	10.75
其他冻比目鱼	29	25.13	258	129.18	789.66	414.05
鲜冷比目鱼的鱼片	160	152.52	137	126.42	−14.38	−17.11
冻比目鱼的鱼片	2 862	1 831.72	3 008	1 679.24	5.10	−8.32
合计	4 582	3 490.38	5 536	4 600.37	20.87	31.80

10.4.7.3   中国鲆鲽类进出口贸易状况

如表 10-17 所示，中国是全球鲆鲽类第一大进口国，也是鲆鲽类的加工贸易大国。2021 年 1—8 月，因中美贸易摩擦导致我国鲆鲽类进口规模减小，进口量 11.51 万吨，比 2020 年同期减少了 4.51 万吨，进口额 3.02 亿美元，比 2020 年同期减少了 0.78 亿美元，进口量和进口额同比降低幅度分别为 28.17% 和 20.48%。我国进口的主要鲆鲽类品种是其他冻比目鱼和冻庸鲽鱼，其他冻比目鱼进口量同比减少了 37.46%，冻庸鲽鱼进口量增加了 6.69%。

美国是我国鲆鲽类进口的第一大国，占我国鲆鲽类总进口量的 44.35%，2021 年 1—8 月，我国从美国进口的鲆鲽类贸易量同比有所下降，降幅为 33.23%。

表 10-17 2020 年和 2021 年 1—8 月中国鲆鲽类进口贸易状况

品种	2020 年 1—8 月		2021 年 1—8 月		量同比变化（%）	额同比变化（%）
	进口量（吨）	进口额（万美元）	进口量（吨）	进口额（万美元）		
鲜冷庸鲽鱼	0	0.27	0	0.00		−100.00
鲜冷鲽鱼	8	1.83	0	0.00	−100.00	−100.00
鲜冷鳎鱼	0	0.63	0	0.00		−100.00
其他鲜冷比目鱼	608	122.49	164	38.94	−73.03	−68.21
冻庸鲽鱼	33 178	19 030.14	35 396	18 252.62	6.69	−4.09
冻鲽鱼	260	37.03	426	51.78	63.85	39.83
冻鳎鱼	1 158	241.94	901	196.81	−22.19	−18.65
其他冻比目鱼	124 907	18 497.02	78 112	11 614.77	−37.46	−37.21
鲜冷比目鱼的鱼片	0	0.00	0	0.00		
冻比目鱼的鱼片	116	87.14	94	76.72	−18.97	−11.96
合计	160 235	38 018.49	115 093	30 231.64	−28.17	−20.48

中国是全球鲆鲽类出口大国，主要出口冻比目鱼片。2021 年，中国鲆鲽类出口量增额减，出口量 5.2 万吨，出口额 2.5 亿美元，同比分别增加了 0.06% 和下降 5.48%（表 10-18）。鲜冷鳎鱼、冻鲽鱼和冻鱼片的出口量均减少，受人民币贬值影响，鲆鲽类出口比 2020 年获得更多的外汇收入。

中国鲆鲽类的出口市场较分散，日本、美国和韩国是主要的出口市场，出口量分别占我国鲆鲽类总出口量的 25.79%、13.03% 和 24%。2020 年，中国对日本和韩国出口量同比增加 0.08% 和 21.69%，而对美国出口量减少，下降幅度为 28.84%。

表 10-18　2020 年和 2021 年 1—8 月中国鲆鲽类出口贸易情况

品种	2020 年 1—8 月		2021 年 1—8 月		量同比变化（%）	额同比变化（%）
	出口量（吨）	出口额（万美元）	出口量（吨）	出口额（万美元）		
鲜冷鳎鱼	270	172.92	240	149.44	−11.11	−13.58
其他鲜冷比目鱼	7	13.50	221	391.29	3 057.14	2 798.44
冻庸鲽鱼	3 692	2 853.90	3 815	3 244.48	3.33	13.69
冻鲽鱼	37	9.84	0	0.15	−100.00	−98.48
冻鳎鱼	436	267.85	682	507.49	56.42	89.47
冻大菱鲆	2	0.66	13	19.69	550.00	2 883.33
其他冻比目鱼	10 981	2 446.73	12 108	2 629.60	10.26	7.47
冻比目鱼的鱼片	36 492	20 675.62	34 868	18 049.20	−4.45	−12.70
合计	51 917	26 441.02	51 947	24 991.34	0.06	−5.48

10.5　结论与政策建议

10.5.1　黄鱼

第一，黄鱼生产以养殖为主，中国是全球最重要的黄鱼养殖大国，外部规模经济效应明显。

第二，中国是黄鱼最大出口国，总体出口规模已基本恢复到疫情前的 2019 年水平。冻品出口受疫情影响较大，而鲜冷黄鱼出口反而出现较大幅度增长，2021 年同比增加 60% 左右，以中国台湾地区和中国香港地区为主。

第三，中国台湾地区对黄鱼的价格需求弹性较低，近年价格逐年上升，未受疫情影响。

第四，中国香港地区转口贸易特征明显，转口贸易比重达 90% 以上。

10.5.2　石斑鱼

第一，美国是全球石斑鱼最大进口国，占全球进口的一半以上，2020 年受疫情影响较大，2021 年迅速恢复对石斑鱼的进口。

第二，美国消费的主要是鲜冷石斑鱼，占石斑鱼进口额的 90% 以上。

第三，我国离石斑鱼主要消费市场美国较远，且目前无法同主要出口国墨西哥的出口能力相竞争。

第四，中国近期石斑鱼出口应主攻亚洲市场，如中东市场、中国台湾市场以及东南亚市场。

10.5.3　海鲈

第一，美国是海鲈全球最大消费市场和最大进口国，其进口额占全球总进口额的50％左右。其次是俄罗斯，其进口额占比为16％左右，第三大进口国是加拿大，占比约为10％。美国海鲈消费以冰鲜为主，大约占进口量的90％，与此同时，海鲈进口受疫情影响非常大，当疫情得到有效控制时，进口反弹较明显。

第二，土耳其的海鲈出口占有绝对优势地位，其出口额占全球出口额的97％左右。

第三，全球海鲈市场较大，且对冰鲜品的需求较大，但中国海鲈出口能力较弱，主要出口的还是冷冻品，且目前受疫情影响较大，出口量额持续下降。未来可瞄准亚洲的新加坡和卡塔尔市场。

10.5.4　军曹鱼

第一，全球军曹鱼的总体贸易规模不大，且以冰鲜品进出口为主，冻品交易目前几乎无足轻重。其全球出口额大约在800万美元，中国出口量位居世界第一，市场占有率为56.00％，而出口额位居世界第二，市场占有率为39.73％；而出口量位居第二的巴拿马市场占有率为43.24％，其出口额约占全球出口额的59.88％。

第二，军曹鱼的主要进口国家（地区）在亚洲，沙特阿拉伯占进口量的80％左右，中国台湾地区占15％左右的进口量，美国也有少量进口，美国主要从巴拿马进口冰鲜品。

第三，中国军曹鱼冰鲜品出口近两年增幅较大，但是冷冻品受疫情影响较大，出口量很低。

10.5.5　卵形鲳鲹

第一，卵形鲳鲹的交易规模较大，中国是卵形鲳鲹的重要出口国，主要出口卵形鲳鲹冻品，同比增长增多，产业内贸易现象常见；中国鲜冷卵形鲳鲹的出口规模相对冻品来说较小，大约相当于其1/10。

第二，菲律宾逐渐取代中国香港成为中国冷冻卵形鲳鲹的主要出口目的地；而中国香港仍旧是冰鲜品的最重要出口目的地。

第三，中国卵形鲳鲹冻品和冰鲜品的出口单价出现倒挂现象。

第四，中国逐渐取代厄瓜多尔和巴西成为美国卵形鲳鲹的重要进口来源地，同时面临来自印度的有力竞争。

10.5.6　河鲀

第一，中国是河鲀最大出口国，日本和韩国是主要进口国。

第二，河鲀进出口总量较低，近几年变化不大。对韩国的活鲀出口刚性较高，对日本的鲜冷鲀出口黏性更强。

10.5.7　鲆鲽类

第一，美国是鲆鲽类第一大出口国，2021 年 1—8 月出口规模同比下降20％左右，但鲜冷鳎鱼出口量、出口额同比增加 588.89％和 320.63％，冻鱼片出口、出口量额也少量增长。2021 年，美国鲆鲽类向中国出口的量额下降了 35％左右，但中国依然是美国第一大海外市场，占其出口额的 55％左右。

第二，中国是鲆鲽类第一大进口国，美国是我国鲆鲽类进口第一大来源国，占我国鲆鲽类总进口量的 45％左右，但是 2021 年 1—8 月，中国从美国进口的鲆鲽类下降较多，降幅约为 33％。

第三，我国大菱鲆在国外市场的竞争力较弱，在内外两个市场中，国内市场占据主导地位。从短期来看，我国大菱鲆进军国外市场存在较大困难。主要原因：一是大菱鲆传统消费市场欧洲偏好冰鲜产品，而目前我国主要出口的是冷冻品；二是和冷冻品出口强国加拿大比起来，我们没有任何价格优势，我们的出口价格是加拿大出口价格的 3 倍左右，甚至比欧洲冰鲜品的价格高 4 美元/千克左右；三是从养殖产品单位成本看，我国虽比欧洲主产国西班牙的略低，但也并无显著优势。基于此，建议短期内我国大菱鲆生产应立足国内市场，瞄准周边较近国家的市场（譬如越南和阿曼等国），同时着重培育大菱鲆生产者的内部规模经济效应，降低生产成本，提升国际竞争力。

10.6　进一步研究展望

未来可以针对具体品种海水鱼分别研究其竞争力情况以及分品种研究其贸易的影响因素，譬如国内 GDP 水平、文化亲缘性等对不同品种海水鱼的影响有何不同。

参考文献

陈博欧，杨正勇，2017. 中国养殖大黄鱼国际竞争力分析 [J]. 中国渔业经济，35（3）：
　53-59.

陈伟，2006. 人民币汇率变动对我国水产品贸易的影响 [J]. 中国渔业经济（4）.

陈旭，鄢波，2021. 中国与"一路"沿线国家水产品贸易概况分析 [J]. 现代商贸工业，
　42（19）：20-22.

程宪强，2020. 中国水产品出口贸易现状及对策分析——基于省级面板数据的研究 [J].
　中国商论（6）：1-2.

杜军，2016. 港口基础设施建设对中国-东盟贸易的影响路径与作用机理——来自水产品贸
　易的经验证据 [J]. 中国流通经济，30（6）.

高金田，张蔚圣，2021. 中越水产品贸易影响因素探究 [J]. 海洋经济，11（2）：82-88.

高滢，2012. 浅析我国大黄鱼产业的进出口现状 [J]. 江苏农业科学，40（7）：405-407.

郭淼，2008. 中美水产品贸易特征及其比较分析 [J]. 上海水产大学学报，17（2）.

韩杨，2017. "一带一路"中国水产品贸易格局与渔业国际合作展望 [J]. 经济研究参考
　（31）.

何一鸣，周凤美，2021. 中国水产品贸易竞争力分析及对策 [J]. 现代商贸工业，42（2）：
　39-41.

贺梅英，赵萍，2021. 中俄水产品贸易的三元边际分析 [J]. 新疆农垦经济（9）：66-73.

侯晓笛，2019. 环境规制对我国水产品出口贸易的影响研究 [J]. 现代商业（28）：77-79.

胡求光，2007. 基于比较优势的水产品贸易结构分析 [J]. 农业经济问题（12）.

胡求光，2008. 中国水产品出口贸易影响因素与发展潜力——基于引力模型的分析 [J].
　农业技术经济（3）.

李旭君，岳冬冬，2019. 我国大黄鱼的出口贸易结构和国际竞争力 [J]. 海洋开发与管理，
　36（4）：50-54.

李旭君，岳冬冬，2019. 中国大黄鱼出口贸易的影响因素及潜力分析——基于贸易引力模
　型的分析 [J]. 中国渔业经济，37（4）：111-117.

刘晓莉，高金田，2021. 中国与金砖国家水产品产业内贸易及影响因素研究 [J]. 中国市
　场（10）：1-6，36.

刘志雄，卢玲，王义魏，2020. 中国与东盟水产品贸易竞争力比较研究 [J]. 中国物价
　（5）：86-89.

卢昆，王希龙，皮埃尔·菲勒，等，2021. 中美贸易摩擦对中国水产品国际贸易水平的影
　响测度 [J]. 农业经济问题（8）：125-134.

彭飞，胡锦琳，伏捷，等 . "21世纪海上丝绸之路"沿线国家水产品贸易网络分析 [J].

热带地理：1-11.

山世英，2005.中国水产品的比较优势和出口竞争力分析［J］.国际贸易问题（5）.

邵桂兰，2011.中日水产品产业内贸易与竞争力分析［J］.东岳论丛（5）.

邵桂兰，段会霞，李晨，2019.中国水产品的比较优势及其动态演变——基于2002—2017年世界水产品贸易数据［J］.湖南农业大学学报（社会科学版），20（6）：56-62.

邵桂兰，段会霞，李晨，2020.中国与挪威水产品贸易动态比较优势对比分析［J］.中国渔业经济，38（3）：66-74.

邵桂兰，张先斐，李晨，2020.中国水产品对外贸易比较优势的动态变化研究［J］.山东财经大学学报，32（2）：46-57.

孙琛，2005.加入WTO对我国水产品国际贸易的影响及后过渡期的相应对策［J］.农业经济问题（9）.

孙琛，2008.加入自由贸易区后中国与东盟水产品贸易关系的变化趋势［J］.农业经济问题（2）.

孙文远，2005.中国水产品产业从比较优势转化为竞争优势的路径选择［J］.世界经济研究（9）：53-57，52.

王伟娇，2020.中国水产品对日出口贸易分析［J］.商场现代化（22）：67-69.

吴迪，2007.我国水产品国际竞争力的实证分析［J］.渔业经济研究（3）：4-8.

武玉英，郭珉，2007.我国水产品出口欧盟遭遇技术性贸易壁垒的影响研究［J］.财贸研究，18（2）：56-60，71.

徐春祥，2010.基于双视角的中韩水产品贸易互补性研究［J］.商业研究（1）.

杨卫，冯小珊，2018.我国大黄鱼出口贸易发展存在的问题及对策分析［J］.对外经贸实务（2）：49-52.

翟羽帆，李慕菡，2020.中美贸易摩擦背景下水产品贸易新特征及趋势［J］.农业展望，16（8）：150-154，161.

张玫，2006.中国水产品出口贸易结构性风险分析［J］.中国渔业经济（6）.

张玫，2007.世界水产品贸易的特征及对我国的启示［J］.国际贸易问题（6）.

张瑛，杜文婷，2021.中国对东盟水产品贸易影响因素及发展潜力实证研究［J］.中国海洋大学学报（社会科学版）（1）：90-100.

张云霞，李强，张云，等，2021.2020年我国主养海水鱼国际市场变化及贸易形势分析［J］.渔业信息与战略，36（3）：169-178.

周井娟，2008.中国水产品出口增长的源泉分析［J］.国际贸易问题（9）.

ASCHE F, BELLEMARE M F, ROHEIM C, et al., 2015. Fair Enough? Food Security and the International Trade of Seafood［J］. World Development, 67: 151-160.

BESS R, 2006. New Zealand seafood firm competitiveness in export markets: The role of the quota management system and aquaculture legislation［J］. Marine Policy, 30 (4): 367-378.

BRONNMANN J, SMITH M D, ABBOTT J, et al., 2020. Integration of a local fish market in Namibia with the global seafood trade: Implications for fish traders and sustainability [J]. World Development, 135 (C).

CRONA B I, BASURTO X, SQUIRES D, et al., 2016. Towards a typology of interactions between small - scale fisheries and global seafood trade [J]. Marine Policy, 65: 1 - 10.

GEPHART J A, BRäNNSTRöM Å, PACE M L, et al., 2016. Vulnerability to shocks in the global seafood trade network [J]. Environmental Research Letters, 11 (3).

GEPHART J A, PACE M L, 2015. Structure and evolution of the global seafood trade network [J]. Environmental Research Letters, 10 (12).

GUILLOTREAU P, PéRIDY N, 2000. Trade barriers and European imports of seafood products: a quantitative assessment [J]. Marine Policy, 24 (5): 431 - 437.

NATALE F, BORRELLO A, MOTOVA A, 2015. Analysis of the determinants of international seafood trade using a gravity model [J]. Marine Policy, 60: 98 - 106.

SHEPOTYLO O, 2016. Effect of non - tariff measures on extensive and intensive margins of exports in seafood trade [J]. Marine Policy, 68: 47 - 54.

WANG P, TRAN N, WILSON N L W, et al., 2018. An Analysis of Seafood Trade Duration: The Case of ASEAN [J]. Marine Resource Economics, 34 (1): 59 - 76.

WATSON R A, NICHOLS R, LAM V W Y, et al., 2017. Global seafood trade flows and developing economies: Insights from linking trade and production [J]. Marine Policy, 82: 41 - 49.

XIE J, ZHANG D, 2017. Shipping the good fish out? An empirical study on the EU seafood imports under the EU's Generalized System of Preferences [J]. Applied Economics, 49 (27): 2606 - 2617.

ZHANG D, TVETERåS R, LIEN K, 2014. CHINA'S IMPACT ON GLOBAL SEAFOOD MARKETS [J]. Aquaculture Economics & Management, 18 (2): 101 - 119.

ZHANG D, TVETERåS R, 2019. A fish out of water? Survival of seafood products from developing countries in the EU market [J]. Marine Policy, 103: 50 - 58.

ZHANG Y, TANG Y, ZHANG Y, et al., 2021. Impacts of the COVID - 19 pandemic on fish trade and the coping strategies: An initial assessment from China's perspective [J]. Marine Policy, 133.

⑪ 中国养殖海水鱼产品国内外市场变化趋势专题研究①

内容提要

本研究通过对中国九种大宗养殖海水鱼的跟踪调查，按种类分别对其全球生产、国际主要市场消费特点和国内外主要市场变化②进行实时跟踪与系统分析，对其变化趋势给予判断，并对产业可持续发展提出对策建议。

1. 全球捕捞及养殖生产情况结论

大黄鱼生产概况：全球大黄鱼生产总量持续增长，养殖产品占市场供应的79%，99.8%的产量来自中国。2019年大黄鱼全球产量28.6万吨，同比增长7%；其中捕捞量6.01万吨（占21%），同比下降12.8%；养殖量22.55万吨（占79%），同比增长13.9%。全球仅中国开展了大黄鱼养殖，2020年中国大黄鱼养殖量达25.41万吨，同比增长12.6%，连续9年持续增长。中国不断探索大黄鱼的深远海养殖模式并取得初步成功，国内首次由智慧渔业养殖、工船养殖的大黄鱼实现上市销售。

石斑鱼生产概况：全球石斑鱼生产总量连续两年下降，捕捞产品占市场供应的59%。2019年全球石斑鱼总产量57.6万吨，同比下降0.8%；其中近两年捕捞量持续下降，捕捞量34.1万吨（占59%），同比下降8.2%；养殖量稳定增长，养殖产量23.48万吨（占41%），同比增长12.2%。中国是全球石斑鱼最大的捕捞和养殖生产国，全球28.9%捕捞和87.2%养殖均来自中国。2020年，中国石斑鱼养殖量持续增长，中国养殖量19.2万吨，同比增长4.9%。

海鲈生产概况：全球海鲈捕捞量持续下降，养殖量稳步增长，养殖产品占市场供应的96%。2019年全球海鲈生产总量19.2万吨，同比增长5.8%；其中捕捞量仅7 995吨（占4%）；养殖量18.4万吨（占96%），同比增长6%。

---

① 撰写人：张云霞、张云、李强、杨正勇。
② 本章所有中国养殖生产和市场数据均不含港、澳、台地区。

中国是全球海鲈养殖量最多的国家，占全球 98.0％。2020 年中国海鲈养殖量进一步大幅增长，达 19.52 万吨，同比增长 8.37％。中国海鲈的核心主产区是珠海市斗门区白蕉镇，该镇生产的白蕉海鲈是国家地理标志水产品。

军曹鱼生产概况： 全球军曹鱼生产总量起伏波动较大，整体呈现增长趋势，养殖产品占市场供应的 76％。2019 年全球军曹鱼生产总量 6.33 万吨，同比增长 6.9％；其中捕捞量为 1.51 万吨（占 24％），同比减少 4.4％；养殖产量 4.82 万吨（占 76％），同比增长 11.1％。中国是军曹鱼养殖量最多的国家，占全球 90.2％。2020 年中国军曹鱼养殖产量下降，为 3.38 万吨，同比下降 20％。

卵形鲳鲹生产概况： 全球卵形鲳鲹生产总量持续增长，养殖产品占市场供应的 99.9％以上。2019 年全球卵形鲳鲹生产总量 16.81 万吨，同比增长 12％；其中捕捞业不成规模，捕捞量 82 吨，较 2018 年增加了 15 吨；养殖量 16.8 万吨（占 99.9％），同比增长 12％。中国引领全球卵形鲳鲹的养殖生产，发展出深海网箱、海洋牧场、设施化养殖等多种新模式，不断提高生产效率，更加注重资源节约和环境友好，产品质量不断提高，深加工和品牌建设势头良好。

河鲀生产概况： 全球河鲀生产总量下滑，养殖产品占市场供应的 65％。2019 年全球河鲀生产总量 3.33 万吨，同比下降 14.7％；其中捕捞量 1.17 万吨（占 35％），同比下降 1％；海水养殖量 2.16 万吨（占 65％），同比下降了 20.7％。中国是河鲀最大养殖生产国，占全球养殖量的 81％。2020 年中国海水河鲀养殖量持续下降，为 1.58 万吨，同比下降 9.3％。

鲆鲽类生产概况： 全球鲆鲽类的生产总量稳中微降，捕捞产品占市场供应的 83％。10 余年来，全球鲆鲽类产量总体稳中小幅波动。2019 年全球鲆鲽类生产总量 113.8 万吨，同比下降 1.2％；其中捕捞量 94.6 万吨（占 83％），同比下降 2.8％；养殖量 19.2 万吨（占 17％），同比增长 7.4％。中国是全球鲆鲽类养殖量最多的国家，占 67％。2020 年中国鲆鲽类养殖量下降，其中鲆鱼养殖量 11.1 万吨，同比下降 4.4％；鲽鱼养殖量 7 477 吨，同比下降 39.4％。

2. 主要国家和地区水产品消费特点结论

美国： 美国是典型的消费驱动型经济模式，居民消费支出和经济周期的走势基本一致。2018 年美国以鱼、虾、贝类为主的人均水产品消费量为 7.3 千克，居民水产品消费额呈逐年稳健增长趋势。美国水产品消费品种居前三位的是虾类、三文鱼和罐装金枪鱼，后七位分别是罗非鱼、狭鳕、巴沙鱼、真鳕、鲶鱼、蟹类和蛤蜊；在产品形式上，美国居民偏好新鲜、冷冻水产品，较为注重水产品的保鲜程度。后疫情时代美国水产品零售销售增长明显，尤其是线上销售表现突出；美国消费者在疫情暴发一年后养成了选用海鲜产品的习惯，且在短期内不会改变。

欧盟： 欧盟人均水产品消费量约 24 千克，欧盟各成员国之间差异较大。欧盟地区大宗消费水产品为金枪鱼（罐头形式）、真鳕、三文鱼、狭鳕、虾类、贻贝、鲱鱼等。欧洲消费者偏好鱼块、切片和速食类水产品形式，各成员国水产品消费喜好差异较大，北部成员国偏好水产加工品，南部成员国偏好生鲜水产品。新冠疫情短期内对欧盟餐饮行业水产品消费造成重创，但水产品消费和偏好保持增加的趋势，对包装和冷冻水产品的需求出现增长；推动了新渠道、新业态发展，消费者居家消费增加，海鲜配送服务兴起。

日本： 日本对水产品的消费偏好成就了独有的"食鱼"文化，促使日本成为水产品贸易和消费大国。但日本水产品消费量呈现下滑趋势。2020 年疫情期间，日本大量消费者学习掌握了家庭烹饪手艺，拥有 2 名以上成员的家庭人均水产品消费为 23.9 千克，比 2019 年增加了 0.1 千克，是日本人均水产品消费量首次出现反弹，但增幅甚微。

韩国： 韩国人均水产品消费量长期维持在较高水平，2013—2015 年韩国年人均水产品消费量为 58.4 千克，水产品在韩国市场的消费非常活跃。韩国居民购买冰鲜类水产品的意愿逐渐增加。受新冠疫情影响，以及一人家庭增加、高龄化等人口结构的变化，方便而又可以体验多样化料理的"家庭方便食品"（Home Meal Replacement，简写为 HMR）越来越受韩国民众欢迎。

3. 国内外主要市场变化情况结论

大黄鱼市场变化情况： 全球大黄鱼市场价格高涨，韩国鹭梁津市场供应不足。中国市场大黄鱼价格高涨，前三季度平均价格 32.3 元/千克，同比上涨 11.5%；中国香港市场销售的冰鲜大黄鱼受存鱼量、养殖面积、集中上市、供求关系等因素影响，价格呈现季节性变化规律，2—3 月和 8—12 月价格震荡上扬，4—7 月价格平稳低位运行。2021 年前三季度韩国鹭梁津水产品市场大黄鱼交易量 1 310 千克，同比下降 17.1%；仅为疫情之前 2019 年同期交易量的 1/3；平均价格 4 903 韩元/千克，同比上涨 6.7%，较疫情前 2019 年同期上涨 56.8%。

石斑鱼市场变化情况： 全球多数石斑鱼品种价格上涨，中国香港部分品种价格下跌。中国市场珍珠龙胆价格先涨后跌，前三季度珍珠龙胆塘边平均价格 72.5 元/千克，同比上涨 97.1%，整体高于疫情前水平；中国香港市场价格上涨的品种有青斑和老虎斑；价格下跌的品种有杉斑、芝麻斑和沙巴趸。前三季度西班牙莫卡巴那市场冰鲜青斑交易量 60.7 吨，同比下降 14.2%；第三季度均价 19.5 欧元/千克，同比上涨 10.8%。

海鲈市场变化情况： 日韩市场海鲈供应增加，尚未恢复至疫情前水平，海鲈价格触底反弹。中国市场海鲈价格触底反弹，先涨后跌，第三季度价格超过疫情前水平；从整体上看，2021 年前三季度海鲈塘边均价 19.1 元/千克，同比下跌 12.8%，略高于疫情前 2019 年水平（18.2 元/千克）。韩国鹭梁津水产品市场海鲈交易量 378.5 吨，同比增长 16.9%，仍低于疫情前 2019 年同期水平；海鲈价格高涨，第三季度涨幅高达 34.2%。日本东京都中央批发市场海鲈交易量859.3 吨，同比增长 5.2%，尚未恢复至疫情前 2019 年同期水平(1 074.7 吨)；海鲈价格从低位反弹上涨，第二季度涨幅显著，同比上涨 13.1%。

军曹鱼市场变化情况： 中国军曹鱼市场行情良好，价格稳定，高于疫情前水平。2021 年前三季度军曹鱼塘边价稳定在 54 元/千克，同比上涨 17.5%，比疫情前 2019 年同期（49.5 元/千克）高 5.5 元/千克。

卵形鲳鲹市场变化情况： 中国卵形鲳鲹价格下滑，低于疫情前水平。从整体上看，2021 年前三季度中国市场卵形鲳鲹塘边平均价格 24.8 元/千克，同比下跌 15.8%，第三季度价格最低，比疫情前 2019 年同期水平（28 元/千克）低7.4 元/千克；中国香港市场卵形鲳鲹价格整体呈下行趋势，第三季度开始反弹后企稳；其中第一、第二、第三季度活卵形鲳鲹均价分别为 74 港元/千克、67.5港元/千克、72 港元/千克；第二季度达近五年低点，同比下跌 11%。

河鲀市场变化情况： 日本东京都中央批发市场河鲀供应减少，虎河鲀价格高涨。2021 年前三季度，河鲀交易总量 167 830 千克，同比下降 30.6%；第一、第二、第三季度冰鲜虎河鲀均价分别为 2 998 日元/千克、1 662 日元/千克、1 453 日元/千克，同比分别下降 8.3%、上涨 51.5% 和上涨 22.4%。

鲆鲽类市场变化情况： 中国、西班牙和日本鲆鲽类市场供应已恢复至疫情前水平，美国和韩国市场供应不足。受劳动力市场紧张、原材料短缺、油费和交通运输费用上涨等影响，各市场销售的主要鲆鲽类产品价格涨幅超 15%，冷冻加工鱼片类产品涨幅更高。2021 年中国鲆鲽类市场行情良好，需求强劲，节假日拉动效应明显，短期会受疫情局部反弹的负面影响；价格整体呈上升趋势，且高于 2020 年同期，第三季度价格均高于疫情前水平。西班牙莫卡巴那水产市场鲆鲽类交易量已基本恢复至疫情前同期水平，交易量 1 833.8 吨，同比增长10.5%；交易量最大的冰鲜舌鳎（占 45.6%）价格呈上涨态势，第三季度涨幅达 18.4%；冻舌鳎鱼片价格高涨，疫情前 2019 年底冻舌鳎鱼片价格 10 欧元/千克，2020年下半年涨至15欧元/千克，2021年上半年继续涨至18欧元/千克，下半年回落至15欧元/千克。日本东京都中央批发市场鲆鲽类交易量6 866.4吨，同比下降8.6%，已恢复至疫情前2019年同期水平（6 497.8吨）；整体上鲆鲽类产品均价同比下跌1.8%，市场行情因品种而异。韩国鹭梁津水产品市场鲆鲽类交易量787.1吨，同比下降27%；仅恢复至疫情前2019年同期水平（1 333.8吨）的59%；主要销售品种活牙鲆平均价格涨幅超20%。美国波特兰鱼市场鲆鲽类交易量42.5吨，同比下降53.3%；交易均价2.0美元/千克，同比上涨24%。

11.1 全球捕捞及养殖生产情况

九种主养海水鱼是中国特色的养殖品种，其养殖规模居全球首位。大菱鲆、牙鲆、半滑舌鳎及其他的鲽形目鱼类在国际水生动植物标准统计分类（The current International Standard Statistical Classification of Aquatic Animals and Plants，ISSCAAP）中归为一大类，统称为鲆鲽类，因其消费特征相似，文中以鲆鲽类作为比较分析口径。据联合国粮食及农业组织（Food and Agriculture Organization of the United Nations，FAO）最新统计数据，2019年全球大黄鱼、石斑鱼、海鲈、鲆鲽类、卵形鲳鲹、军曹鱼和河鲀的养殖产量分别为22.6万吨、23.5万吨、18.4万吨、19.2万吨、16.8万吨、4.8万吨和2.2万吨，其中，中国养殖产量分别占全球养殖产量的100%、87.2%、99.5%、66.9%、100.0%、90.4%和80.9%（表11-1）。中国已成为九种海水鱼最大的养殖生产国，养捕比例为84:16，远高于全球平均水平。

表11-1 2019年主养海水鱼品种全球生产情况

品种	生产总量			2019年养殖量			2019年捕捞量		
	全球（吨）	中国（吨）	中国占比（%）	全球（吨）	中国（吨）	中国占比（%）	全球（吨）	中国（吨）	中国占比（%）
大黄鱼	285 700	285 379	99.9	225 549	225 549	100.0	60 151	59 830	99.5
石斑鱼	575 802	303 403	52.7	234 828	204 731	87.2	340 974	98 672	28.9
海鲈	192 014	183 226	95.4	184 019	183 172	99.5	7 995	54	0.7
鲆鲽类	1 148 105	129 744	11.3	192 010	128 446	66.9	956 095	1 298	0.1
卵形鲳鲹	168 082	168 000	100.0	168 000	168 000	100.0	82	0	0.0
军曹鱼	63 479	43 563	68.6	48 163	43 553	90.4	15 316	10	0.1

（续）

品种	生产总量			2019年养殖量			2019年捕捞量		
	全球（吨）	中国（吨）	中国占比（%）	全球（吨）	中国（吨）	中国占比（%）	全球（吨）	中国（吨）	中国占比（%）
河鲀	33 328	17 473	52.4	21 609	17 473	80.9	11 719	0	0.0
合计	2 315 310	979 588	42.3	922 978	819 724	88.8	1 392 332	159 864	11.5

资料来源：FishStatJ。

11.1.1 大黄鱼生产情况

如图 11-1 所示，全球大黄鱼生产总量持续增长，2019 年比 2018 年增长 7%。全球大黄鱼资源衰退，其捕捞量持续下降，2019 年捕捞量 6.01 万吨，同比下降 12.8%。其中，中国大黄鱼捕捞量为 5.98 万吨，同比下降 12.4%；韩国大黄鱼捕捞量为 321 吨，同比下降 53.7%。根据《2021 中国渔业统计年鉴》，2020 年中国大黄鱼捕捞量为 4.6 万吨，较 2019 年减少 23.1%，连续 5 年下降，较 2015 年峰值减少 56%。

养殖对全球大黄鱼供应的贡献增大，养殖量呈持续增长态势。全球大黄鱼养殖量占总产量的比重由 2009 年 48.8% 增长至 2019 年 79%，且仅中国开展了大黄鱼养殖活动。根据《2021 中国渔业统计年鉴》，2020 年中国大黄鱼养殖产量达 25.41 万吨，较 2019 年增加 2.85 万吨，增长 12.6%，持续增长态势良好。其中福建省 20.46 万吨，占 80.5%；浙江 3.24 万吨，广东 1.69 万吨，分别占 12.7% 和 6.7%。

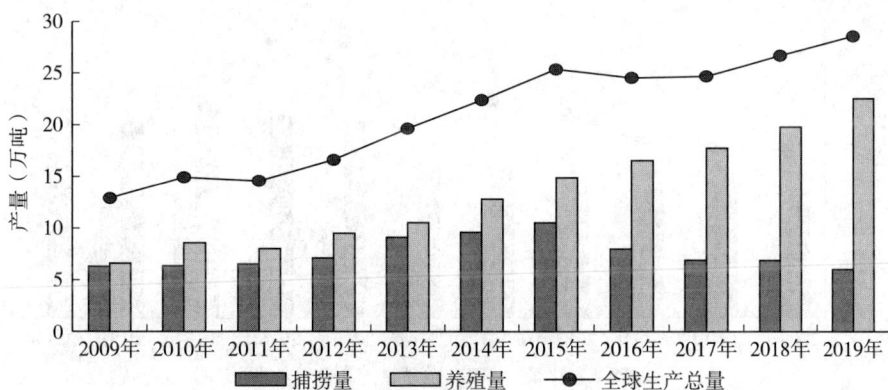

图 11-1 2009—2019 年全球大黄鱼生产情况

（资料来源：FishStatJ，下同）

中国不断探索大黄鱼的深远海养殖模式并取得初步成功，国内首次由智慧渔业养殖工船养殖的大黄鱼实现上市销售。早在 2020 年 6 月，中国首座全潜式深远海大黄鱼养殖平台"嵊海一号"在舟山市嵊泗县海域投入试生产，并首批投入 5 万余尾"岱衢族"大黄鱼。2021 年，福建、广东和浙江加快部署大黄鱼深远海养殖。2 月，舟山市普陀区六横镇悬山海洋牧场综合体项目一期布网工程完结，99.8 公顷的围栏海域投入 50 万尾大黄鱼，将逐年形成年养殖规模达 1 000 万尾、年产量达百吨、年产值约亿元的大围栏养殖产业链。3 月，"百台万吨"生态养殖平台建设项目在福建省福州市连江县开工，将为福建乃至中国的大黄鱼养殖增添一支"深远海舰队"。4 月，洞头作为浙江第二大渔场、"中国生态大黄鱼之乡"，已建成周长 188 米的智能生态渔城 4 座、23 万立方米船型深远海智能养殖平台 1 组。

11.1.2 石斑鱼生产情况

如图 11-2 所示，全球石斑鱼生产总量连续两年下降，2019 年 57.6 万吨，同比下降 0.8%。捕捞仍为全球石斑鱼主要的生产方式，占 59.2%。但近两年捕捞量持续下降，2019 年捕捞量 34.1 万吨，同比下降 8.2%，其中 90% 产量来自亚洲国家，主要捕捞国家为中国、印度、巴基斯坦与马来西亚。中国石斑鱼捕捞量持续 4 年下滑，2020 年中国石斑鱼捕捞量为 9.19 万吨，同比减少 5.6%。

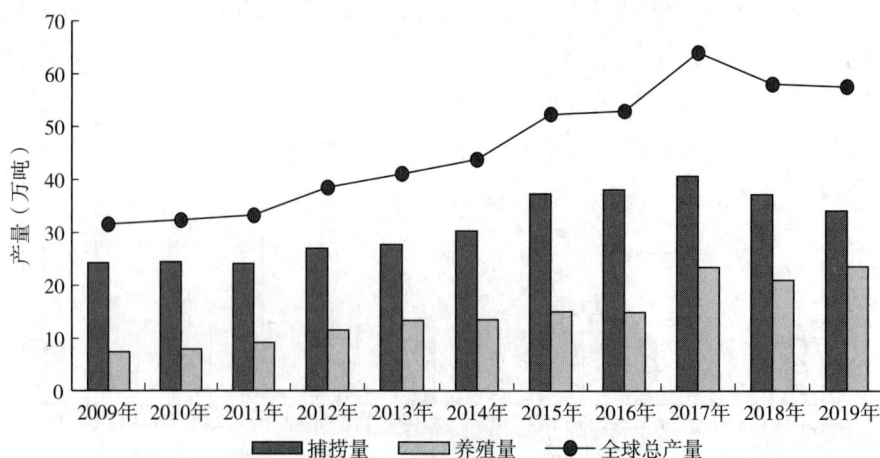

图 11-2 2009—2019 年全球石斑鱼生产情况

全球石斑鱼养殖量稳定增长。2019 年养殖产量 23.48 万吨，同比增长 12.2％。2020 年中国石斑鱼养殖量达 19.2 万吨，比 2019 年增加了 8 918 吨，增长 4.87％，主要养殖省份为广东省 8.94 万吨、海南省 6.26 万吨和福建省 3.52 万吨，产量占比分别为 46.6％、32.6％和 18.3％。

11.1.3　海鲈生产情况

如图 11-3 所示，全球海鲈（日本真鲈）生产量稳步增长，捕捞量进入下降通道。2019 年，全球海鲈生产总量 19.2 万吨，较 2018 年增长 5.8％。其捕捞量呈逐年下降趋势，野生海鲈捕捞量已不足万吨，从 2010 年的 10 122 吨下滑至 2015 年的 8 734 吨，2016 年小幅增长，2017—2019 年再次下降至 7 995 吨，为近 20 年来最低值。

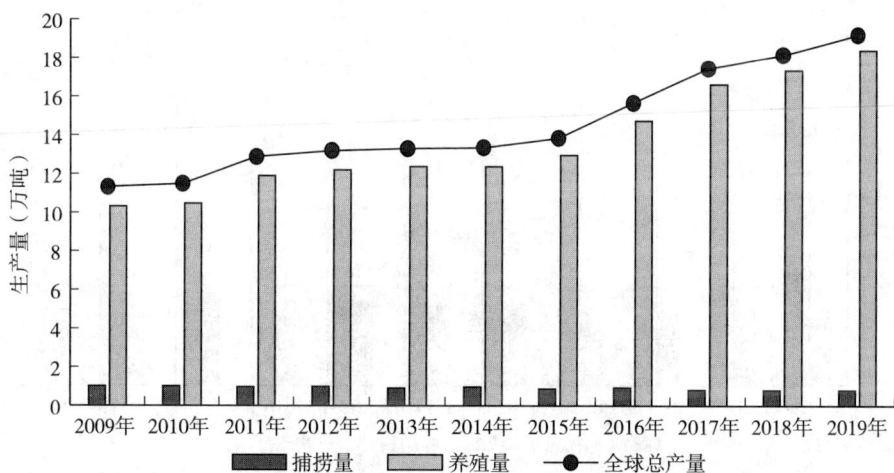

图 11-3　2009—2019 年全球海鲈生产情况

全球海鲈养殖产量增长趋势明显。2019 年海鲈全球养殖量为 18.4 万吨，较 2018 年增长 6％。2009 年以来，海鲈实现连续增长，至 2019 年实现增幅 78％。中国是全球海鲈养殖量最多的国家，2019 年养殖量为 18.02 万吨，较 2018 年增长 8.2％，占全球的 98.0％。2020 年中国海鲈养殖量进一步大幅增长，达到 19.52 万吨，较 2019 年增加 1.51 万吨，同比增长 8.37％，其中广东省养殖量为 10.88 万吨，占 55.7％；福建省 3.87 万吨万吨，占 19.8％；山东省 1.58 万吨，占 8.1％。

中国海鲈的核心主产区是珠海市斗门区白蕉镇，该镇生产的白蕉海鲈是国家地理标志水产品。目前，中国海鲈产业不断转型升级，深加工生产链不断延长，逐步构建了海鲈产业多元主体共同参与发展的格局及完整产业链，海鲈一二三产业融合发展，初步形成了政府引导、市场主导、龙头企业带动、小农户深度参与的运营机制。

11.1.4 军曹鱼生产情况

如图 11 - 4 所示，全球军曹鱼生产总量起伏波动较大，整体呈现增长趋势。2019 年全球军曹鱼生产总量 6.33 万吨，较 2018 年增长了 6.9%。其中捕捞量为 1.51 万吨，较 2018 年减少 4.4%。2009 年以来，全球军曹鱼捕捞量稳中缓升，波动范围较窄，主产国生产情况比较稳定。

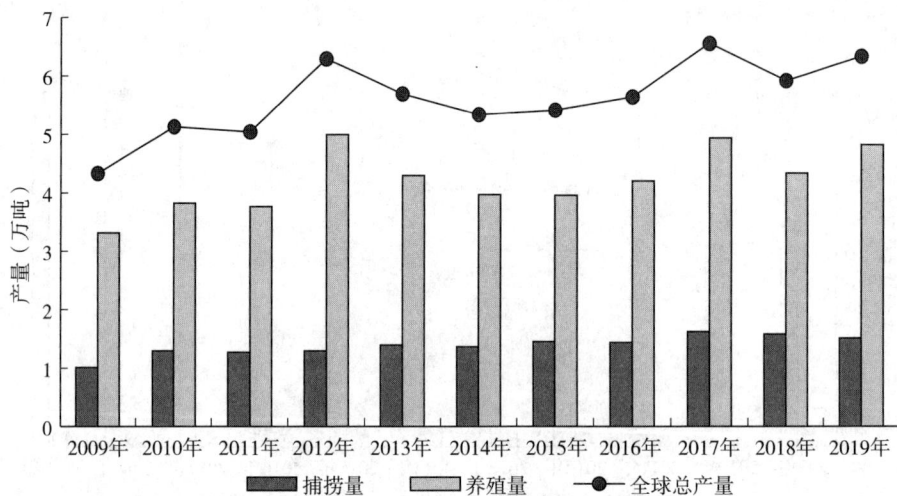

图 11 - 4　2009—2019 年全球军曹鱼生产情况

全球军曹鱼养殖产量起伏波动较大，基本稳定在 4 万~5 万吨。2019 年全球军曹鱼养殖产量为 4.82 万吨，较 2018 年增长 11.1%。自 2010 年以来，全球军曹鱼养殖量总体平稳，其中 2012 年产量达到 5.15 万吨，为近年来最高值，此后基本稳定在 4 万~5 万吨。

中国是全球军曹鱼养殖主产国。2019 年中国军曹鱼养殖量 4.22 万吨，2020 年中国军曹鱼养殖量 3.38 万吨，较 2019 年减少 8 446 吨，同比下降 20%。其中，广东省养殖量为 2.56 万吨，占 75.7%；海南养殖量 0.8 万吨，占 23.7%。

11.1.5 卵形鲳鲹生产情况

如图 11-5 所示，全球卵形鲳鲹生产总量持续增长，养殖生产贡献率达 99.9％以上。2019 年全球卵形鲳鲹生产总量 16.81 万吨，较 2018 年增长 12％。卵形鲳鲹野生资源量较少，捕捞业不成规模，多年捕捞量总体在 100 吨上下浮动。2019 年全球卵形鲳鲹捕捞量 82 吨，较 2018 年增加了 15 吨。

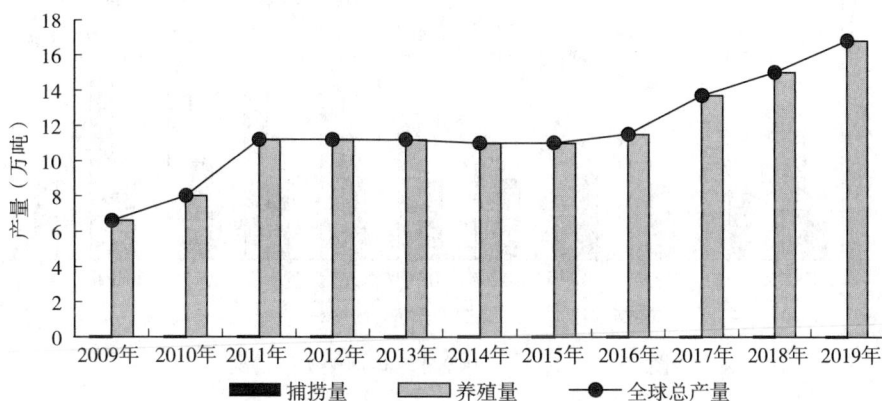

图 11-5 2009—2019 年全球卵形鲳鲹生产情况

中国是全球卵形鲳鲹的主产国。2020 年中国卵形鲳鲹养殖量 10.17 万吨，较 2019 年增加了 5.68 万吨，同比增长 126.64％。其中广东省养殖量 4.26 万吨，占 41.9％；广西产量 5.91 万吨，占 58.1％。

中国卵形鲳鲹养殖发展出深海网箱、海洋牧场、设施化养殖等多种新模式，不断提高生产效率，更加注重资源节约和环境友好，产品质量不断提高，深加工和品牌建设势头良好。卵形鲳鲹产业作为高价值农业产业，不仅有资本聚集的优势，也是政策制定与实施、新技术应用的高地。广东省已在湛江、阳江、惠州布局深海网箱养殖产业园，未来将建设汕头、珠海、阳江、湛江"四大深远海养殖区"，重点打造珠海和湛江深远海养殖核心示范区，形成大型智能渔场＋深水网箱的深远海养殖产业群。2021 年 6 月，深水网箱养殖卵形鲳鲹错峰上市，正值休渔期，网箱养殖鱼的需求量持续上升，卵形鲳鲹的价格则与休渔前基本持平。

11.1.6 河鲀生产情况

如图 11-6 所示，全球河鲀生产总量下滑，养殖量和捕捞量同步下滑。

2019 年全球河鲀生产总量 3.33 万吨，同比下降 14.7%。其中，捕捞量 1.17 万吨，较 2018 年减少 1%，日本、韩国和巴西为主要捕捞国，产量分别为 0.50 万吨、0.40 万吨和 0.16 万吨，三国合计占全球 90.8%。此外，澳大利亚、毛里求斯等也有小规模捕捞活动。

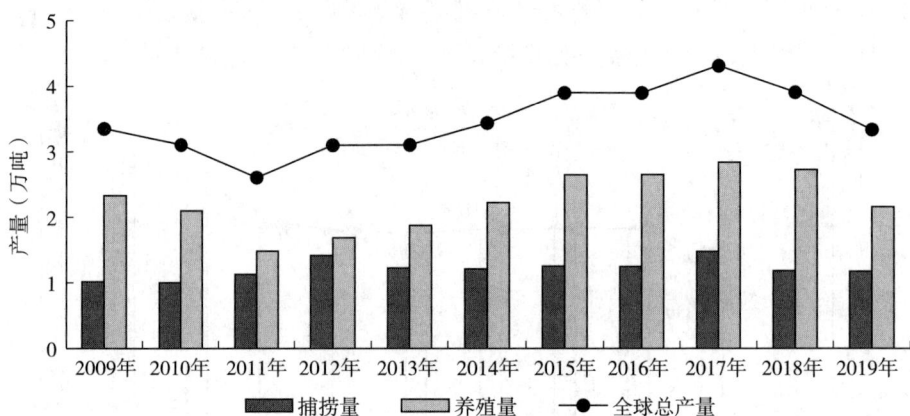

图 11-6 2009—2019 年全球河鲀生产情况

全球河鲀 64.9% 的产量来自养殖，但近三年养殖量逐年下滑。2019 年全球河鲀海水养殖量 2.16 万吨，较 2018 年下降了 20.7%；中国是河鲀最大养殖生产国，占全球养殖量的 81%。但近三年，中国河鲀养殖量逐年下滑，2020 年河鲀养殖量 1.58 万吨，较 2019 年减少了 1 632 吨，同比下降 9.34%。其中，福建 1.02 万吨，占 64.6%；河北 2 152 吨，占 13.6%；辽宁 1 815 吨，占 11.5%。

11.1.7 鲆鲽类生产情况

如图 11-7 所示，全球鲆鲽类的生产总量稳中微降。10 余年来，全球鲆鲽类产量总体稳中小幅波动。2019 年，全球鲆鲽类生产总量 113.8 万吨，同比下降 1.2%。全球鲆鲽类生产以捕捞为主，占 83.1%，捕捞量连续三年微降。2019 年全球鲆鲽类捕捞量 94.6 万吨，同比下降 2.8%。鲆鲽类主要捕捞国家（地区）为美国、俄罗斯、荷兰、日本、印度等。据 FAO 统计数据显示，2019 年鲆鲽类捕捞量过万吨的国家（地区）共有 17 个，其中美国和俄罗斯捕捞量超过 10 万吨，分别达到 25.48 万吨和 13.14 万吨，两国合计占全球捕捞量的 40.7%，印度以 5.0 万吨居第三位，日本、格陵兰、荷兰和加拿大分列第四至七位，捕捞量依次为 4.79 万吨、4.73 万吨、3.90 万吨和 3.66 万吨，其他国家（地区）产量在 3 万吨以下。鲆鲽类主要捕捞区域集中在太平洋和大西洋北部海域，其中太平洋北部鲆鲽类出产量为 43.6 万吨，较 2018 年增长 6.0%，占世界总捕捞量的 46.0%，较 2018 年增加 1.7 个百分点；大西洋北部海域出产鲆鲽类 32.4 万吨，较 2018 年减少 3.4%，占世界总捕捞量比重为 34.2%，与 2018 年持平。

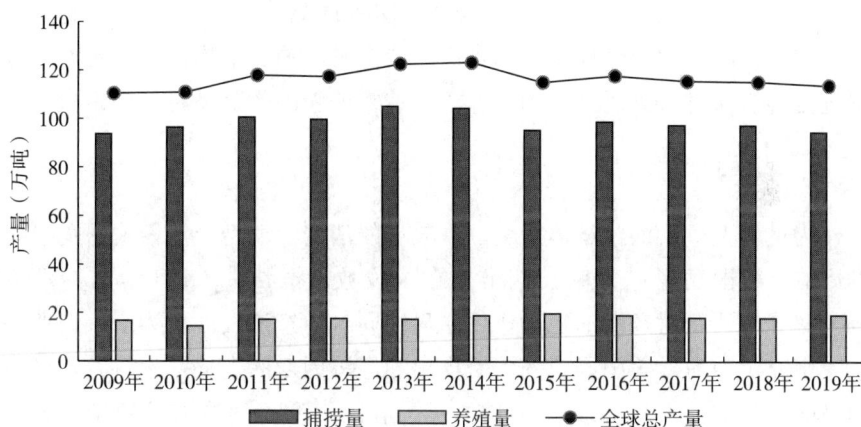

图 11-7　2009—2019 年全球鲆鲽类生产情况

鲆鲽类养殖规模增速放缓，养殖量维持在 18 万～19 万吨之间窄幅波动。2019 年全球鲆鲽类养殖量 19.2 万吨，同比增长 7.4%。主要养殖国家为中国、韩国和西班牙，其中中国产量为 12.84 万吨，占全球鲆鲽类养殖产量的 66.9%，连续 17 年居首位；韩国产量 4.70 万吨，所占比重为 24.5%，连续 17 年居第二位；西班牙、葡萄牙和日本分列第三至五位，所占比重分别为 4.7%、1.8% 和 1.0%，其他国家占比均低于 1%。可以看出，东亚的中国、韩国和日本鲆鲽类养殖量占据了全球的 90% 以上，为名副其实的全球鲆鲽类养殖产业高地。2020 年中国鲆鲽类养殖量下降，其中鲆鱼养殖量 11.1 万吨，同比下降 4.4%；鲽鱼养殖量 7 477 吨，同比下降 39.4%。辽宁省和山东省是中国主产区，其中辽宁 5.2 万吨，占 43.9%；山东 4.03 万吨，占 34%。

11.2　主要国家（地区）水产品消费特点

水产品消费作为居民消费的组成部分，是经济活动的组成部分。随着消费水平、对健康的认识、可支配收入水平的提高，水产品市场消费规模不断扩大，会有越来越多的消费者养成对水产品的习惯性消费。这一趋势将持续影响水产品市场，不仅推动水产品价格的攀升，同时也带动新的供给需求。当前世界主要经济体经济形势依旧严峻，给全球水产品市场造成了显著影响。由于消费者削减可自由支配开支，转而倾向于价格更为低廉的鱼类产品，许多全球重要的进口市场需求面临压力。这不仅仅造成利润率的下滑，同时还影响到水产品的上市规格和结构。鉴于此，本章对中国水产品主要出口市场如美国、欧盟、日本、韩国等国家（地区）的水产品消费量、消费结构、消费发展趋势等状况进行分析探讨，为研判中国主养海水鱼类未来国际贸易趋势提供参考。

11.2.1 美国

作为世界上最大的经济体，美国是典型的消费驱动型经济模式，受消费观念的影响，美国居民储蓄率长期维持在个位数，消费占 GDP 的比重稳定在60%～70%，消费对经济的拉动作用明显。同时，经济发展也为个人消费支出增长带来充足动力，美国居民的消费支出和经济周期的走势基本一致，经济整体向好的背景下，人均 GDP、人均可支配收入提升，消费需求稳步上升，经济衰退也会明显抑制消费需求。

11.2.1.1 水产品消费量

美国是水产品消费大国，水产品在食品消费中占有重要地位。根据美国国家海洋渔业局（NMFS）公布的数据显示，2018 年美国以鱼、虾、贝类为主的人均水产品消费量为 7.3 千克，居民水产品消费额呈逐年稳健增长趋势。在海产品消费方面，2010 年美国海鲜消费量为 2 482 万吨，2014 年消费量增至2 809万吨。美国海产品消费总量与所在地理位置直接相关，据统计，南大西洋沿海各州的海产品消费总量全美第一，其次是太平洋沿海各州，而波士顿龙虾的主产区——东北部的新英格兰各州却是海产品消费量最少的地区。

11.2.1.2 水产品消费结构

美国水产品消费结构有其明显特点，虾类是美国居民最热衷水产品。根据美国国家渔业研究所（NFI）公布的数据显示，2018 年虾类产品占据美国水产品消费排行榜主导地位，人均消费虾类产品达到 2.1 千克，占该年度人均消费水产品量的 28.6%；三文鱼为第二大消费品种，人均消费量为 1.2 千克，所占比重为 15.8%；罐装金枪鱼人均消费量为 1.0 千克，居第三位；排在前十位的还包括罗非鱼、狭鳕、巴沙鱼、真鳕、鲶鱼、蟹类和蛤蜊等。近年来美国居民对三文鱼和巴沙鱼的偏好明显增加，对鲶鱼和蟹类消费意愿降低，鲆鲽类产品已从主要水产品消费榜单中消失。在产品形式上，美国居民偏好新鲜、冷冻水产品，较为注重水产品的保鲜程度，冷冻、保鲜水产品是美国居民水产品消费的主要形态，水产罐头等加工水产品亦构成美国水产品消费形态的一部分。

11.2.1.3 后疫情时代水产品消费状况

2020 年美国水产品零售销售增长明显，尤其是线上销售表现突出。根据美国国家渔业研究所（NFI）2021 年 2 月 1 日举行的全球水产品市场会议上的数据显示，2020 年美国零售商新鲜、冷冻和耐储存类别的水产品销售均创下纪录①。其中，新鲜水产品销售额增长 24.5%，达到 67 亿美元；冷冻水产品销售额跃升 35%，达到 70 亿美元；耐储存水产品销售额增长 20.3%，达到 29 亿美元。新鲜水产品中，三文鱼是主要销售产品，2020 年销售额增长了 19%，达到 22 亿美元，蟹类销售额创下前所未有的增幅 62%；在冷冻类中，生虾的销售额跃升 48%，达到 20 亿美元，熟虾销售额跃升 25%，达到 18 亿美元；耐储存类别中，金枪鱼为主要销售产品，销售额增长了近 19%，达到 21 亿美元，三文鱼产品的销售额也增长了 30.3%，达到 2.86 亿美元，蛤蜊销售额增长了 27%，达到 6 200 万美元。疫情期间，得益于线上食品杂货销售的大幅增长，2020 年美国水产品线上销售额增长了 2 倍，达到 11 亿美元。

美国消费者在疫情暴发一年后养成了选用海鲜产品的习惯，且在短期内不会改变。依据阿拉斯加海鲜营销研究所的调研，78%受访者表示已经有购买海鲜的习惯，特别是新鲜海鲜。市场调研机构益普索（Ipsos）调查显示，疫情期间许多美国人表示将通过调整饮食减肥，在每周的食材中，水产品比牛肉和猪肉更受欢迎，同时，家庭烹饪的市场比例上升，激发了消费者对烹制鱼类产品的新需求。预计 2021 年水产品消费将持续增长，随着新冠疫苗接种率上升，越来越多美国人增加了旅行和外出就餐，冷冻海鲜的销量可能会下降；未来线上水产品销售可能会继续扩大。

11.2.2 欧盟

欧洲是世界上海岸线最曲折复杂的一个洲，多半岛、岛屿、港湾和深入大

---

① 资料来源：中国渔业博览会网站援引 Seafoodsource2021 年 2 月 2 日报道信息。

陆的内海，丰富的海洋环境为其提供了富饶的渔业资源。欧洲沿海渔场面积约占世界沿海渔场总面积的 32%，盛产鳕鱼、鲭鱼、鳀鱼、鲑鱼、鳗鱼、沙丁鱼和金枪鱼等，主要产鱼海域分布在挪威海、北海、巴伦支海、波罗的海、比斯开湾等。欧盟作为欧洲地区区域性政治经济合作组织，现已发展成为拥有 27 个成员国、人口超过 4 亿、GDP 仅次于美国的世界第二大经济体，在全球经济活动中具有重大影响力。欧盟是全球第六大渔业捕捞和养殖产区，也是世界水产品主要进口市场和消费市场，每年消费水产品的 50% 以上依赖进口。作为一个独立关税区，欧盟巨大的市场成为各国生产商和进出口商角逐的对象，欧盟水产品市场价格走向也因此成为世界水产品市场的晴雨表，受到欧盟内部以及世界各国的关注。

11.2.2.1 水产品消费量

欧盟人均水产品年消费量自 2000 年经历近十年强劲增长达到高峰后，受金融危机影响，增速逐渐放缓。2011 年人均消费量为 24.5 千克，此后基本维持小幅波动，2018 年人均消费量为 24 千克左右。欧盟各成员国之间人均水产品消费量差异较大，排在首位的马耳他人均高达 85.9 千克，而排在最后的捷克人均仅有 5.6 千克，上下落差接近 15 倍。欧盟各成员国的水产品消费喜好差异也很大，北部成员国偏好水产加工品，南部成员国偏好生鲜水产品，水产品支出占生活开支的主要部分。另外，欧洲中部及东部的成员国人均消费量虽然低于欧盟平均值，但消费趋势呈现增长态势。

11.2.2.2 水产品消费结构

欧盟地区大宗消费水产品为金枪鱼（罐头形式）、真鳕、三文鱼、狭鳕、虾类、贻贝、鲱鱼等。欧盟消费者倾向于购买新鲜水产品，而非冷冻类产品。在欧洲，普通消费者非常重视水产品的鲜度，鲜度与价格呈显著的正比关系。例如 2021 年三季度西班牙莫卡巴那市场新鲜舌鳎价格为 14.8 欧元/千克，而冻舌鳎价格为 9.6 欧元/千克。近些年这种消费趋势更明显，如法国居民追求高品质产品，冷冻水产品在法国市场上消费量持续减少，而新鲜包装及冰鲜类产品市场竞争力更强。

欧洲消费者偏好鱼块、切片和速食类水产品形式。因西方人采用分餐制饮食习惯，通常单条重超过 0.5 千克的鱼都要加工成鱼肉出售，用于家庭熏、烤或用于餐馆做菜。市场上出售的加工产品约占水产品总量 90%，分为鱼肉、半成品、成品（熏烤制品、微波食品等）三类。随着生活节奏的加快，以水产品为原料的半成品、熏烤制品、微波食品正在被工薪族所接受。尤其是在德国，冷冻微波食品由于方便、省时、卫生，销售量正在逐年上升。

11.2.2.3　后疫情时代水产品消费状况

新冠疫情短期内对欧盟餐饮行业水产品消费造成重创，但水产品消费和偏好保持增加的趋势，对包装和冷冻水产品的需求出现增长。以英国疫情期间的水产品消费状况为例进行说明，英国在 2020 年时仍为欧盟成员国。根据尼尔森 SCAN 公司统计数据，2019 年 6 月至 2020 年 6 月，英国市场水产品销售额超过 40 亿英镑，同比增长 4.6%，销售量达 41.23 万吨，同比增加 5%。其中，冰鲜产品销售额占总销售额 59.6%，下降了 0.8%，销售量增加了 2%；冷冻产品销售额增长 11.1%，销售量达 13.90 万吨，增长了 5.9%；主要销售水产品为三文鱼、鳕鱼和金枪鱼。根据欧盟鱼类加工和贸易商协会（AIPCE - CEP）的最新分析，在整个欧盟成员国，海鲜采购量稳步上升，对真鳕和黑线鳕等白鱼的需求持续增加。

COVID - 19 大流行推动了新渠道、新业态发展，消费者居家消费增加，海鲜配送服务兴起。2020 年，餐馆业陷入了极度困难时期。为维持生计，许多餐馆尝试提供外卖服务，超市和网购平台增加了新鲜、高档或半成品等品类的供应，以满足疫情期间居家消费的需求。

11.2.3　日本

日本是世界上渔业最发达的国家之一。作为动物蛋白的主要来源，水产品在日本人的食品消费中占据重要地位，是所有日本人饮食生活中不可或缺的食物，对水产品的消费偏好成就了日本独有的"食鱼"文化，促使日本成为水产品贸易和消费大国。

11.2.3.1　水产品消费量

日本水产品消费量呈现大幅趋势。1988 年，日本人均水产品消费量72.5 千克，2008 年时降至 61.5 千克，2013 年进一步降至 48.8 千克。据日本海洋渔业部门统计信息显示，2020 年疫情期间，日本大量消费者学习掌握了家庭烹饪手艺，拥有 2 名以上成员的家庭人均水产品消费为 23.9 千克，比 2019 年增加了 0.1 千克，是日本人均水产品消费量首次出现反弹，但增幅甚微。

11.2.3.2　水产品消费结构

日本家庭对不同水产品品种的偏好随时间推移而变化。1965 年，日本家庭购买最多的品种依次是竹荚鱼、鱿鱼、鲭鱼，20 世纪 60 年代，这三个品种的消费量曾高达水产品消费总量的 1/3。1999 年，三个品种的消费量已经减少到

14％，取而代之的是金枪鱼、鲑鱼、虾类、蟹类等中高级水产品。与1965年相比，2009年鲑鱼、鲣鱼、秋刀鱼的人均购买量增加了1.5倍，而竹荚鱼、鱿鱼及鲭鱼各减少了50％。按家庭年均消费金额衡量，与2008年相比，2009年只有虾类、章鱼、鲭鱼和贝类的消费呈上升趋势，其余品种均出现了不同程度的减少。其中鲣鱼、竹荚鱼、鱿鱼、蟹、秋刀鱼分别减少了20.5％、18.7％、15.5％、14.2％、7.5％，沙丁鱼、鲆鲽鱼、鲑鱼、鲷鱼和黄尾鱼也有不同幅度的下滑。

11.2.4 韩国

韩国是全球重要的水产品生产国和消费国。尽管水产业产出占韩国GDP的份额不足1％，但水产业是韩国经济重要的组成部分，对该国的经济增长有积极影响，除了吸纳劳动力就业、增加渔民收入外，还促进了相关产业发展，并在国家食物安全方面发挥了重要作用。

11.2.4.1 水产品消费量

韩国人均水产品消费量长期维持在较高水平。1993年，韩国人均水产品消费量达到50千克，远高于同期其他主要国家。根据FAO数据，2013—2015年韩国年人均水产品消费量为58.4千克，列全球主要国家首位，预计到2025年，消费量再增加10％[①]。根据挪威水产委员会的调查，水产品在韩国的消费范围极广，从早餐到晚餐，从冷冻到鲜活产品，从线上购到线下购，水产品在韩国市场的消费非常活跃。

11.2.4.2 水产品消费结构

韩国居民购买冰鲜类水产品的意愿逐渐增加。根据挪威水产委员会2019年所做的调查发现，近年来韩国居民的水产品消费习惯在改变，以往他们以购买冷冻类或即食类产品为主，接受调查的消费者中约60％选择购买新鲜水产品，同时消费者也会关注海产品原产地以及生产方式[②]。

11.2.4.3 后疫情时代水产品消费状况

受新冠疫情影响，以及一人家庭增加、高龄化等人口结构的变化，方便而又可以体验多样化料理的"家庭方便食品"（Home Meal Replacement，简写为HMR）越来越受韩国民众欢迎[③]。据韩国水产业观测中心针对加热后可食

---

① 资料来源：中国国际渔业博览会援引Intrafish 2017年2月15日报道信息。
② 资料来源：中国国际渔业博览会援引Intrafish 2019年3月18日报道信息。
③ 资料来源：微信公众号韩海视角2020年3月4日文章"韩国水产方便食品市场消费趋势"。

用产品（Ready to Heat，简写为 RTH）和简单烹饪后可食用产品（Ready to Cook，简写为 RTC）的消费形态所做的调查显示，22.7% 的受访对象每月平均消费加热即可食用（RTH）的家庭方便食品 3～4 次，56.9% 的受访对象每月平均消费此类食品 1～2 次；简单烹饪后可食用（RTC）的家庭方便食品消费频率中，每月平均消费 3～4 次的占 27.6%，消费 1～2 次的占 51.8%。从年龄层来看，20 多岁的人比其他年龄层消费频率更高；从家庭成员数量状况来看，一人家庭购买加热即可食用（RTH）产品的频率高于其他类型家庭。

11.3 国内外主要市场变化趋势跟踪

11.3.1 大黄鱼市场变化趋势

中国和韩国是全球大黄鱼最重要的两大消费区域。中国出口的养殖大黄鱼主要来自宁德地区，宁德是中国最大的海水网箱养殖基地，也是最大的大黄鱼生产出口基地，全国养殖大黄鱼多数从宁德中转销售。养殖大黄鱼大多以冰冻形式出口，出口市场主要有韩国、中国香港、美国、泰国、菲律宾等，中国香港地区与中国台湾地区都是大黄鱼的消费市场和转口市场，出口的大黄鱼产品从单一的冰鲜加工、冰冻到深加工、切片、切段等多种方式。

11.3.1.1 中国市场

大黄鱼价格高涨，第三季度高位坚挺，超过疫情前水平。如图 11-8 所示，2021 年大黄鱼塘边价一路上涨，从 1 月 24.7 元/千克涨至 8 月最高点 38.4 元/千克。前三季度平均价格 32.3 元/千克，同比上涨 11.5%。第三季度价格高位坚挺，达 2017 年以来高峰值，均价 38 元/千克，比疫情前 2019 年同期水平（30.1 元/千克）高 7.9 元/千克。

2021 年中国香港市场冰鲜大黄鱼价格变化趋势与 2020 年基本一致。大黄鱼是中国香港市场主要消费品种，主要销售冰鲜品，属于中端消费品。中国香港市场销售的冰鲜大黄鱼受存鱼量、养殖面积、集中上市、供求关系等因素影响，价格呈现季节性变化规律，2—3 月和 8—12 月价格震荡上扬，4—7 月价格平稳低位运行。依据中国香港鱼类统营处统计（图 11-9），2021 年冰鲜大黄鱼 2—3 月价格波动区间为 50～243 港元/千克，4—7 月稳定在 77 港元/千克，8 月中下旬震荡上扬，最高价 254.6 港元/千克，第四季度上涨态势明显。

11.3.1.2 韩国市场

韩国鹭梁津水产品市场大黄鱼交易量下降，交易价格上涨。韩国是中国

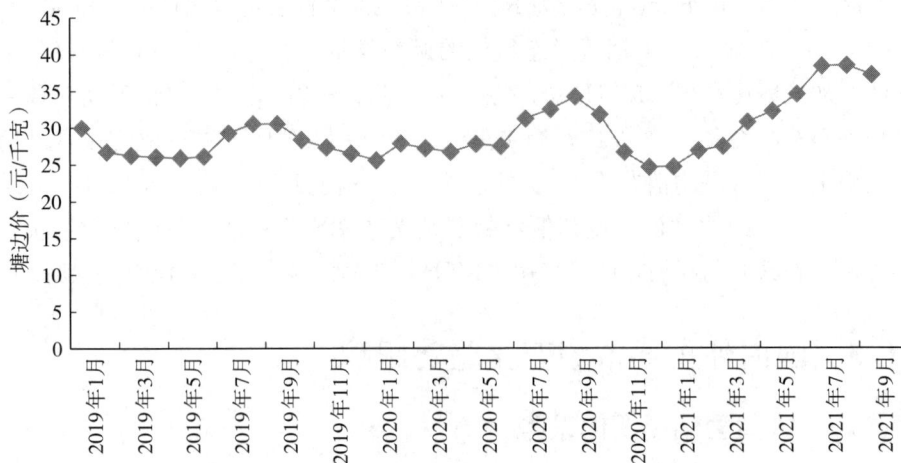

图 11-8　2019—2021 年中国市场大黄鱼价格变化趋势

（资料来源：国家海水鱼产业技术体系经济岗位数据库）

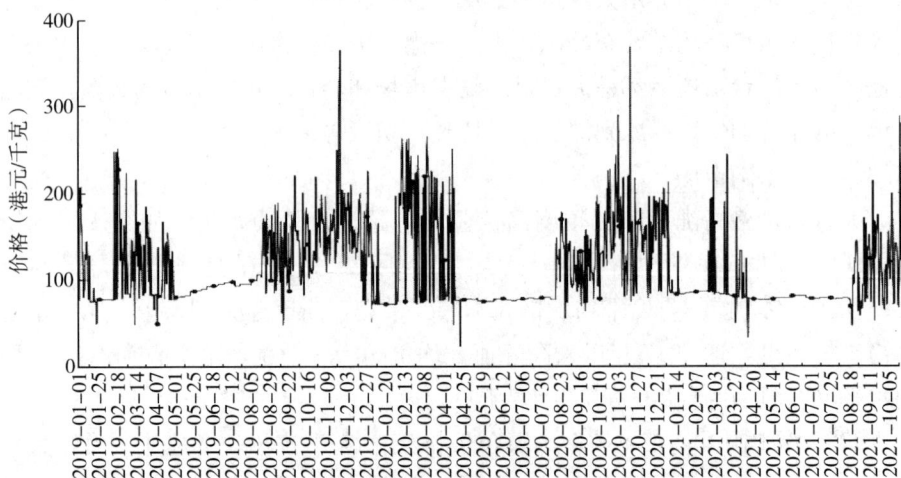

图 11-9　2019—2021 年中国香港市场冰鲜大黄鱼价格

（资料来源：中国香港鱼类统营处）

黄鱼类产品最大进口国，也是大黄鱼重要的消费市场，大黄鱼产品在韩国深受欢迎。韩国鹭梁津水产品市场大黄鱼规格越大，价格越高，产品主要来自济州岛、楸子岛、木浦及中国进口，其销售量受进口贸易、产量及市场需求量等影响。如图 11-10 所示，2021 年前三季度韩国鹭梁津水产品市场大黄鱼交易量为 1 310 千克，同比下降 17.1%；仅为疫情之前 2019 年同期交易量的1/3。鹭梁津水产品市场交易的大黄鱼以冰鲜大黄鱼为主，仅有少量活鱼。整体上看，自2020年疫情以来，大黄鱼平均价格上涨，2021年前三季度的平均价格4 903韩元/千克，同比上涨6.7%，较疫情前2019年同比上涨56.8%。

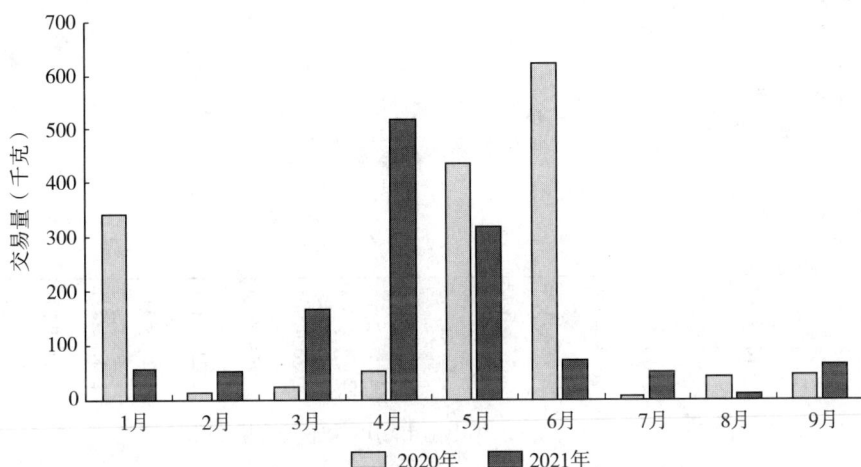

图11-10　2020年和2021年韩国鹭梁津水产品市场大黄鱼交易量

(资料来源：韩国鹭梁津水产品市场)

11.3.2　石斑鱼市场变化与趋势

石斑鱼为名贵优质鱼类，被中国港澳地区推为中国四大名鱼之一，是亚洲市场最受欢迎的高级水产品之一。石斑鱼养殖产量90%来自亚洲地区，主要养殖国家为中国、印度尼西亚、马来西亚等。中国对石斑鱼巨大的市场需求促进了养殖业飞速发展。

11.3.2.1　中国市场

如图11-11所示，珍珠龙胆市场价格先涨后跌，整体高于疫情前水平。2021年上半年供应紧张，价格大幅上涨，下半年价格回落。从2020年11月下旬开始，全国珍珠龙胆价格开始持续性地大幅上涨，整体行情处于上升期。2021年一季度，珍珠龙胆存塘量少于2020年，市场供应少叠加春节效应；珍珠龙胆塘边价从1月72.5元/千克涨至5月94元/千克，达近两年最高点。二季度行情走势呈震荡局势，6月下旬受广东疫情影响，市场交易量减少，珍珠龙胆价格下调至82元/千克；三季度消费乏力，9月价格回落至

62元/千克。整体上看，前三季度珍珠龙胆塘边平均价格72.5元/千克，同比上涨97.1％。

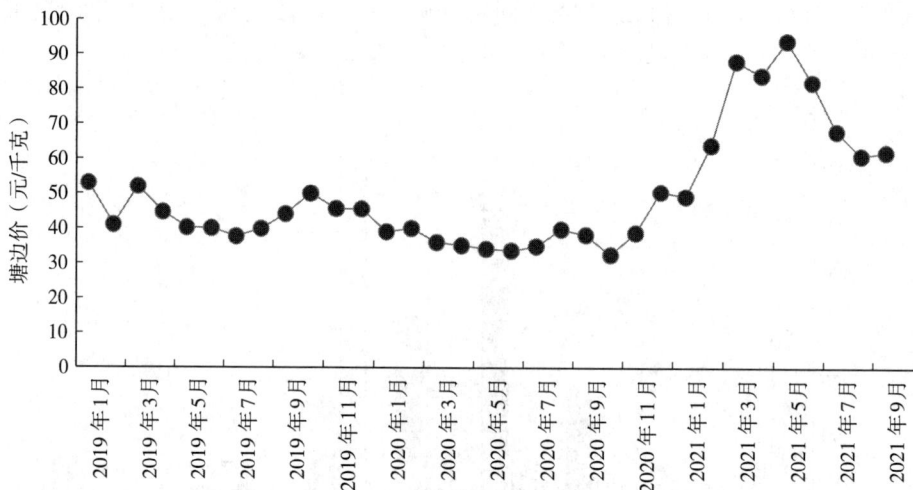

图11-11 2019—2021年中国市场珍珠龙胆价格变化趋势

（资料来源：国家海水鱼产业技术体系经济岗位数据库）

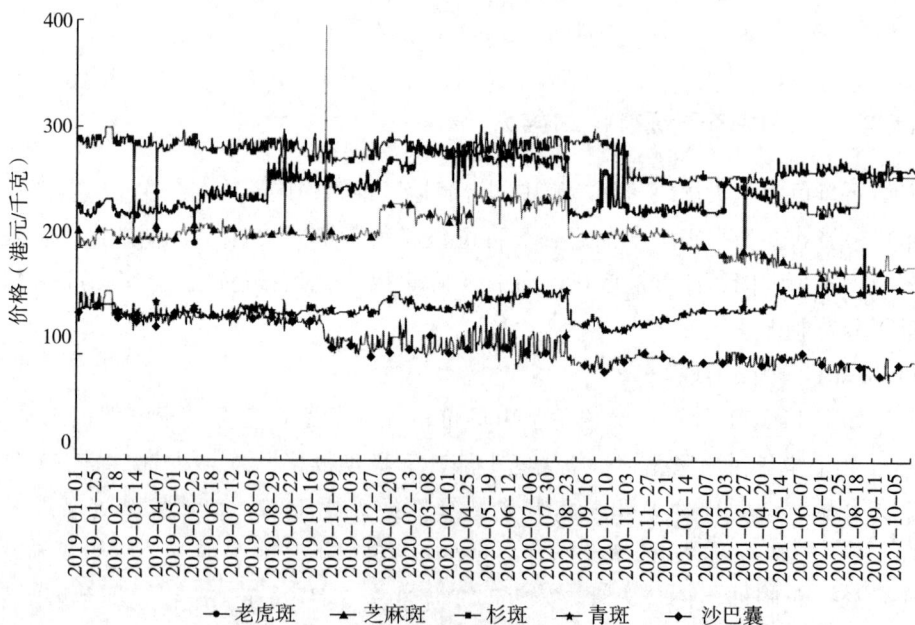

→老虎斑 →芝麻斑 →杉斑 →青斑 →沙巴囊

图11-12 2019—2021年中国香港市场鲜活石斑鱼价格

（资料来源：中国香港鱼类统营处）

如图 11-12 所示，中国香港市场石斑鱼依品种行情各异，均未超过去年同期水平。2021 年价格上涨的品种有青斑和老虎斑；青斑从 143 港元/千克涨至 167 港元/千克，每千克涨幅 24 港元；老虎斑从 230 港元/千克涨至 270 港元/千克，每千克涨幅 40 港元；二者最高价和最低价与 2020 年同期基本持平。2021 年价格下跌的品种有杉斑、芝麻斑和沙巴躉；其中杉斑均价 243 港元/千克，与全年同期相比，每千克下跌 40 港元；芝麻斑均价 193 港元/千克，每千克同比下跌 33 港元；沙巴躉均价 105 港元/千克，每千克同比下跌 20 港元。

11.3.2.2 西班牙莫卡巴那市场

如图 11-13 所示，2021 年西班牙莫卡巴那市场冰鲜青斑交易量下降。该市场销售的石斑鱼为冰鲜青斑，西班牙本地产品约占 50%，进口葡萄牙产品约占 28%，还有少量进口自非洲及摩洛哥、法国等。2021 年前三季度冰鲜青斑交易量为 60.7 吨，同比下降 14.2%；3 月、4 月和 7 月交易量同比增长；9 月交易量降幅最大为 55.3%。

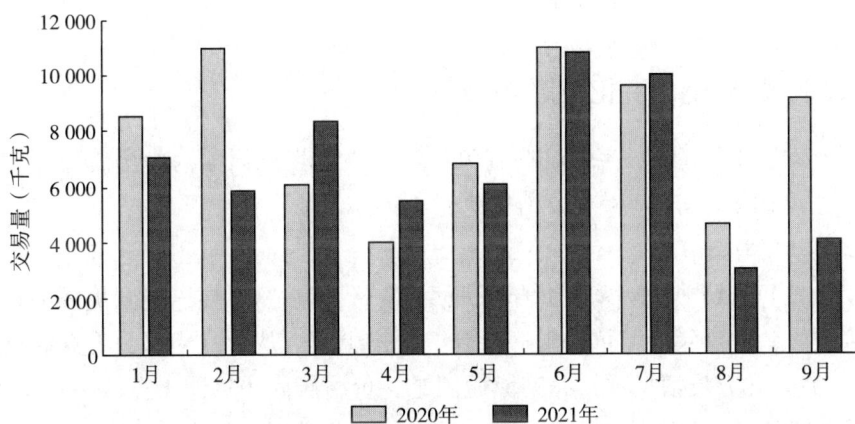

图 11-13　2020 年和 2021 年西班牙莫卡巴那市场冰鲜青斑成交量

（资料来源：Mercabarna market statistic）

如图 11-14 所示，2021 年冰鲜青斑价格在第三季度大幅度上涨。2021 年度第一、二、三季度冰鲜青斑的平均价格分别为 17.6 欧元/千克、17.2 欧元/千克和 19.5 欧元/千克，同比分别下降 5.4%、上涨 0.6% 和 10.8%。第三季度，每千克冰鲜青斑价格同比涨幅为 1.9 欧元。

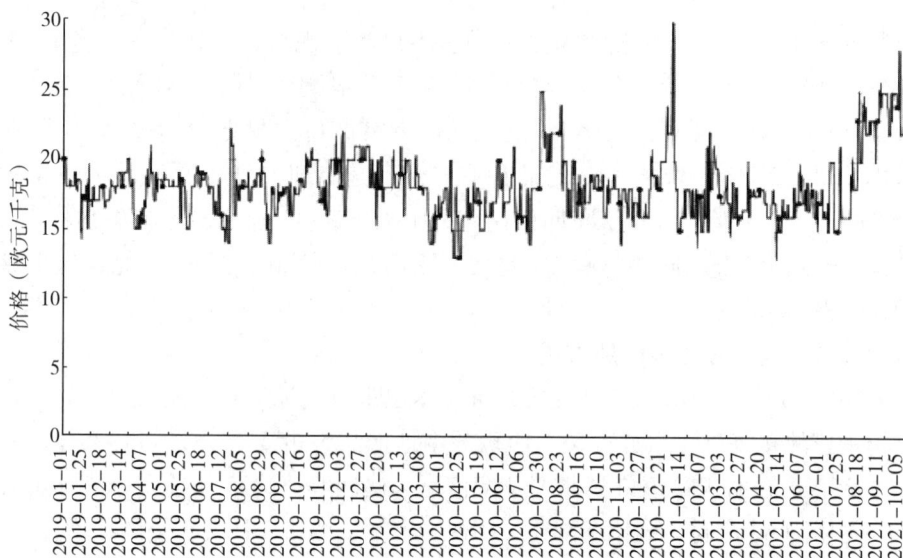

图 11-14　2019—2021 年西班牙莫卡巴那市场冰鲜青斑的市场价格

（资料来源：Mercabarna market statistic）

11.3.3　海鲈市场变化与趋势

海鲈（日本真鲈）为东亚特有鱼类，其主要生产国家为中国、韩国和日本，这三个国家也是海鲈主要消费地。

11.3.3.1　中国市场

如图 11-15 所示，海鲈价格触底反弹，先涨后跌，第三季度价格超过疫情前水平。2021 年海鲈价格触底反弹，缓慢上涨，从 1 月 16 元/千克缓慢上涨，1 月，北方疫情反弹，海鲈流通困难，价格触底 16 元/千克；一二季度，市场供应稳定，节假日刺激，价格缓慢上涨，7 月底达最高点 24.4 元/千克；8 月，头批新鱼上市，大量海捕鱼冲击市场叠加疫情反弹的影响，0.75 千克以下规格的海鲈持续跌价，9 月海鲈鱼价格全面回落至 19.6 元/千克。从整体上看，前三季度海鲈塘边均价 19.1 元/千克，同比下跌 12.8%，略高于疫情前2019 年水平（18.2 元/千克）。

11.3.3.2　韩国市场

韩国鹭梁津水产品市场海鲈交易量同比增加，仍低于疫情前 2019 年同期水平。韩国鹭梁津水产品市场销售的海鲈主要为进口品及本国自产品，产地有

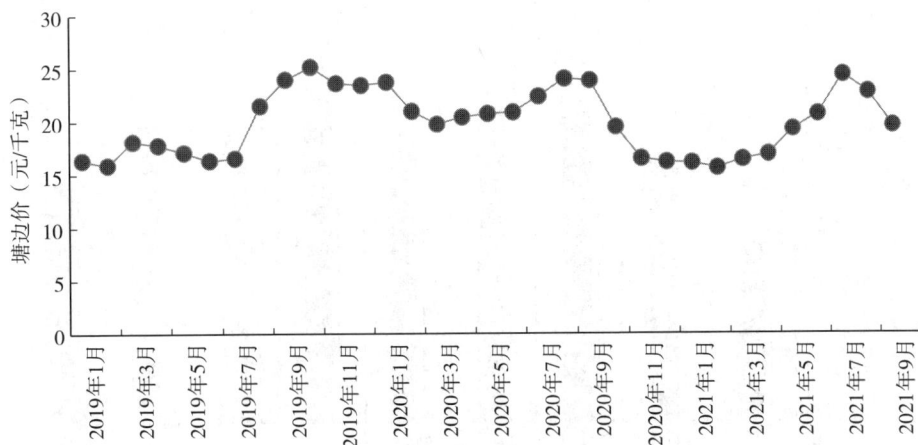

图 11 - 15　2019—2021 年中国市场海鲈鱼价格变化趋势

（资料来源：国家海水鱼产业技术体系经济岗位数据库）

济州岛、釜山市、丽水市等，进口品主要来自中国，因此市场销售量受进口贸易、产量及市场需求量的影响。市场销售海鲈产品以活鱼为主，占 60% 以上，其余为冰鲜品。如图 10 - 16 所示，2021 年前三季度韩国鹭梁津水产品市场海鲈交易量为 378，480 千克，同比增加 16.9%；但仍低于 2019 年同期的 447，250 千克。上半年各月交易量同比增长显著，其中 2 月增幅最大为 96.1%；下半年各月交易量同比下降态势明显。海鲈价格呈上涨态势，与 2020 年同期相比，其第三季度涨幅显著。2021 年度第一、二、三季度海鲈的平均价格分别为 9 933 韩元/千克、11 169 韩元/千克和 14 558 韩元/千克，同比分别上涨 18.8%、9.8% 和 34.2%。第三季度，每千克海鲈价格同比涨幅为 3 714 韩元。

11.3.3.3　日本市场

如图 10 - 17 所示，日本东京都中央批发市场海鲈交易量增加。2021 年前三季度海鲈总交易量 859 274 千克，同比增长 5.2%；尚未恢复至疫情前 2019 年同期水平（1 074 761 千克）。市场交易的海鲈产品以冰鲜品为主，约占 90%。其中第一季度海鲈交易量 237 959 千克，同比下降 13.6%；第二季度 321 259 千克，同比增长 12.5%；第三季度 300 056 千克，同比增长 17.1%。

2021 年海鲈价格从低位反弹上涨，与 2020 年同期相比，第二季度涨幅显著。2021 年度第一、二、三季度海鲈的平均价格分别为 529 日元/千克、626

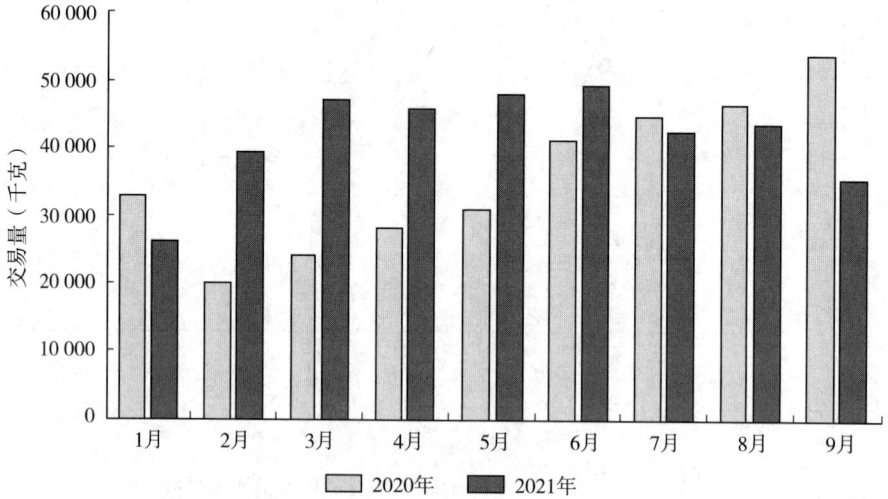

图 11 - 16 2020 年和 2021 年韩国鹭梁津水产品市场海鲈鱼交易量

（资料来源：韩国鹭梁津水产品市场）

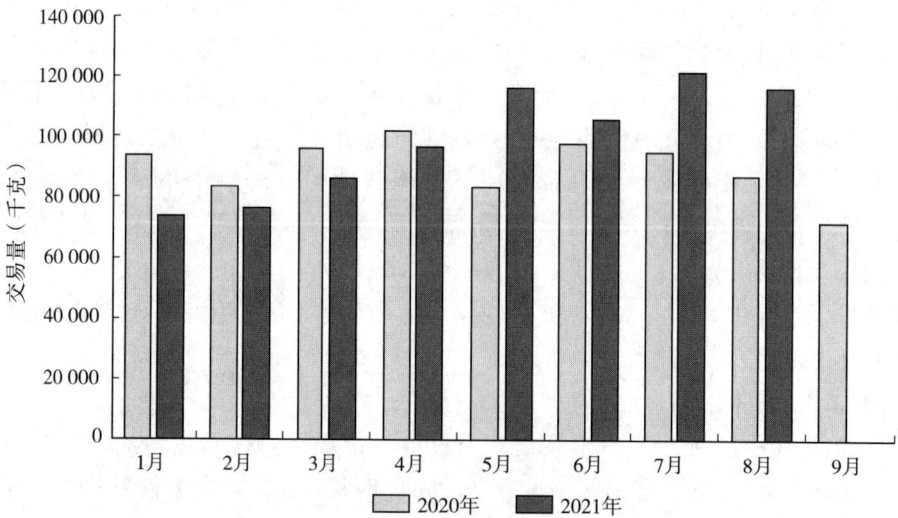

图 11 - 17 2020 年和 2021 年日本东京都中央批发市场海鲈鱼交易量

（资料来源：日本东京都中央批发市场）

日元/千克和 1 064 日元/千克，与 2020 年同期相比，分别下降 18.8%、上涨 13.1% 和下降 3.5%。

11.3.4 军曹鱼市场与变化趋势

军曹鱼是处于高速发展的热带物种，最早在中国台湾地区进行网箱养殖，90 年代中期，大陆开始从台湾地区进口军曹鱼苗种，并进行人工育苗和养殖技术的研究推广。军曹鱼主要养殖国家（地区）为中国、越南、巴拿马等，这些也是军曹鱼的主要消费地。

如图 11 - 18 所示，我国军曹鱼市场行情良好，价格稳定，高于疫情前水平。2021 年前三季度军曹鱼塘边价稳定在 54 元/千克，同比上涨 17.5%，比疫情前 2019 年同期（49.5 元/千克）高 5.5 元/千克。

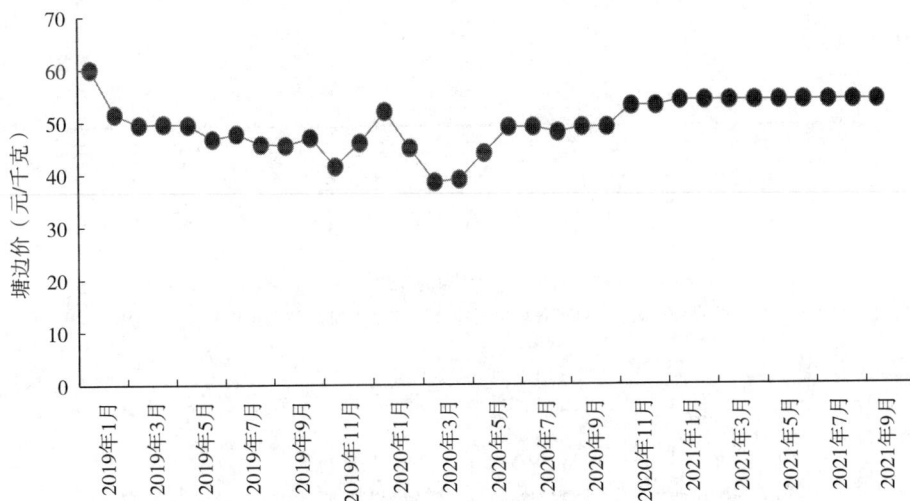

图 11 - 18　2019—2021 年中国市场军曹鱼价格变化趋势

（资料来源：国家海水鱼产业技术体系经济岗位数据库）

11.3.5 卵形鲳鲹市场变化与趋势

如图 11 - 19 所示，卵形鲳鲹市场供应充足，价格下滑，低于疫情前水平。2021 年卵形鲳鲹价格先涨后跌，市场整体低迷。第一季度，节日效应刺激，冰鲜卵形鲳鲹价格全线上涨，从 25.5 元/千克涨至 30.6 元/千克；第二季度，卵形鲳鲹市场供应增大价格暴跌 10 元/千克，养殖户准备清塘投苗而出鱼量加大，冻品鱼库存开始释放至市场；第三季度，价格持续低于运行，新鱼加速上市，越冬鱼加大出鱼力度，供应量充足，随着 8 月中旬广西北部湾和南海开渔，鱼价持续下跌，9 月下旬湛江地区 0.5 千克规格冰鲜鱼仅 18.6 元/千克。

从整体上看，2021 年前三季度卵形鲳鲹塘边平均价格 24.8 元/千克，同比下跌 15.8%，第三季度价格最低，比疫情前 2019 年同期水平（28 元/千克）低 7.4 元/千克。

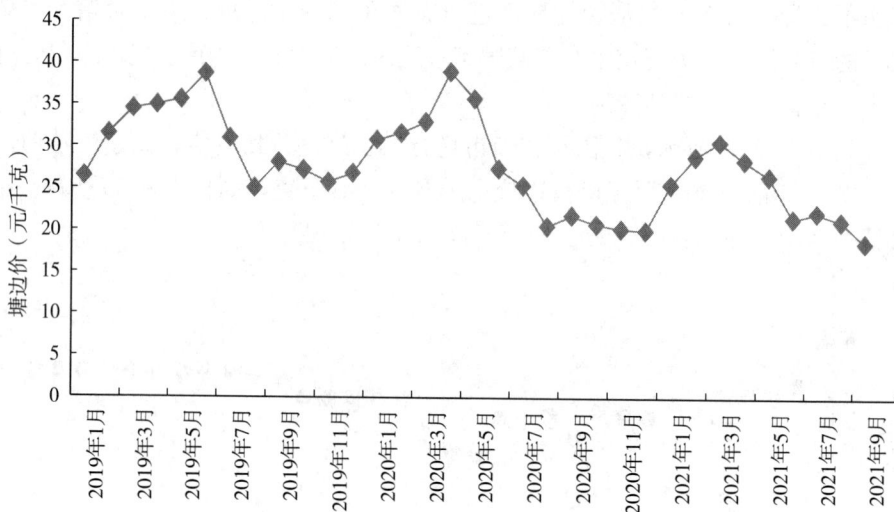

图 11-19　2019—2021 年中国市场卵形鲳鲹价格变化趋势
（资料来源：国家海水鱼产业技术体系经济岗位数据库）

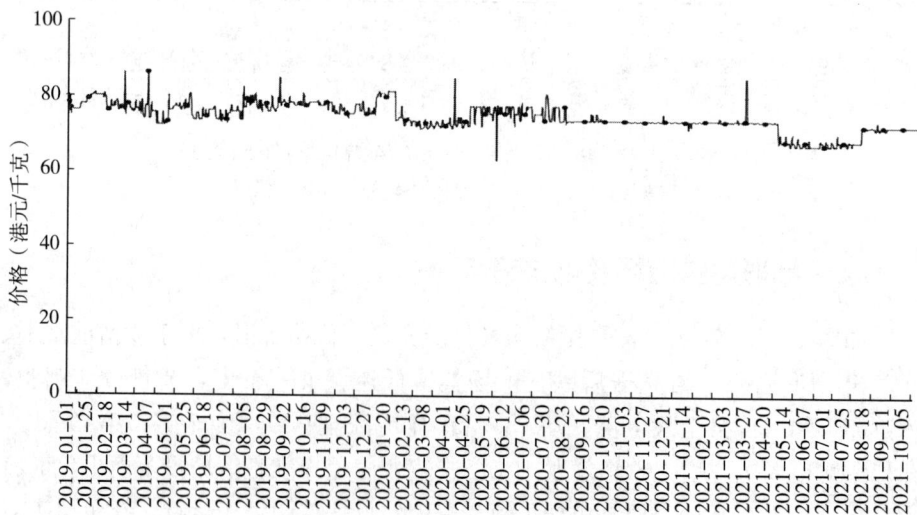

图 11-20　2019—2021 年中国香港市场鲜活卵形鲳鲹价格
（资料来源：中国香港鱼类统营处）

如图 11-20 所示，中国香港市场卵形鲳鲹价格整体呈下行趋势，第三季度开始反弹后企稳。2021 年第一、第二、第三季度活卵形鲳鲹均价分别为 74 港元/千克、67.5 港元/千克、72 港元/千克；第二季度达近五年低点，每千克价格比去年同期下跌了 8.5 港元，同比下跌 11%；第三季度价格同比下跌 7.7%。

11.3.6　河鲀市场与变化趋势

如图 11-21 所示，日本东京都中央批发市场河鲀交易量下降显著，第一季度下降幅度最大。2021 年前三季度，河鲀交易总量 167 830 千克，同比下降 30.6%；其中第一季度交易量 89 751 千克，同比减少 39.6%；第二季度交易量 48 080 千克，同比减少 2.2%；第三季度交易量 29 999 千克，同比减少 31.7%。河鲀的品种有虎河鲀、真河鲀、磨河鲀等，其中冰鲜虎河鲀交易量最大，约占 55%。

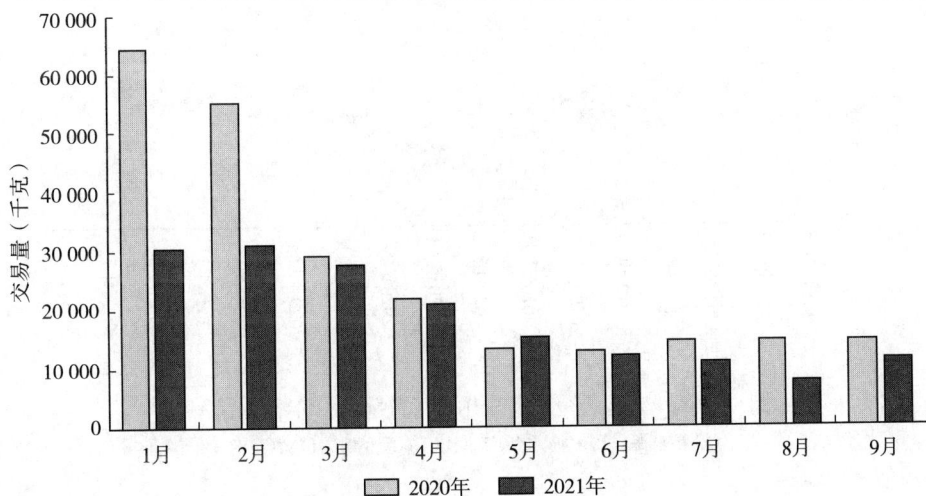

图 11-21　2020 年和 2021 年日本东京都中央批发市场河鲀成交量
（资料来源：日本东京都中央批发市场）

与全年同期相比，虎河鲀价格在第二、三季度涨幅明显。2021 年第一、第二、第三季度冰鲜虎河鲀均价分别为 2 998 日元/千克、1 662 日元/千克、1 453 日元/千克，同比分别下降 8.3%、上涨 51.5% 和上涨 22.4%。

11.3.7 鲆鲽类市场变化与趋势

11.3.7.1 中国市场

如图 11-22 所示，2021 年中国鲆鲽类市场行情良好，价格整体呈上升趋势，且高于 2020 年同期，第三季度价格均高于疫情前水平。2021 年前三季度，大菱鲆塘边均价 50 元/千克，同比涨幅 40.3%，第三季度均价 57.3 元/千克比 2019 年同期（52.3 元/千克）高 5 元/千克；牙鲆塘边均价 51 元/千克，同比涨幅 53%，第三季度均价 55.7 元/千克比 2019 年同期（51 元/千克）高 4.7 元/千克；半滑舌鳎塘边均价 111.8 元/千克，同比涨幅 11%，第三季度均价 128 元/千克比 2019 年同期（116.3 元/千克）高 11.7 元/千克。

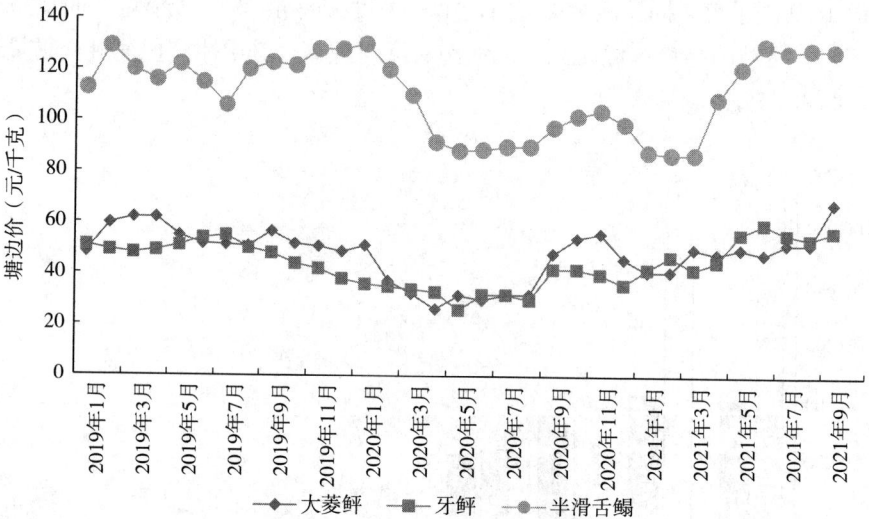

图 11-22　2019—2021 年中国市场鲆鲽产品价格变化趋势

（资料来源：国家海水鱼产业技术体系经济岗位数据库）

2021 年鲆鲽类需求强劲，节假日拉动效应明显，短期会受疫情局部反弹的负面影响。以大菱鲆为例，1 月受辽宁大连新冠疫情的影响，塘边价回落至 41 元/千克，随后稳中上涨；春节和"五一"假期消费需求旺盛，大菱鲆价格最高达 52 元/千克；6 月上旬受广东疫情影响，大菱鲆在广深的终端消费市场需求减少，端午节的刺激效应减弱；7 月底至 8 月中旬，江苏南京和湖南张家界疫情产生了负面作用，但是暑期经济的刺激和广深市场的恢复利好大菱鲆价格，上涨 2~4 元/千克。

11.3.7.2 欧洲市场

欧洲市场第三季度海产品需求强劲，价格高涨。2021 年上半年，随着疫苗接种人数增长、病毒监测技术的进步以及国际旅游需求的释放，尤其是欧洲各国自 4 月下旬开始逐渐解除第三次 COVID-19 疫情防控措施后，餐饮、旅游等服务业重启，欧洲经济复苏势头良好，叠加七八月暑期旅游旺季，第三季度海产品消费需求强劲。主要的旅游国家，如意大利和西班牙，随着餐馆重新开放，其他食品服务业的需求随之激增，包括龙虾、虾和头足类的高端海产品需求旺盛。另外，第三季度燃油价格上涨，渔船、货运卡车、集装箱船和电力等成本增加，全球海产品货运成本大幅提升。快速上涨的运输成本以及燃料和劳动力成本助推海产品不断攀升，欧洲南部海鲜价格在第三季度内增长了约30%，市场上高端海鲜和野生海鲜价格高涨，成为仅高收入家庭才能获取的产品。

如图 11-23 所示，西班牙莫卡巴那水产市场鲆鲽类交易量已基本恢复至疫情前同期水平，冰鲜舌鳎价格呈上涨态势，冻舌鳎鱼片涨幅最大。2021 年前三季度，西班牙莫卡巴那批发市场鲆鲽类交易量 1 833.8 吨，同比增长10.5%，已基本恢复至疫情前 2019 年同期水平（1 888.9 吨）。上半年各月交易量均有不同程度的增长，增幅最大的是 3 月和 7 月。其中第一、第二和第三

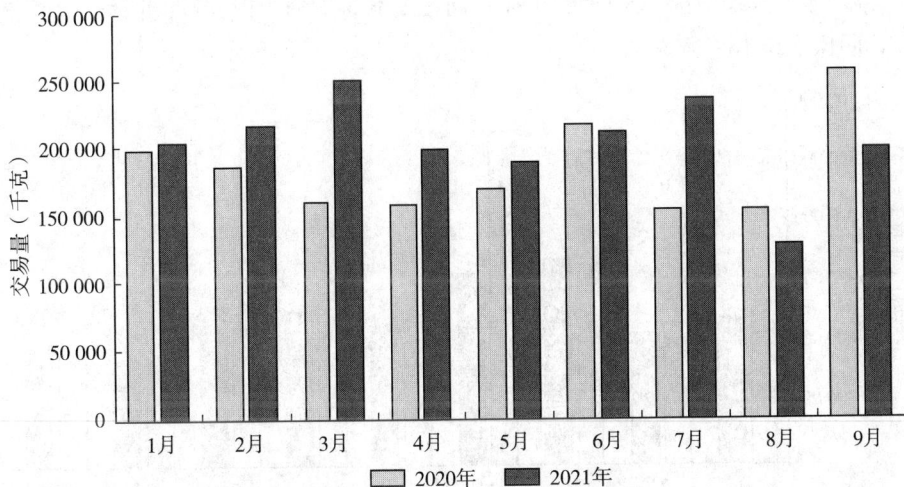

图 11-23 2020 年和 2021 年西班牙莫卡巴那批发市场鲆鲽产品成交量

（资料来源：Mercabarna market statistic）

季度的交易量分别为 671.9 吨、599 吨和 562.7 吨，同比增长 21.8%、10.2% 和下降 0.3%。交易量最大的冰鲜舌鳎（占 45.6%）价格呈上涨态势，第三季度涨幅达 18.4%。第一、第二、第三季度冰鲜舌鳎均价分别为 11.5 欧元/千克、14.5 欧元/千克、14.8 欧元/千克，同比下降 24.3%、上涨 4.3%、上涨 18.4%。养殖大菱鲆价格稳定在 10 欧元/千克。冻舌鳎鱼片价格高涨，疫情前 2019 年底冻舌鳎鱼片价格 10 欧元/千克，2020 年下半年涨至 15 欧元/千克，2021 年上半年继续涨至 18 欧元/千克，下半年回落至 15 欧元/千克。

11.3.7.3　日韩市场

如图 11-24 所示，日本东京都中央批发市场 2021 年前三季度鲆鲽类交易量下降 8.6%，第三季度恢复增长。整体上鲆鲽类产品均价同比下跌 1.8%，市场行情因品种而异。2021 年前三季度鲆鲽类交易量 6 866.4 吨，同比下降 8.6%；已恢复至疫情前 2019 年同期水平（6 497.8 吨）。其中第一、二、三季度交易量分别为 2 377.5 吨、2 552.5 吨、1 936.3 吨，同比下降 2.3%、下降 23.2%、增长 10%。日本东京都市场主要销售品种有冻乌鲽、冰鲜白鲽、冰鲜真鲽和冰鲜牙鲆，分别占鲆鲽类总交易量的 31.9%、11.7%、8.6% 和 7.5%。如图 11-25 所示，2021 年前三季度，日本本地产的冰鲜牙鲆均价 1 007 日元/千克，低于 2020 年同期，降幅 15.7%；冰鲜白鲽均价 380 日元/千克，同比上涨 3.7%；冰鲜真鲽均价 458 日元/千克，同比上涨 3.2%；冻乌鲽均价 880 日元/千克，同比下跌 13.1%。

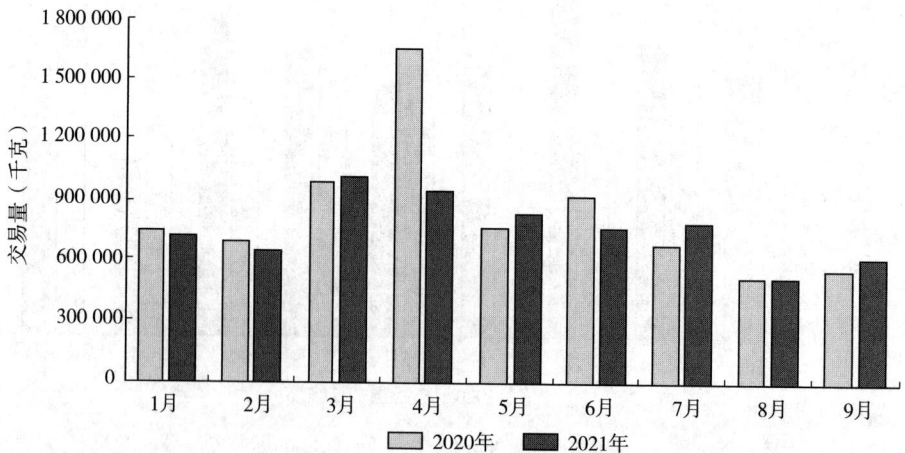

图 11-24　2020 年和 2021 年日本东京都中央批发市场鲆鲽产品的总成交量

（资料来源：日本东京都中央批发市场）

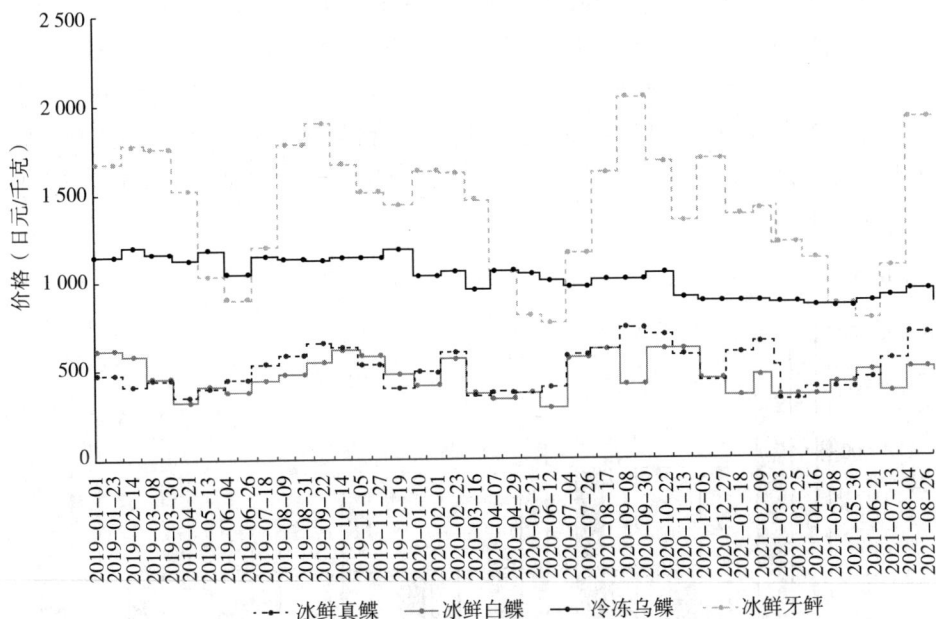

图 11-25　2019—2021 年日本东京都中央批发市场鲆鲽产品价格

（资料来源：日本东京都中央批发市场）

韩国鹭梁津水产品市场前三季度鲆鲽类交易量下降 27%，活牙鲆价格涨幅超 20%。2021 年前三季度鲆鲽类交易量 787.1 吨，同比下降 27%；仅恢复至疫情前 2019 年同期水平（1 333.8 吨）的 59%。其中第一、第二、第三季度交易量分别为 274.4 吨、366 吨、146.7 吨，同比下降 27.9%、25.6%、28.5%。其中活牙鲆为主要销售品种，占 70%，其平均价格涨幅超 20%。活牙鲆第一、第二、第三季度均价分别为 17 276 韩元/千克、13 154 韩元/千克、20 297 韩元/千克，同比上涨 73.4%、32.6%、24.4%。

11.3.7.4　美国市场

美国海产品价格大幅提高。截至 2021 年 6 月初，50% 美国人完成了新冠疫苗的接种，餐饮业迎来了爆发式的增长。8 月，随着美国从 COVID-19 大流行中复苏，急剧增长的美国经济正面临着来自劳动力市场紧张、材料短缺和价格上涨以及运输问题等供应方面的压力，帝王蟹、雪蟹供应短缺。根据劳工统计局的数据，自 2020 年 6 月以来，长须鱼和贝类的批发成本上升了 18.8%，蟹的价格翻了一倍，庸鲽鱼和黑鳕鱼的价格也在飙升。

如图 11-26 所示，美国波特兰鱼市场鲆鲽类交易量显著下降，交易价格上涨。2021 年前三季度，波特兰鱼市场鲆鲽类交易量 42.5 吨，同比下降 53.3%；交易均价 2.0 美元/千克，同比上涨 24%。市场交易的鲆鲽类主要品种为冰鲜黄盖鲽和冰鲜灰鲽，其交易量分别占鲆鲽类交易量的 36.9%和。冰鲜黄盖鲽均价 2.2 美元/千克，同比上涨 53.2%；冰鲜灰鲽均价 1.6 美元/千克，同比下跌 2.5%。

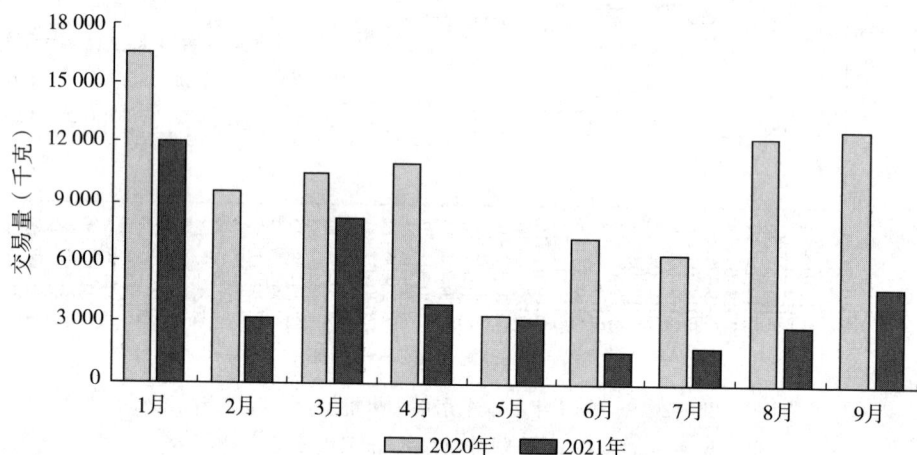

图 11-26　2020 年和 2021 年美国波特兰鱼市场鲆鲽产品交易量

（资料来源：美国波特兰鱼市场）

11.4　趋势预测

（1）全球生产方面，海水鱼养殖业持续扩张，养殖成为海水鱼供应的主导力量

在海洋资源日益衰退、资源保护力度不断加强的国际趋势下，主要渔业国家对海水养殖业发展的关心和扶持力度明显增强，各国在继续依赖海洋捕捞业的同时，及时转变渔业生产理念，大力发展海水养殖业，以弥补消费市场的供给不足，海水养殖业成为弥补水产品供求缺口的主导力量。2000—2019 年，海洋软体动物所占份额从 71.0%下降到 54.1%，同期海水鱼类所占份额从 19.3%上升至 24.8%，反映出全球海水鱼养殖规模的快速增长。本研究关注的九种海水鱼，除鲆鲽类和石斑鱼养殖量不及捕捞量外，其他 5 类鱼养殖量均明显超过捕捞量，尤其海鲈、卵形鲳鲹养殖量是捕捞量的 10 多倍，养殖业已成为这些鱼类消费市场增量供应的主要渠道。

（2）中国生产方面，海水鱼养殖规模将继续扩大，增速将放缓，多数品种养殖产量稳中有增

2020 年，COVID-19 疫情暴发第一年，我国大黄鱼、石斑鱼、海鲈和卵形鲳鲹养殖产量持续增长，分别为 25.41 万吨、19.2 万吨、19.52 万吨和 10.17 万吨，同比增长 12.6%、4.9%、8.4% 和 126.6%。但军曹鱼、鲆鱼、鲽鱼和河鲀的养殖生产仍受到一定影响，养殖量同比下降 20%、4.4%、39.4% 和 9.3%。

（3）国际市场方面，短期内海产品供应趋紧，价格高位企稳

2021 年第二季度以来，全球经济逐渐复苏，餐饮等服务业重启，海水鱼需求强劲。国际燃油价格上涨和海运航线运力紧张带来海水鱼供应紧张、价格上涨，尤其是依赖进口的国家（地区），这种态势将持续。

（4）国内市场方面，经济增长良好，海水鱼供给总体充足，市场行情整体涨势明显

国内市场方面已超过疫情前 2019 年同期水平。新冠肺炎疫情的反弹仍是市场波动的最大不确定因素，会导致局部消费市场流通困难、销量减少，但影响范围和持续时间较短。

参考文献

麦婉华，2020. 打造农业品牌 擦亮金字招牌！"中国海鲈之都"养成记［EB/OL］. （11-20）［2021-07-23］. https：//www. sohu. com/a/433129812_426502.

莫景文，2021. 广东打造"海上粮仓"，让金鲳鱼游上更多百姓餐桌［N/OL］. 南方农村报，03-26［2021-07-24］. https：//static. nfapp. southcn. com/content/202103/26/c5007441. html.

农业农村部渔业渔政管理局，2021. 2021 中国渔业统计年鉴［M］. 北京：中国农业出版社.

夏艺瑄，2021. 智能化生态养殖 50 万尾岱衢族大黄鱼喜迎"新家"［N/OL］. 浙江日报，02-03［2021-07-20］. https：//baijiahao. baidu. com/s? id=16906841610366663362&wfr=spider&for=pc.

湛江新闻网，2021. 深水网箱养殖金鲳鱼错峰上市［EB/OL］. （06-12）［2021-07-24］. https：//baijia hao. baidu. com/s? id=17022927557723322832&wfr=spider&for=pc.

章慧聪，应忠彭，2021. "智慧小屋"模拟天然生长环境——一个大黄鱼网箱的数字密码［EB/

OL]. （04 - 08）［2021 - 07 - 22］. https：//news. hangzhou. com. cn/zjnews/content/2021 - 04/08/content_7943071_2. html.

郑瑞洋，2021. 中国大黄鱼养殖打造"深远海舰队"［EB/OL］. （03 - 14）［2021 - 07 - 21］. https：//m. gmw. cn/baijia/2021 - 03/14/1302163857. html.